读客文化

马其顿方阵的组织优势

BEFORE & AFTER ALEXANDER

THE LEGEND AND LEGACY OF ALEXANDER THE GREAT

[英] 理查德·比洛斯 著
Richard A. Billows
李季 译

文匯出版社

图书在版编目(CIP)数据

马其顿方阵的组织优势 / (英) 理查德·比洛斯 (Richard A. Billows) 著 ; 李季译. -- 上海 : 文汇出版社, 2024.4

ISBN 978-7-5496-4129-1

Ⅰ. ①马… Ⅱ. ①理… ②李… Ⅲ. ①古希腊-历史 Ⅳ. ①K125

中国国家版本馆CIP数据核字(2023)第208990号

马其顿方阵的组织优势

编　　著 / ［英］理查德·比洛斯
译　　者 / 李　季

责任编辑 / 甘　棠
特约编辑 / 王佳鑫　　乔佳晨
封面设计 / 余展鹏　　陈　晨

出版发行 / **文汇**出版社
上海市威海路 755 号
（邮政编码 200041）
经　　销 / 全国新华书店
印刷装订 / 天津联城印刷有限公司
版　　次 / 2024 年 4 月第 1 版
印　　次 / 2024 年 4 月第 1 次印刷
开　　本 / 889mm × 1270mm　1/32
字　　数 / 258 千字
印　　张 / 11.5

ISBN 978-7-5496-4129-1
定　　价 / 89.00 元

终于成书，献给克莱尔……

插图 1. 古钱币：巴克特里亚—希腊国王安提玛科斯一世头像，头戴马其顿式圆帽（kausia）

（本书作者摄于纽约大都会博物馆）

插图 2. 古钱币：马其顿国王安提柯二世贡那塔斯头像双环围绕，钱币造型取自取马其顿式小圆盾

（同上）

插图 3. 花瓶上战斗的重装步兵

（维基共享图片，Jastrow 摄）

插图 4. 亚历山大大帝石棺上的马其顿骑兵（伊斯坦布尔考古博物馆）
（维基共享图片，G.dallorto 摄）

插图 5. 罗马皇帝亚历山大·塞维鲁勋章，上有马其顿国王腓力二世肖像

（维基公共图片，贾斯特罗摄）

插图 6. 喀罗尼亚雄狮纪念碑

（维基共享图片）

插图 7. 古钱币：马其顿国王亚历山大跃马攻击战象上的波罗斯
（维基公共图片，取自 PHGCOM）

插图 8. 古钱币：马其顿国王亚历山大手握一束闪电
（维基公共图片，取自 PHGCOM）

插图 9. 希腊维尔吉纳 2 号王室坟墓正面外观；可能是卡山德所建腓力三世阿瑞戴伍斯之墓

（维基共享图片，Holger Uwe Schmitt 摄）

插图 10. 古钱币：托勒密三世“幼厄格特斯”金币

（维基公共图片，贾斯特罗摄）

插图 11. 塞琉古半身像，发现于赫库兰尼姆，现藏于那不勒斯考古博物馆

（维基共享图片，Miguel Hermoso Cuesta 摄）

插图 12. 安条克三世“大帝”半身像

（本书作者摄于纽约大都会博物馆）

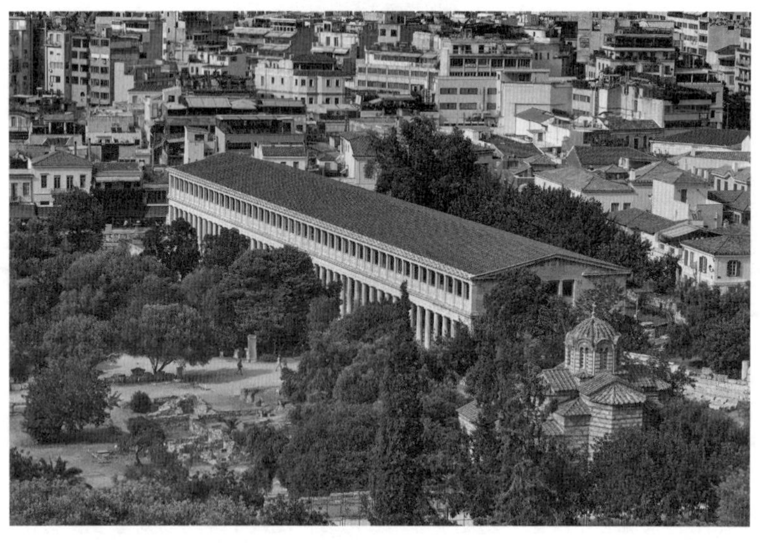

插图 13. 雅典城市广场阿塔罗斯柱廊

（维基共享图片，George E. Koronaios 摄）

插图 14. 以弗所城公共厕所

（维基公共图片，米肯尼克摄，取自维基共享资源）

目　录

导 言

公元前323年6月，巴比伦王宫里躺着个将死的青年。众多侍从、御医、将领围在床前，忧心帝国的统治者即将去世。这位青年就是亚历山大大帝，虽只有三十三岁，却已征服了波斯帝国，跻身最伟大军事统帅之列，万古留名。然而对床前的将领来说，他的死会带来一大难题：继承人尚未指定。幅员辽阔的帝国需要管理和统治，却无人知道何法可用、何人掌权。最终，亚历山大的部将混战四十年，以此决定王位的继承权。

一百五十年后，新兴的罗马城邦不断扩张，接管了亚历山大短暂征服和统治过的土地。在地中海东岸，罗马人发现了亚历山大的继业者们创立的文明（希腊语、希腊城市、希腊文化），今天称之为希腊化文明，虽由罗马人接管统治，仍在地中海东岸延续了约五百年，直到基督教的盛行和随后伊斯兰教的兴起才带来巨变。征服者亚历山大大帝，使希腊化文明的伟大时代成为可能，史学家也反复研究他的生平和功业，并写下了成百上千的书籍、可能成千上万的详尽文章。然而却很少有人研究其父腓力二世和他的继业者们，在前者统治下马其顿城邦和军队不断发展，让亚历山大的功业成为可能；后者的活动和政策，组成了希腊化文明得以发展和繁荣的结构框架。

本书先详细考察腓力二世的生平（第一至四章）。腓力登基之前，马其顿分裂混乱、停滞不前，比不上临近的强国——雅典、斯巴达和波斯。腓力二世建立了全新的军队，采用了全新的战法，凭此铁军统一马其顿，不断扩展疆域。他四十七岁时遇刺身亡，凶手是个心怀不满的禁卫军官，但马其顿已成为当时最强大的国家。腓力建立的国家和军队也为亚历山大的征伐功业奠定了根基。

简单回顾亚历山大的征服地域（第五章）之后，本书转向他死后的四十年，详细讲述了他的几大将领瓜分疆土的过程。他们和亚历山大一样，也曾在腓力二世麾下受训，身经百战，最终建立了三个希腊化的大帝国：巴尔干半岛的安提柯王朝、西亚的塞琉古王朝、埃及和利比亚的托勒密王朝。他们在西亚和埃及新建了许多希腊化城市，迁到那里的希腊移民即便不是数以十万计，也是成千上万的；他们也鼓励当地人迁入新城，用希腊名字、说希腊语、全盘希腊化，从而在地中海东岸建立了延续超过五百年的希腊化文明（第六至七章）。

本书涵盖了对西方文明史极具重要性和关注度的话题：从伊拉克境内的两河流域到亚得里亚海、从黑海和里海到阿拉伯沙漠和苏丹边界，希腊文化确立为普世文化的过程。在这一广袤辽阔、地形多变的区域，公元前300年至公元300年间（甚至更晚），随处可见希腊化城市，居民使用希腊语，遵照公元前6世纪到前4世纪的希腊古典时代的社会、文化和政治模式生活。众所周知，这一璀璨文明留下的丰富文化遗产，迄今还在深深影响西方和穆斯林世界的文化和文明。马其顿国王腓力二世、其子亚历山大和亚历山大的继业者们让希腊文化的传播成为可能，并使之成为地中海东岸和西亚的主流文化，他们至今也是令人神往的重要研究对象。

第一章
腓力二世登基前的马其顿

爱琴海西北部的塞尔迈湾，碧波万顷、三面环陆：西面的皮埃里亚和依马提亚平原略有起伏，向南延伸到丘陵地带，遥望雄伟的奥林匹斯山；北面富饶的安法克西提斯平原，横跨宽阔的阿克西奥斯河，北接阿尔摩比亚和梅萨皮亚山地；东面的哈尔基季基半岛，如同一把宽体三齿短叉，伸向爱琴海。在公元前4世纪，这些土地由西方历史上最令人惊叹的民族之一——马其顿人占据。

1. 马其顿人算是希腊人吗?

谁是马其顿人？这个问题看似简单，却一点也不好回答。对古马其顿人语言特色和民族身份的争议，已经被卷入现代巴尔干南部民族和国家之间的身份认同政治中。19世纪下半叶，曾经强大的奥斯曼帝国逐渐衰落、趋于崩溃，巴尔干半岛南端的四个主要民族，力图各自建立单一民族国家，同时尽量多占土地，他们都对马其顿提出领土要求：南有希腊，西北有阿尔巴尼亚，北有塞尔维亚，东北有保加利亚。面对领土纠纷，希腊人诉诸历史，宣称古马其顿人也是希腊人，马其顿在古代属于希腊，因此马其顿也应当和希腊其他地方一样，同属现代希腊，以支持他们对马其顿的领土要求。塞尔维亚人和保加利亚人的回应，很大程度上是基于否认古马其顿人具有希腊特征。他们找到一些有力证据，用来证实古马其顿人的非希腊身份，也有知名学者表示赞同。“马其顿问题”因而出现，迄今仍在巴尔干南部引发激烈争论——古马其顿人，到底算不算是希腊人？

学者们试图给出答案，办法之一是借助考古发现。如果考古学能证实或驳倒以下观点：在公元前8世纪到前5世纪的希腊古风时代和古典时代，马其顿人也算是希腊人，“马其顿问题”就将迎刃而解。故而人们花费了大量时间和精力来探究马其顿和周边地区，试图发现古马其顿人的起源。虽有不少考古发现，也确能证实一些说法，却始终无法真正解决该问题。要获得足够的证据，就必须在考古发现中找到古马其顿人的标志性特征，诸如马其顿风格的陶器、特别的尸体处理方式、独有的房屋建造方法等。如果有这样的考古发现，再对照其他民族和地区，或许就能追溯马其顿人的起源和身份，然而不曾有过这样的考古发现。

公元前5世纪到前4世纪的马其顿，的确有一些非常独特的标志物：马其顿式圆帽名为kausia，形似贝雷帽；马其顿式小圆盾，边缘装饰勋章形图案。考古学家能在墓碑、钱币等物上发现此类马其顿标志，然而很遗憾，这些古物皆出自公元前4世纪或更晚，无一早于公元前5世纪。如果我们能找到提及马其顿人存在的古希腊（或非希腊）铭文，会更有帮助；然而此类考古发现，亦无一早于公元前5世纪晚期。相关考古成果虽趣味盎然，却无益于解决“马其顿问题”。公元前10世纪到前6世纪，巴尔干南部是不同族群的共同家乡。他们有相近的物质文化，无疑会彼此学习、相互影响。这些族群围绕品都斯山脉、罗多彼山脉和临近高原迁徙流动，或者移居沿海平原。要确定他们的身份，唯有通过文字记载，而相关文献全都出自希腊人的手笔，最早写于约公元前750年。

现存最早的希腊铭文写于公元前8世纪中晚期，大多支离破碎。据大多数学者的说法，现存最早的希腊文学巨著《荷马史诗》同样成书于公元前8世纪下半叶。这些早期铭文从未提及马其顿人，正如上文所述，提及马其顿人的铭文无一早于公元前5世纪。荷马两大史诗巨著《伊利亚特》和《奥德赛》，亦不曾提及马其顿人。这一点在《伊利亚特》中尤为明显，第二卷中的《舰船录》如同希腊地理志，看似特洛伊战争参战“英雄”、军兵列表，实为希腊各地族群纵览，先是中部和南部，然后是北部。《舰船录》很可能出自德尔斐的阿波罗神谕，因为该文的结构透露出两条环希腊旅行路线，起点皆是阿波罗神庙所在地。公元前8世纪末，阿波罗神谕首度受到重视，《舰船录》或许反映了希腊当时的情形，对希腊北部各地的概述仅限于塞萨利和邻近地区，并未涵盖更北面的马其顿和西面的伊庇鲁斯或阿卡纳尼亚。同样，该文有一小段如同附录，提到一些爱琴海岛屿，却未提到基克拉泽斯群岛大部和全部斯波拉泽斯群岛。换言之，《荷马史诗》的作者不曾提及马其顿，然而无论怎么看，他的希腊地理志都是很不完整的，因此马其顿记载的缺失导致无法确定马其顿人的身份。

最早提到马其顿的文献是《赫西俄德文集》中的《名媛录》。多数学者认为赫西俄德生活的时代是公元前700年前后，然而《名媛录》的成书时间很难确定，因为其作者并不一定是赫西俄德（现存两部史诗《神谱》和《工作与时日》的作者）。《名媛录》只有片段留存，虽然古代文献将其归在赫西俄德名下，其实却可能是一百五十年后的无名诗人所作。无论《名媛录》是赫西俄德于约公元前700年所作，还是无名诗人于约公元前550年所作，或者写作时间介于两者之间，它都是最早提及马其顿的现存文献。

《名媛录》的片段最先讲述希腊人的起源，特别是希腊民族称谓的祖源。古今希腊人自称“赫楞人”，自认有共同的祖先：丢卡利翁之子“赫楞”（Hellen）[勿与特洛伊的“海伦”（Helen）混淆，她声名狼藉，或名“海琳”（Helene）]。以族谱达成民族身份认同，可能除了《圣经》的读者之外，很少有人了解这种方式。《创世记》以非常相似的方式记载了以色列人的起源：以撒的儿子雅各，又名以色列，后裔被称为以色列人。以色列十二支派以先祖雅各的十二个儿子命名：利未的后代称为利未人，犹大的后代称为犹大人，诸如此类。同样，赫楞是赫楞人（希腊人）的祖先：一子埃俄罗斯是希腊一大部族埃俄利亚人的祖先；另一子多洛斯是多利安人的祖先；还有一子苏托斯生爱奥，是爱奥尼亚人的祖先。

> 好战尚武的王者赫楞生
> 多洛斯、苏托斯和爱马善骑的埃俄罗斯。
> 埃俄罗斯的众子，皆立法度、掌王权：
> 克瑞透斯、阿塔玛斯、天资聪颖的西绪弗斯、
> 处事不公的萨尔摩纽斯、鲁莽冒失的珀里厄瑞斯。
>
> （《名媛录》片段4）

这就是赫西俄德笔下希腊人的族谱，更确切地说，只是其中一小部分而已。“马其顿”一名最早就出现在《名媛录》。其片段1、3有如下内容：

> 赫西俄德在《名媛录》第一卷说：丢卡利翁是普罗米修斯和普罗诺亚之子，而赫楞是丢卡利翁和皮拉的儿子。
>
> （罗德岛的阿波罗尼奥斯著作评注3.1086）

和：

> 宙斯和丢卡利翁之女图依亚生子马其顿，马其顿地因他得名。正如赫西俄德所言：
>
> 她怀了孕，给雷电之神宙斯生两子：
马格内斯和爱马善骑的马其顿，
二人在皮埃里亚和奥林匹斯山附近建立家园，
马格内斯又生狄克提斯和如神般的波吕得克忒斯。
>
> （君士坦丁“生于帝王之家者”
《帝国东西各省大事记》2.48a）

无论《名媛录》的作者是赫西俄德还是另一古代诗人，在其看来，马其顿人的祖先马其顿和马格尼西亚人的祖先马格内斯是两兄弟，都是希腊先祖赫楞的外甥。马其顿又住在皮埃里亚和奥林匹斯山附近，那里正是古马其顿人的家园。在作者看来，马其顿人并不是赫楞的子孙，但有与他们关系密切的族谱：丢卡利翁以及子女名列其上。诗人是否认为马其顿人也算是希腊人？很难给出明确答案。但值得注意的是，公元前5世纪到前4世纪，马格尼西亚人住在位于塞萨利平原和爱琴海之间的东塞萨利山地，从未有人认为他们不是希腊人，而在《名媛录》中，他们和马其顿人有相同的祖先。

在这唯一提及马其顿人的早期文献里，他们至少有和希腊人紧密联系的族谱。紧随其后论及马其顿人的，是公元前5世纪的两大史学家希罗多德和修昔底德，他们开创了历史写作之先河。关于早期马其顿人（公元前4世纪之前）的少量现存文献，基本上来自他们，但他们并没有直接讨论马其顿人的民族身份。希罗多德有以下记载：约公元前510年，马其顿国王阿明塔斯一世和被废黜的雅典僭主希庇亚斯有过联系；公元前500年前后，波斯帝国取得了对马其顿的实际控制权；还有诸多故事和阿明塔斯一世之子亚历山大一世有关。其中一些故事与公元前480／479年的希波大战有关：亚历山大一世向波斯帝国称臣，却和南方的希腊人（尤其是雅典人）交好。还有一个故事关乎马其顿王室阿吉德家族的起源，尤为有趣。

据希罗多德记载（8.137—38），阿尔戈斯王室泰明尼德族三兄弟被流放，经历一番冒险之后定居马其顿，继而成为那片土地的统治者。最小的帕迪卡斯，就是公元前5世纪马其顿国王亚历山大一世及其继任者的祖先；而泰明尼德族，应该是希腊第一英雄赫拉克勒斯的子孙。照此记载，马其顿王室不但来自希腊南部城市阿尔戈斯（该城在希腊神话中极负盛名），而且是希腊神话第一英雄赫拉克勒斯的子孙，和斯巴达两大王室同宗。希罗多德更宣称：古奥运会的裁判承认马其顿王室的阿尔戈斯泰明尼德血统，故而允许有此“赫楞”血统的青年亚历山大一世参加短跑比赛。其他马其顿人的身份仍旧有疑，他们算是“赫楞”人吗？希罗多德并未明言。然而亚历山大一世也必须通过陈明其阿尔戈斯血统才能证明自己是希腊人，这似乎暗示古代马其顿人并不算是希腊人。显然，亚历山大一世宣传其阿尔戈斯泰明尼德血统，不过是为了谋取私利，家族名“阿吉德”（Argeadae）形似城名“阿尔戈斯”（Argos），若祖先来自阿尔戈斯，又是赫拉克勒斯的后人，必会大大提升他在希腊人当中的地位。然而就亚历山大一世所宣称的血统而言，仍有一些学者认可其真实性。

修昔底德讲述了马其顿王国的扩张过程：从皮埃里亚平原向北向东，经波提埃阿和阿尔摩比亚，到安法克西提斯平原和哈尔基季基半岛北部，向西则进入品都斯山脉东侧高原（2.99）。有趣的是，马其顿王室自称源于阿尔戈斯泰明尼德族，修昔底德认可这一说法，又宣称马其顿王室及其追随者每征服一地，必赶出原住民——从皮埃里亚赶出皮埃里亚人，从阿尔摩比亚赶出阿尔摩比亚人，从波提埃阿赶出波提埃阿人，诸如此类。这似乎在暗示马其顿人基本上是“赫楞人”，后来离开希腊南部，向北征服新的家乡。修昔底德随后谈到，马其顿国王帕迪卡斯二世和斯巴达统帅伯拉西达，于公元前422年联合远征（4.124—25）。帕迪卡斯二世的部下包括“他治下的马其顿战士和住在那里的赫楞重装步兵（hoplites）”（4.124）。修昔底德又提到马其顿和哈尔基季基骑兵接近千人之众，另外还有大量异族（barbaroi）士兵，之后敌方援军伊利里亚武士赶到，帕迪卡斯二世大军望风而逃（4.125），“马其顿战士同大量异族士兵”作鸟兽散。修昔底德是否视马其顿人为异族？依然无法确定。

对马其顿人民族身份的清楚陈述，最早见于公元前4世纪的文献。比如雅典政治家、雄辩家德摩斯梯尼就称马其顿人为异族，然而由于当时南方希腊人和马其顿人互相敌对，马其顿人便被比作当年的波斯人，希腊的反马其顿战争，则被比作当年米太亚德、列奥尼达、地米斯托克利领导的抗波战争。因此称马其顿人如同异族波斯人，是政治宣传的需要，并不一定可信。北方的马其顿人和南方的城邦希腊人在文化、社会、政治上皆有不同，使得南方希腊文人（通常是雅典人）有了使用“异族”（原意为“说非希腊语的”）一词的正当理由。然而仍然无法确定该词是指民族和语言的完全不同，还是被政治宣传放大的偏见。

不同文献对马其顿人所操语言的评论，构成了把马其顿人视为非希腊人的理由。在论及亚历山大大帝及其继业者统治时期的文献里，几次提到有人能（或不能）讲Makedonisti：以马其顿人的说话方式讲话，更确切地说，讲马其顿phone（语言或方言）。有学者认为这些文字意味着马其顿语确实存在，而且和希腊语是两种完全不同的语言。这一观点的论据，来自更晚文献里贴上“马其顿”标签的一些字词：公元前1世纪，地理学家斯特拉博（7 fr. 2），用peligones一词指代“地位显赫的人”，认为该词源于马其顿语；公元5世纪，词典编撰家赫西基奥斯认为gotan一词是“猪”的马其顿语（标准希腊语为hus）。这些字词真是异族语言马其顿语的遗迹吗？马其顿人与希腊人南北为邻，又与非希腊的伊利里亚人、培奥尼亚人、色雷斯人等民族唇齿相依、相互融合，马其顿人的语言含有“外来语”也就不足为奇。斯特拉博也指出斯巴达人和马赛人（法国南部马赛的希腊移民）也用peligones一词指代长老议会成员（gerontes）。柏拉图在他的《克拉底鲁篇》（398d）曾提起阿提卡方言（古雅典人的方言），马其顿phone（语言或方言），很可能就是希腊语的马其顿方言。

欲知古代文献中的马其顿phone（语言或方言）、异族（barbaroi）马其顿人究竟何意，须先澄清用来判定“希腊”与否的标准。尽管一些才华出众的历史学者（尤以恩斯特·巴迪安最为出名）极力论证，古代文献不把马其顿人当作希腊人；然而这些文献的作者都是希腊城邦的居民，大多是雅典人，他们真正想说的其实是，马其顿人不是希腊城邦中的希腊人。判定标准是一种特有的希腊城邦生活方式：居民所在城市同时又是独立自治的小国家；城邦通过长老议会和公民大会集体决策政事；公民文化习俗和生活方式以agora（城市广场或市集）、gymnasion（进行锻炼、沐浴、社交的公共场所）、theatron（欣赏戏剧、音乐演出的场地）为中心。公元前5世纪和前4世纪的马其顿，却由国王和贵族大地主统治，没有长老议会，也没有公民大会。马其顿城市很少，仅有的城市兴建于公元前5世纪末和前4世纪，也不是自治城邦。以agora、竞技训练场、剧场为中心的文化习俗未能在马其顿扎根。因此，在南方城邦的希腊人看来，马其顿人如同异族，生活方式另类。

这样一来，马其顿人确实不是南方希腊人，不是城邦中的希腊人，然而他们就不是希腊人吗？最终是雅典古希腊—罗马研究中心的学者（特别是米太亚德·哈特佐波罗斯和阿尔基罗·塔塔缇），采用合理的方法回答了这一问题，他们集中精力通过那些已证实确被马其顿人使用过的名字来研究马其顿人的命名法。名字承载内涵，表明使用者的语言背景和文化传统，而近代以前的人起名方式通常相当保守。对公元前5世纪和前4世纪马其顿人所用名字的研究，极具启发性：这些名字的词源清一色都是希腊语，个个基于希腊单词。例如，许多马其顿人的名字基于希腊单词hippos（马）：

Philippos（爱马之人）、Hippolochos（骑兵团）、Hipponikos（得胜之马）、Hipparchos（统治之马）、Hippias（似马的），诸如此类。基于希腊单词nike（胜利）的名字也很常见：Nikanor（胜利者）、Andronikos和Nikandros（得胜之人）、Nikomachos（战斗中的得胜者）、Nikarchos（得胜的统治者）、Nikippos（得胜之马）、Nikodemos（为民得胜者），诸如此类。基于希腊单词polemos（战争）的名字尤为常见：Eupolemos（善战的）、Polemaios或Ptolemaios（好战的）、Tlepolemos（在战争中英勇的）、Polemokrates（在战争中强大的）、Polemon（战士），诸如此类。而且马其顿人也使用荷马（典型的希腊诗人）作品里的名字：Alexandros、Menelaos、Hektor、Kassandros、Neoptolemos，这里仅举这几例。所有已知的马其顿人名，绝大多数其实是希腊名字，源于希腊单词，在希腊其他地方或多或少都有使用。显而易见，从语言学的角度来看，马其顿人就是希腊人。

亚历山大大帝及其继业者征服世界，建立马其顿帝国，对比罗马帝国的历史，笔者发现马其顿帝国的历史同样极具启发性。公元前3世纪和前2世纪，罗马人开始接触到希腊人，而罗马人自己并没有什么高雅文化。众所周知，罗马人积极向希腊人学习，全盘接受希腊的文学形式、哲学、剧场和沐浴文化等。然而在新征服的地方，罗马人推行自己的语言（拉丁语），使用源自拉丁语的罗马名字。罗马借鉴、有时甚至模仿希腊文学和哲学，以创作自己的文学和哲学作品，不过却是用本民族的拉丁语写成。相比之下，马其顿人在帝国扩张的同时，推行的却不是马其顿语和马其顿文化，而是希腊语和希腊文化。马其顿人征服四方，建立帝国，创造了名称带有启发性的“希腊化”

（植根于希腊文化的）文明，试图从中找到马其顿语痕迹或马其顿（非希腊）特有文化形式的任何努力，都是徒劳无功的。因此，作为希腊语言和希腊文化的传播者，马其顿人必须被算作希腊人。

整个“马其顿问题”不过是现代民族观念和种族观念的产物，与事实毫不相干。种种迹象表明，古马其顿人的语言是一种希腊语方言：他们的名字正说明了这一点。虽然其他希腊人显然觉得，马其顿方言难懂更难讲，马其顿人的生活方式“异类”，有些方面让人感到很不舒服。然而这并不能抹杀马其顿人的希腊身份，只能判定他们是另类的、次要的、或许“落后”（从特定角度看）的希腊人。马其顿人和其他希腊人在文化、语言上的差异，顶多像今天荷兰语和德语的区别，同属日耳曼语族，有相近的语言结构和词源。更有可能，马其顿语不过是希腊语的方言，两者的差异就像今天不同地方英语方言之间的差异，例如：苏格兰和路易斯安那的居民都讲英语，但几乎可以肯定，格拉斯哥市民和路易斯安那乡村居民很难相互沟通。

2. 马其顿王国的早期历史

希罗多德和修昔底德宣称，知道公元前5世纪之前马其顿历代国王的完整世系。然而这些国王存世的不过是名字，充其量多一两个传奇故事而已。若以最早出现的文献史料为准，马其顿王国的历史始于亚历山大一世统治时期，从公元前5世纪初登基到约公元前454年去世。正如上文所述，希罗多德记载了很多他的故事，特别是他与波斯人、雅典人以及其他南方希腊人的关系。种种迹象表明，亚历山大一世是马其顿王国早期成形与发展的关键人物。公元前479年，波斯势力退出巴尔干半岛，强权空缺、局势混乱；此时正值亚历山大一世在位时期，马其顿人趁机向东西扩张，夺取周边地区的控制权。向东渡过阿克西奥斯河，直抵斯特律蒙河，沿两河之间的宽阔平原进军，横扫哈尔基季基半岛北部；向西降伏各部族及其首领，建立起对品都斯山脉东侧高原的统治，包括欧耳代亚、爱利米亚、奥瑞斯提斯、林库斯，或许还有泰菲亚、佩拉岗尼亚。在此期间（若不是更早），上述区域的居民开始被视为马其顿人，与沿海平原地带的马其顿人无异，或许他们自己也持同样观点。因此，公元前4世纪，马其顿真正登上历史舞台，疆域却被划分为上下两大部分："下马其顿"（包括龙兴之地皮埃里亚、北面和东北面的沿海平原，一直到阿克西奥斯河谷）和"上马其顿"（包括上文所列品都斯山脉东侧高原各地）。阿吉德王朝来自"下马其顿"，旧都埃迦伊（今维尔吉纳）位于皮埃里亚，这一王朝的统治是马其顿统一的关键。

约公元前454年，马其顿王国的奠基人亚历山大一世去世，其后近百年，马其顿王国颇为动荡、时常混乱。亚历山大一世至少有五子：帕迪卡斯、腓力、阿尔塞塔斯、墨涅拉俄斯、阿明塔斯，其中有几人在公元前5世纪40年代到30年代明争暗斗、抢夺王位，他们的后世子孙也延续了对马其顿王权的争夺。一般来说，君王若后宫庞大，众多王子必相互倾轧、彼此争斗。众所周知，较晚期的马其顿国王妃嫔较多，亚历山大一世的众子应是同父异母。

至少按照雅典人的记载，公元前5世纪30年代末或20年代初，帕迪卡斯二世（据说是亚历山大一世长子）似乎成功掌控了马其顿的王权。雅典人拥有一支庞大舰队，因此对木材的重要产地马其顿有极大兴趣，他们自由地干涉马其顿地区，控制沿海城市和港口，并与帕迪卡斯二世结盟或对抗，以扩大雅典在这一地区的影响力。帕迪卡斯二世疲于应付内忧外患——兄弟侄亲对王位的觊觎、“上马其顿”各部族首领的异心、雅典人的武装干涉、强邻伊利里亚和色雷斯的威胁。在雅典人笔下，他意志薄弱、优柔寡断、失信成性。然而帕迪卡斯二世面对如此困境，仍旧能够坐稳王位，确保公元前413年去世后平稳传位王子阿奇劳斯，种种迹象表明，他一定颇为精明强干。

阿奇劳斯一世似乎比他精明的父亲更为强势。据修昔底德记载，他设法达成了马其顿的实际统一，同时加强军备：

> 然而帕迪卡斯的儿子阿奇劳斯……随后在马其顿构筑多处军事要塞、修直道路，以备军用，又储备战马、兵器和其他装备，胜过他之前的八位马其顿国王（修昔底德2.100）。

阿奇劳斯一世在塞尔迈湾西北部海滨城市佩拉修建新都（因泥沙淤积，现已远离海岸好几英里），他又加强和南方希腊的关系，与雅典结为坚实同盟，邀请文化名流（像画家宙克西斯、悲剧作家欧里庇得斯）长留王宫，营造“城邦文化”氛围。然而在公元前399年，阿奇劳斯一世突然遇刺身亡；其后四十年，马其顿动荡不安，他的功业被破坏殆尽。

阿奇劳斯一世死后，王子奥雷斯特斯继位，然而他尚且年幼，需人辅政。实权掌握在摄政王埃罗普斯手中，此人是幼王的亲属，可能是叔父。公元前396年奥雷斯特斯死去（或者被杀？），埃罗普斯将王位据为己有。他的统治延续了大约三年，大概于公元前394年底去世，据说是死于疾病。马其顿随后陷入一片混乱。埃罗普斯有一子保萨尼阿斯，谋求登上王位，然而有一“小”阿明塔斯表示不服；后者可能是阿奇劳斯一世的儿子，更有可能是帕迪卡斯二世的弟弟墨涅拉俄斯之子。小阿明塔斯夺取王位后，仅在公元前393年短暂在位，史称阿明塔斯二世；然而在同一年，埃罗普斯之子保萨尼阿斯，似乎也在统治着马其顿的一部分：二人都发行铸币，钱币外形相当接近。他们均很快被杀，艾利梅阿首领德达斯暗杀小阿明塔斯；另一阿明塔斯杀死保萨尼阿斯，夺得王位，史称阿明塔斯三世。他宣称有继位资格，其父阿瑞戴伍斯，为亚历山大一世第五子阿明塔斯所生。阿明塔斯三世杀保萨尼阿斯，夺取王位，名义上统治了马其顿二十四年，直到公元前370年去世。

阿明塔斯三世的处境十分艰难，面临着来自王位的有力竞争者的挑战，特别是阿吉乌斯和另一保萨尼阿斯，据说他曾两次失去对马其顿全境或大部的控制权，统治堪称岌岌可危。阿明塔斯三世为了在马其顿还能保留些权力，被迫与其他强权接连缔约：艾利梅阿首领德达斯、伊利里亚人、哈尔基季基半岛的强大城邦奥林索斯、斯巴达人、雅典人。他因此时常失去对王国大部分地区的有效控制。现在虽有深思熟虑、出类拔萃的学者，力图重建马其顿动荡年代的详细历史，尤金·博扎的《在奥林匹斯山的阴影下》很可能是最好的研究成果；然而毫无疑问，他们对腓力二世之前马其顿历史的认识（列王统治时期、人际关系、事件、年表）是参差不齐且不牢靠的，不稳定程度堪比当年的马其顿。甚至在阿明塔斯三世死后，马其顿在十年内接连有三个软弱的统治者依次短暂掌权，即亚历山大二世（约公元前370／369年）、“阿洛罗斯”的托勒密（约公元前368—前366年）、帕迪卡斯三世（公元前366—前360年），直到腓力二世最终结束动荡。

3. 马其顿社会的本质

那时的马其顿是个部落王国或酋长国，由王室阿吉德家族成员统治。虽然南方希腊文人确实用头衔basileus（国王）称呼马其顿君主，然而无法确定亚历山大大帝以前的马其顿国王是否用此头衔。曾有许多古代史学者认为马其顿采用了一种君主立宪政体，持有武器的马其顿人（军中服役的成年男性）在国内具有统治地位，有权自由选举国王，审理叛国案件。这一观点是基于一些事件而形成的，发生于亚历山大大帝（公元前336—前323年在位）统治时期及其继业者的时代。亚历山大大帝曾有好几次打算处决马其顿高官，就召集军队，告知士兵这些高官通敌叛国的罪证，同时试探军队的反应。亚历山大大帝驾崩后，高级将领争论如何确立新君，军队也卷入其中，最终的折中方案亦由士兵鼓掌欢呼通过。20世纪初，有学者整理这些事件的记载，得出结论："持有武器的马其顿人"有一种宪法权利，可以确立新君、审理叛国案件。

很遗憾，并无记载显明亚历山大大帝之前的马其顿曾有军队审理叛国案件、确立新君；相反，相关历史文献充斥着处决、谋杀、篡位，常有阿吉德王室成员弑君夺位。死于暗杀的国王就有阿奇劳斯一世、奥雷斯特斯（很有可能）、小阿明塔斯、保萨尼阿斯、亚历山大二世、"阿洛罗斯"的托勒密，或许还有别人。20世纪七八十年代，所谓的"古马其顿宪法"就受到一系列重要文章的质疑；现在，这一概念虽还有些支持者，却早已风光不再。相反，对某一统治家族的忠诚和某种民族认同感，才使马其顿居民勉强维系在一起。在马其顿历史的大多数时期，阿吉德家族更像是"同侪之首"。马其顿，尤其是"上马其顿"各地，各有强大的统治家族，例如：艾利梅阿的"德达斯"家族、林库斯的"阿垃皮阿斯"家族。这些统治家族对阿吉德王室的态度阴晴不定，有时敌对竞争，有时同盟臣服。

事实上，马其顿由贵族阶层掌控，其成员为大地主，非常强势，唯有最强的国王才能驾驭他们。阿吉德家族的国王，必须赢得多数大贵族的支持，才能真正统治马其顿。支持国王的贵族地主，获名"国王的伙伴"（hetairoi），组成王国议会（synedrion），辅佐君主。若政局不稳，这是常有的事，贵族地主便率领大队武装家丁，飞马驰援，以表忠心，这对国王至关重要。腓力二世登基以前，骑兵是马其顿军队的绝对主力。实力雄厚的国王，也不过拥有数百精锐骑兵，仍需大贵族带家丁骑兵勤王，才能派出较多骑兵出战。据修昔底德记载（2.100），马其顿骑兵装备胸甲、耐用长矛，极具战斗力。然而就算国王势大根深，列阵沙场的骑兵也很少多过六七百人，只有艾利梅阿或哈尔基季基友邻盟军加入，骑兵才会有千人之众。然而事实上，古希腊战场的主宰并不是骑兵，而是重装步兵。

中世纪和近代骑兵借助马鞍、马镫，可以稳坐马背、突击敌军。而罗马帝国晚期之前，古代骑兵（包括马其顿骑兵）并未装备马鞍、马镫，只能乘骑光背战马，最多加个毯子。骑兵在马上能否坐稳，全在大腿夹紧马腹的力度，然而总是不太安全，任何大力撞击都容易使骑手落马。所以古代骑兵无法像中世纪骑士那样夹枪冲锋，击溃敌军。他们只能借助手臂和上身的力量，挥矛刺向敌人，然而就算这样，也有摔下战马的危险。此外，如果前方的固定障碍物既无法跃过又无法绕过，战马也不愿强行冲锋。训练有素的步兵面对骑兵冲锋，能够摆出密集队形，绝不退缩。敌方战马越来越近，最终发现无法跃过眼前的兵团，也找不到缺口，就会犹豫不决，势头顿减。一旦战马停步不前，骑兵就只能在密集步兵阵列前横向移动，不断骂阵、投掷标枪（若有装备），然而却收效甚微。南方希腊重装步兵精于密集方阵，深谙此道，对付骑兵冲锋毫不费力。

即使有些实力雄厚的马其顿国王确能调动相对庞大的六百到八百人的骑兵部队，也无法对抗大量精锐步兵部队（尤其是希腊城邦重装步兵方阵）。因此雅典人、斯巴达人、底比斯人几乎能随意出兵干涉马其顿。哈尔基季基半岛的希腊殖民城邦，若结成稳固同盟（如公元前4世纪的奥林索斯联盟），实力就能完胜马其顿国王。希腊北部和巴尔干南部有大片平原和高原，便于骑兵机动，而步兵装备简陋、缺乏训练。马其顿骑兵在这一开阔地区，打了就跑，极其高效，主导战场，步兵不过是为纵横驰骋的骑兵提供支援而已。马其顿国王能够调动的此类轻步兵成千上万。然而据修昔底德和色诺芬的记载，马其顿军队中的轻步兵缺乏训练，面对南方希腊重装步兵，或者人数更多、士气更高昂的伊利里亚和色雷斯军队，简直毫无用处。这正解释了马其顿历史的基本特征：强大国王如亚历山大一世、阿奇劳斯一世，即使能够驾驭贵族阶层，掌控马其顿，压制周边部落和民族，却无法对抗波斯帝国和南方希腊强大城邦；弱小国王则无力压服马其顿各统治家族，王权常年不稳，面对外军干预（像南方希腊重装步兵，甚至伊利里亚和色雷斯军队），几乎无可奈何。

马其顿贵族家庭占有大部分土地，社会阶层分化严重，精英地主阶层腰缠万贯，人数很少；贫民人数众多，以不同方式依附于富裕地主；两者之间的“中产阶级”则少之又少。直到公元前400年，城市都无甚发展，居民散住在几个小镇和大量村庄。最早的相关文献显示，公元前5世纪末前4世纪初，马其顿富裕地主阶层的生活方式，很像《荷马史诗》中的英雄人物，这在某种程度上，是一种模仿。上文提到马其顿人使用很多《荷马史诗》里的名字，显然荷马的作品在马其顿很受欢迎。与《荷马史诗》里的英雄人物一样，马其顿国王和其他强大首领，周围簇拥着名为伙伴（hetairoi）的武装家丁，大部分时间和精力用于搏杀、打猎、饮宴。野猪、野鹿、野兔、各种飞禽和其他猎物，遍布马其顿的湿地、森林和山地，马其顿贵族打猎获取宴会享用的肉食。在这样一个社会，人的价值很大程度上是以狩猎技巧来衡量。这一时代的马其顿精美艺术品存世无几，却常描绘狩猎的场景，马其顿重要人物打猎的趣闻逸事更是不胜枚举。再加上很多马其顿人以放牧为生，因此至少在富裕阶层，肉食在马其顿要比在南方希腊常见得多。富含肉类的饮食，也能解释南方希腊文人常常评论的一种马其顿特征：很多马其顿贵族男子身材特别高大、肌肉十分发达。腓力二世的元帅帕米尼奥，和亚历山大大帝的挚友赫费斯提翁，都是彪形大汉。亚历山大的继业者当中，利西马科斯壮到能“笼斗”击败狮子，在晚年喜欢炫耀斗狮伤疤；塞琉古据说曾经徒手制伏狂暴公牛；德米特里厄斯极其高大勇武；独眼安提柯最为高大，身形巨大、满身伤疤、令人畏惧。

这些人也在宴会上豪饮无度，宴会醉酒的故事比比皆是，随之而来的杯盘狼藉和暴力行为也不少见。按照现存文献的记载，腓力二世遇刺，至少有部分原因是在一次饮宴上侮辱及暴力对待一名禁卫军官。在腓力二世的最后一次（第七次）婚礼的筵席上，新娘的叔叔亚历山大和腓力本人醉酒斗殴。亚历山大大帝曾在一次宴会上仗气使酒，杀死了一名将领。在马其顿贵族看来，这些行为不过是男子气概“充沛”，毕竟《荷马史诗》中英雄人物也是如此行事。南方城邦的希腊人，早已不按荷马描述的方式生活，在他们看来，马其顿人的言谈举止、生活方式是原始蒙昧、尚未开化的。有些马其顿上层人物自己也承认这一点，阿奇劳斯一世和腓力二世，都在马其顿宫廷极力推行希腊文化和礼仪。在一次宴会上，亚历山大一世告诉南方希腊文人，马其顿人如此喧闹，你们置身其中，一定觉得有如野兽环绕。

当然马其顿贫民的生活方式大不相同，现存文献也很少提及，因为作者全部出自社会上层。一部较晚文献有寥寥数语提到贫民的生活，历史学家阿里安记载亚历山大大帝的统治，在书中写道：

> “腓力掌权之初，你们穷困潦倒、漂泊游荡，大多数人身穿兽皮，深山牧羊，寥寥几只，无力对抗近邻劫掠：伊利里亚人、特里巴利人、色雷斯人。但是腓力给你们衣穿，代替兽皮，领你们出深山、住平原，让你们能在边境力敌外族……他使你们安居城中、井然有序，法规惯例合情合理……”
>
> （阿里安《亚历山大远征记》7.9.2）

据说公元前325／324年，军队在欧皮斯哗变，亚历山大大帝慷慨陈词，说了上面这番话。现在虽已无法确定亚历山大是否真说过这些，但这段描述马其顿人生活的言语，至少代表了阿里安的观点。他是公元2世纪希腊史学家，受过良好教育、知识渊博，可以参考与腓力和亚历山大同时代或稍晚的文献资料（现已失传），比如公元前4世纪的史家著作——佩拉的玛尔叙阿斯和希俄斯岛人塞奥彭普斯所作史书。阿里安所描写的贫民生活方式也能讲得通，季节性的迁移放牧生活，在希腊中北部十分常见，一直延续到20世纪。夏季催赶畜群迁往高地草场，冬季再回到低地牧场，多数乃至绝大多数马其顿贫民，以放牧为生，牲畜多为绵羊、山羊，这种观点看起来很有道理。居民在不同地方季节性迁移，再加上可用资源有限，使得建造城池既无必要，也不可能。这种迁移也有助于解释“上、下”马其顿虽地域不同，却存在联结纽带。很多贫苦牧民身穿兽皮、居无定所，只能勉强果腹，沦为劫掠对象，周边部族倾向定居，更为强大，这样的场景正符合已知的马其顿早期历史。

这就是马其顿的弱点，不是缺少资源，而是社会经济条件阻碍财富的再分配，无法产生大量富足的中产阶级，因此很难推动城市发展，建立训练有素、装备精良的步兵军团。马其顿非常富饶，大多马其顿人却是贫穷农奴，依附于贵族地主，再加上强邻环伺，只能任人摆布。马其顿贵族阶层强大，国王和百姓却相对弱小，马其顿王国故而弱小。尽管如此，马其顿人力物力充足，一旦条件合适，必能富国强兵。

4. 马其顿的自然资源

马其顿国王无法组建精锐步兵军团，不是因为兵源不足。按照希腊古典时代的标准，马其顿是个大国，有着广阔丰饶的平原和高原，水源充足，适合耕种，足以供养大量人口。由于没有任何可靠的统计数据，估算马其顿任何时期的人口数量均很困难，尤其是早期，因为无法确定腓力二世登基之前任何特定时间的马其顿疆界。腓力二世缔造的“大马其顿”至少三万平方公里，古代世界的人口密度约为四十人每平方公里，这样算来马其顿人口约为一百二十万。如果把疆域减少一半，又假设人口密度为较低的三十人每平方公里，保守估算腓力二世登基之前的马其顿人口约为四十五万。就算国王真正掌控的不过是这样一个“小马其顿”，基本上也有足够的人力资源；相比之下，公元前440年前后，雅典城邦处于最鼎盛时期，人口也不会超过二十五万。

与南方希腊城邦相比，马其顿有相对辽阔的疆域和庞大的人口，具备成为强国的潜力。在土地和人口之外，马其顿也拥有其他重要资源。正如上文所述，马其顿水源充足。在古希腊，淡水是一种稀缺资源，因为希腊颇为干旱，雨水稀少，平均年降水量勉强够农业的需要。众所周知，拥有更久远古代文明的美索不达米亚（伊拉克）和埃及都有大河过境，前者有底格里斯河和幼发拉底河，后者有尼罗河，这些河流水量丰沛、奔流不息，为当地农业提供了充足的灌溉水源。而在希腊大部分地区，冬春雨季过后，仅有的小溪小河就日渐萎缩直至断流，到夏秋时节，已是大地久旱、一片枯黄。灌溉农业无法实现，农夫唯有种植旱田，靠天吃饭，而农作物生长季节为冬春雨季。希腊北部雨量则多于南方，又有更重要的水源——冬季品都斯山脉和罗多彼山脉山顶的积雪，夏季冰雪融化保证了北部河流终年流淌。马其顿在这方面得天独厚，境内几条大河哈利阿科门河、阿克西奥斯河、斯特律蒙河水量充足，长年不断，较小河流卢季亚斯河、爱撒多拉斯河（今加利科斯河）及许多溪流泉源也可提供水源。马其顿和塞萨利一样，拥有希腊最大的平原，而且一年到头水源充足，适合农耕。因此，马其顿是古希腊两大产粮区之一（另一个也是塞萨利），不但能确保自给自足，还有余粮用于出口。

就像柏拉图所记，古希腊大部分地区，森林资源严重匮乏。希腊城邦的建造活动却需消耗大量木材，特别是至关重要的造船业。马其顿的森林资源又是得天独厚，品都斯山脉和罗多彼山脉的山麓丘陵，以及哈尔基季基半岛北部的霍洛蒙山脉森林密布，多为各种适合造船的常绿乔木。在希腊古典时代，马其顿是南方城邦最重要的木材来源地之一，在希腊全境更是独一无二。按照传统，马其顿的木材资源由国王专营，国王决定砍伐的对象和执行的人选，可以获得大笔收入。在强大国王手中，木材资源是财富和实力的来源。然而木材也能成为祸根，正是马其顿的木材资源，诱使雅典人不断干涉马其顿内政，试图控制马其顿海岸的港口（而且常常得逞），比如：塞尔迈湾西岸的皮德纳、美敦尼，东岸的塞尔马。无论如何，这些港口并不算严格意义上的马其顿城市，而是南方希腊人建立的殖民地，主要功用便是获取木材。因此，木材虽是马其顿的宝贵资源，却在一定程度上导致历代国王大多弱小，无力掌控海岸和港口。

马其顿另一重要自然资源为各种金属矿产：金、银、铜、铁分布在马其顿及其周边各地，均有开采。国王若有实力加以控制，又能获得一大财富来源。实用的金属铜铁在希腊全境的许多地方均有开采。马其顿哈尔基季基半岛北部，霍洛蒙山脉的铜铁矿开采尤为重要，可惜现在对此所知甚少。贵金属的开采更为人所知，因为金银铸币在古希腊经济生活中起着关键作用。像森林采伐一样，马其顿金银矿开采至关重要，由国王控制，是财富（以及潜在权势）的关键来源。爱撒多拉斯河（字面意思“礼物持有者”，带有暗示）沙质河床含有黄金，是重要的黄金产地。重要银矿分布在杜索隆山脉附近，据希罗多德记载（5.17），亚历山大一世每天能从这些银矿获利一他连得银子。哈尔基季基半岛北部的霍洛蒙山脉有重要的金银矿，似乎在公元前4世纪中叶就已开始开采，尚不清楚腓力二世登基之前该地有无矿场。庞伽伊昂山区，斯特律蒙河、奈斯托斯河之间，有大量白银产出，塔索斯人在此建立了殖民地，名为革连尼德。腓力二世后来重建该城，改名为腓立比，该城不仅拥有银矿，而且开始大规模开采金矿，获利甚多。马其顿国王近水楼台，若有实力控制这些矿藏，获取的巨大财富足以支撑各种计划，诸如建造港口、城市，扩充军备。毫无疑问，这一财富使得亚历山大一世在位期间能扩展疆域，阿奇劳斯一世在位期间能修筑堡垒、道路，升级军备。

马其顿显然具有成为强国的潜力，人力充足、适合农耕、财源不断（森林密布、矿产丰富）。然而腓力二世登基之前，马其顿却国势积弱、停滞不前，在古希腊和近东列强的历史上无足轻重。国弱之因无疑是生活方式，和南方近邻塞萨利一样，马其顿从未有过大城市，居民也没有希腊其他地方的城邦生活方式。相反，马其顿的社会、经济、政治，都由传统贵族地主掌控，主流生活方式离不开养马、骑术、狩猎、战争，所以上文提到的那些常见名字都与马匹、胜利、战争有关。例如，城邦希腊人通常斜靠在卧榻上用餐，马其顿贵族虽有样学样，却设立规矩：能够不用捕猎网杀死一头野猪的男子才有资格斜卧榻上，否则只能和妇女儿童一样，坐着用餐（阿特纳奥斯

18a）。上流社会的酒会（symposium）是马其顿人社交生活的关键部分，正餐之后，贵族男子三五成群，斜靠卧榻，饮酒作乐，交谈、歌唱、游戏。在各个社交场合，缺乏狩猎本领的男子均无权接近卧榻，颜面尽失。更有甚者，根据亚里士多德的记载（《政治学》1324b），在早期马其顿，男子若从未上战场杀死过敌人，就没有资格系腰带。就看重骑术、饮酒、狩猎、搏杀而言，马其顿贵族无疑与很多地方的贵族相似，比如希腊古典时代的斯巴达贵族、近代18世纪和19世纪初的英国贵族。

同一时代的近邻塞萨利，无疑和马其顿最为接近，贵族地主同样是优秀的骑手、精锐的骑兵、敏捷的猎人、豪饮的猛士；城市同样形成较晚（公元前5世纪和前4世纪），也从未出现自治城邦；军队的主力是贵族骑士，从未有过重装步兵军团。塞萨利和马其顿一样，虽地大物博，实力却弱于南方希腊城邦。公元前6世纪和前5世纪，南方希腊和爱琴海东部的城邦，由于社会和经济的发展，产生了生活宽裕的庞大中产阶级：自由民小农场主、商人、工匠。重装步兵全套装备相当昂贵，这些人也能买得起，并时常有空闲时间进行军事训练、参加战斗。希腊城邦重装步兵是有公民权的民兵，只在必要时作为战士服务城邦，都是自掏腰包，而且在军中服役的责任与公民权密切相关。而塞萨利和马其顿却缺少这种自由民富裕中产，因此没有重装步兵军团，大多数塞萨利人住在贵族的土地上，为贵族领主耕种田地，生存状态接近奴隶，类似斯巴达的奴隶或欧洲中世纪的农奴，塞萨利农奴被称作penestai。显然，大多数马其顿人也是农奴，靠贵族的土地养家糊口。据估计，多达五分之三的马其顿人实际上是农奴，和塞萨利农奴无异，这可能还是一种保守估算，如果现存古文献记载属实，马其顿贵族之外的自由民多半生活也不宽裕。

公元前360／359年冬，腓力二世登基，当时的马其顿就是如此情形。腓力二世励精图治，竭力兴邦，意欲发挥辽阔国土和丰富资源所蕴含的全部潜力。腓力治下的马其顿王国迅速崛起，崛起速度之快，远远超出他的支持者们的想象，对后世希腊和西方历史的影响更是不可估量。

第二章
腓力的童年

腓力全名是Philippos Amynta Makedon，意为“腓力，阿明塔斯之子、马其顿人”。腓力生于公元前383年，后来成长为闻名于世的马其顿国王腓力二世，他登基后重整河山，马其顿终成强国，支配希腊和巴尔干半岛。然而他从小到大，恐怕未曾想过有朝一日能登上大位。其父阿明塔斯三世在位约二十四年（公元前393—前370年），腓力生母欧律狄刻共生三子，两位兄长亚历山大和帕迪卡斯继承顺位更为靠前。另外，马其顿国王历来多妻，阿明塔斯三世另一王妃吉盖娅也生三子：阿奇劳斯、墨涅拉俄斯、阿瑞戴伍斯。青年腓力看似继位无望，但并非绝无可能。公元前4世纪前半叶，马其顿王位更迭频繁，继位之争连续不断，危机四伏，创业之君亚历山大一世的任何子孙都可宣称有权继位，也确有多名王室成员争夺王位。作为阿吉德王室的一员、亚历山大一世的子孙，腓力始终有登基的可能，然而他在亲兄弟中排行最末，表面看来又无意王位，一定曾经觉得自己不过能辅佐兄长而已。马其顿王国羸弱动荡，父王的统治又风雨飘摇，少年腓力恐怕无法雄心勃勃。

1. 阿明塔斯三世的统治

阿明塔斯三世的统治至少中断过两次，一次是登基后不久（约公元前392年），一次是腓力出生前后（约公元前383／382年）。其中原委粗略朦胧，如同腓力二世登基前几乎全部马其顿历史一样。史学家就阿明塔斯争论不休，他是否曾经失位，是否曾经复位？他何时失位，何时复位？他因谁失位，又靠谁复位？关键证据来自史学家狄奥多罗斯和色诺芬的记载。虽然二人就事态的发展常有分歧，然而他们的记载很有可能不过是互为补充而已。

按照狄奥多罗斯的记载，阿明塔斯登基后不久，伊利里亚人入侵马其顿，新君被迫离境（狄奥多罗斯14.92.3—4）。阿明塔斯把东部边境地区割让给奥林索斯联盟，试图换来足够的援助以保住王位，结果却徒劳无功。通常认为割让之地为哈尔基季基半岛西北部的安提马斯地区，也有学者认为是东部的博尔布湖地区。无论如何，割让领土似乎是权宜之计，不过为换取一些援助，然而就算确有援助，却并未奏效。阿明塔斯被迫离开马其顿，幸亏有塞萨利人相助，一段时间之后才得以重登王位。北塞萨利拉里萨的阿律阿达伊家族施以援手，他们大概是阿吉德王室的长期盟友。狄奥多罗斯又宣称，有一些史料断言当时的马其顿另有一王掌权两年，名为阿吉乌斯，或许他是靠伊利里亚人的势力登位，因为后者显然正掌控马其顿。

现已无法弄清阿吉乌斯到底何许人也，他应该也是亚历山大一世的子孙，可以宣称有权继位。“阿吉乌斯”一名在阿吉德先王世系表里也能找到，在希罗多德的马其顿王系表里，开国之君帕迪卡斯一世之后，便是阿吉乌斯一世。事实上，阿吉德家族名Argeadai大概就源自阿吉乌斯（Argaeus），意思更像是“阿吉乌斯的子孙”，而不是“来自阿尔戈斯（Argos）的人”；尽管根据希罗多德的描述，这一家族来自阿尔戈斯。鉴于公元前359年（近三十五年之后），阿吉乌斯再次尝试夺取王位，他首次掌权之时（或许只是自称掌权），一定相当年轻，可能是小阿明塔斯的弟弟或儿子，而小阿明塔斯的父亲为亚历山大一世之子墨涅拉俄斯。阿吉乌斯依靠伊利里亚人的势力登上王位，无论实权有多少，恐怕很难得到马其顿贵族和百姓的拥戴。

伊利里亚人对马其顿的威胁通常是袭击和劫掠，而非占领和掌控。伊利里亚人由不同的部落组成，勉强维系在一起，这些部落有时还互相敌对，居住地大致包括今阿尔巴尼亚中北部、黑山共和国和部分克罗地亚海岸。在人类历史上，伊利里亚人鲜为人知，他们自己没有留下文字记录，希腊文献提及他们也是寥寥数语、一笔带过。伊利里亚人通常分裂成多个部族，对南面讲希腊语的邻居来说，他们不过能带来困扰而已。然而有时会有强力首领能够统一足够多的部落，成为区域强权。例如，公元前4世纪90年代，能力非凡的部落首领巴尔德里斯，控制了伊利里亚大部，在位至公元前4世纪50年代初，统治伊利里亚近四十年。他在位其间，伊利里亚足够强大，多次对马其顿构成严重威胁。约公元前392年，他首次入侵马其顿，赶出阿明塔斯三世，扶植阿吉乌斯，后者至少统治了马其顿部分地区一到两年。

有塞萨利盟友鼎力相助，阿明塔斯三世得以在公元前391年底或前390年初复位，赶走阿吉乌斯二世，重获大多数马其顿人的拥戴。

马其顿人无疑极度反感伊利里亚人的支配，以及他们所扶持的傀儡国王。然而阿明塔斯不得不面对两大棘手难题：如何顶住伊利里亚人的压力，以及如何处理奥林索斯联盟所占马其顿领土。他缺乏实力而无法有效对抗两大威胁，而塞萨利盟友内务缠身，援助有限。阿明塔斯被迫与伊利里亚人谈判，最终以进贡换来后者不再入侵。如此方式收买外敌，在早期英国史学家眼里，类似缴纳“丹麦金”：大不列颠岛北部的丹麦人过于强大，撒克逊国王只得进贡以求自保，却发现丹麦人的胃口越来越大，进贡并不能解决问题。阿明塔斯经历相仿，然而实力有限，别无选择，为保和议稳固，阿明塔斯娶了一名伊利里亚女子，就是部落首领塞拉斯之女。她的伊利里亚原名已不得而知，马其顿名字为欧律狄刻，所生三子，先后登上王位。长子亚历山大，最晚生于公元前388年，因为在公元前370年底，阿明塔斯三世去世，亚历山大即位之时业已成年。

暂且以进贡和联姻安抚住伊利里亚人之后，阿明塔斯急需赢得马其顿内部势力的支持。在这个时候的马其顿，“上马其顿”艾利梅阿部族首领德达斯，堪称一大强权人物。按照南方希腊文献的记载，德达斯麾下骑兵的数量和精锐程度不亚于阿明塔斯，他与南方希腊强大城邦也互有往来，有时宛若一国之君。有人认为，德达斯的支持使阿明塔斯三世登上王位，德达斯暗杀小阿明塔斯、阿明塔斯暗杀保萨尼阿斯属同一计划，旨在让阿瑞戴伍斯之子阿明塔斯掌权。无论如何，阿明塔斯和德达斯在这段时间里关系融洽。有德达斯作为后盾，阿明塔斯的王权至少有了一块基石，然而很可能他觉得需要更多。

或许是在这个时候，阿明塔斯娶了第二个王妃，其名“吉盖娅”相当有趣。阿吉德家族用过此名，创业之君亚历山大一世有一姐妹名为吉盖娅，阿明塔斯的新王妃或许也出自阿吉德家族。甚至有人认为，她的祖父是亚历山大一世之子墨涅拉俄斯，然而并无明确依据。如果这一观点属实，她就是小阿明塔斯的女儿或侄女。阿明塔斯三世与她的婚姻，很可能是为了弥合阿吉德家族敌对分支之间的裂痕，从而获得更多内部支持。完婚时间约为公元前4世纪80年代早中期，这一时间是根据吉盖娅长子阿奇劳斯的年龄估算得来的。公元前370年底，阿明塔斯三世去世，欧律狄刻长子亚历山大未遇拦阻地顺利继位，他应该也是先王长子。直到公元前360年，欧律狄刻次子帕迪卡斯三世去世，吉盖娅长子阿奇劳斯才与欧律狄刻第三子腓力一较短长，企图染指王位。帕迪卡斯生于约公元前385年，阿奇劳斯似乎与之同年，或许略晚出生，所以只有在帕迪卡斯死后，阿奇劳斯才有足够年龄，对王位发起冲击。这样一来，其母完婚时间大概介于公元前387到前385年，正是阿明塔斯急需内部支持之时。暂时安抚伊利里亚人之后，阿明塔斯还需对付奥林索斯人。

约公元前392年，伊利里亚人入侵马其顿，阿明塔斯三世割让北哈尔基季基边境地区给奥林索斯人，指望获得援助，援助要么未曾兑现，要么于事无补，阿明塔斯最终被伊利里亚人赶出国境。阿明塔斯随后借助塞萨利盟友复位，又与奥林索斯联盟缔约，部分内容存于一古代铭文：任何一方受到进攻，另一方应给予援助；未经另一方许可，任何一方不得与该地区的三座希腊城市阿堪修斯、门德、安菲波利斯（波提亚人）有任何交易；奥林索斯联盟有权从马其顿进口木材和树脂。这一条约似乎对奥林索斯联盟有利，据狄奥多罗斯记载，奥林索斯人继续控制阿明塔斯三世当年割让的土地，不断获得收入。据色诺芬记载，约公元前384／383年，阿明塔斯因自觉王位较为稳固，便试图打破权力平衡，从奥林索斯人手中收复失地，结果他被赶出东马其顿，许多城镇被占，连第一大城新都佩拉都落入敌手。到公元前383年底，阿明塔斯事实上已经失去王位（《希腊志》5.2.12—13；5.2.38）。

正值阿明塔斯人生低谷之时，欧律狄刻第三子腓力出生，应是阿明塔斯第四子或第五子。确切地说，面对奥林索斯人的威胁，阿明塔斯借助斯巴达人之力，才得以自保。公元前386年，在波斯王阿塔薛西斯二世的重压之下，整个希腊达成全面和平协定“大王和约”，由斯巴达来监督各方，所有希腊城邦之间的关系为自由、自治，由斯巴达负责维持现状。哈尔基季基半岛的城邦联盟，名为“奥林索斯联盟”，由奥林索斯人领导。公元前383年，奥林索斯试图迫使该地区其他独立城邦加入联盟，其中两个城邦阿堪修斯和阿波罗尼亚，派遣使者前往斯巴达，抗议奥林索斯人强人所难，呼吁斯巴达人帮助他们保住自由权和自治权，确保奥林索斯人不再搅扰他们的安宁。据色诺芬记载，阿堪修斯使者阐明了奥林索斯人的野心和“大王和约”（以及斯巴达在希腊的主导地位）所面临的危险：奥林索斯人赶走阿明塔斯三世，已经实际掌控马其顿，并且斯巴达的老对手雅典和底比斯已经准备与奥林索斯结盟。斯巴达人决定采取行动，在公元前382年，斯巴达对奥林索斯联盟开战。

对阿明塔斯来说，这场战争真是天赐良机。据狄奥多罗斯记载（15.19.3），他也派遣使节前往斯巴达，力劝斯巴达人采取行动。斯巴达发动战争，派遣庞大步兵军团前往哈尔基季基，又与阿明塔斯及其朋友德达斯结盟，以获得骑兵投入战场，德达斯的骑兵表现尤其突出。虽然战争比预期更困难，斯巴达人最终还是赢了，公元前379年，奥林索斯人被迫投降。奥林索斯联盟随之解散，阿明塔斯得以收复失地。虽然奥林索斯联盟的威胁烟消云散，斯巴达人却取而代之，强权依旧，让人不安。不过希腊南部的局势变化让阿明塔斯逃过一劫。

公元前379—前377年，雅典人有盟友底比斯人壮胆，成立了新的联盟体系，旨在迫使斯巴达人停止干涉其他希腊城邦的事务，削弱斯巴达在希腊的主导地位。这一“第二雅典同盟”连同盟友底比斯，随即与斯巴达开战。公元前4世纪70年代，斯巴达陆军在彼奥提亚大战底比斯人，海军则大战雅典人，对进一步干涉北方事务无力无心。然而阿明塔斯却不能安枕无忧。雅典升级海军军备，对马其顿所产船用木材需求更大，进而加强了对马其顿沿岸海港的控制，特别是美敦尼和皮德纳。阿明塔斯所面对的威胁，总是一波刚平，一波又起。

阿明塔斯别无选择，只能与斯巴达人解盟，再与雅典人缔约，以作出让步来减少雅典人的威胁。安菲波利斯位于斯特律蒙河口，是至关重要的前雅典殖民地，马其顿却只能选择放弃。公元前371年，在一次泛希腊和平会议上，阿明塔斯甚至正式承认雅典对安菲波利斯拥有主权。阿明塔斯又收雅典大将伊菲克拉底为义子，后者在色雷斯人脉甚广，可在色雷斯和雅典助阿明塔斯一臂之力。虽然“义父义子”不过是走个形式，却说明阿明塔斯急需安抚雅典人。公元前4世纪70年代末，阿明塔斯又把大批船用木材送给雅典政治家提摩塞乌斯。据狄奥多罗斯记载，在同一时期，阿明塔斯与长期盟友（塞萨利拉里萨的阿律阿达伊家族）解盟，又和塞萨利新晋强权费莱的伊阿宋缔约（狄奥多罗斯15.60.2）。很可能在公元前4世纪70年代中晚期，阿明塔斯又与另一马其顿强权人物“阿洛罗斯”的托勒密联姻，后者娶了阿明塔斯之女欧律诺墨。阿明塔斯对内部支持的需求依然不减。

公元前370年底，阿明塔斯三世去世，似乎是自然死亡，因为并无文献声称他死于暴力，而且长子亚历山大至少一开始能顺利继位。那时腓力约为十三岁；考虑到阿明塔斯的儿子（似乎共有6个）都不到二十岁，他死时应该不到六十岁，绝对不算年老。阿明塔斯的统治堪称弱王求存教科书，他几次面临失去权力的威胁，还是能有办法保住王位。幸亏有国内强权人物的支持（虽也有潜在威胁），像德达斯和托勒密；又定期进贡，安抚住伊利里亚人；而且能以弱者的姿态与各大强权结盟，像奥林索斯人、斯巴达人、雅典人、塞萨利的阿律阿达伊家族和伊阿宋。毫无疑问，阿明塔斯相当聪明且多才多艺，必要时也很会说服别人，然而他却从未攒够实力，重现阿奇劳斯一世在马其顿的功业，更不用说改变马其顿长期受邻国支配的二三流国家形象。

2. 青年腓力

本章名为“腓力的童年”，然而行文至此，直接关乎腓力本人的内容却很少。对时代背景的讨论甚多，包括腓力父王的统治、马其顿内部的状况和整个希腊的情形，但就腓力成长过程中的生活与经历，却既无描述，也无逸事。不得不说，这是因为很少有文献提及相关内容；而腓力之子亚历山大的童年，在古代文人笔下却有大量描写。腓力贵为马其顿王子，国家却积弱不振、让人不安，父王阿明塔斯与列强多次缔约，才勉强保住王位。虽然直接谈及腓力童年的文献很少，却可揣测他的童年大致如何。腓力很有可能生于父王流亡之时，随后全家回到马其顿，重返新都佩拉（阿奇劳斯一世所建）；公元前4世纪70年代，腓力在那里长大。虽然父王王位不稳，王子腓力却能享受奢华的生活，被人悉心抚养，接受马其顿最好的教育。

在古希腊，儿童在七岁之前通常由母亲照料，富家名门之后又有女佣仆人帮忙照看。男童约七岁时，开始接受真正的教育，初步认识这个世界和男子关注之事。在古马其顿，至少贵族男童要接受如下训练：骑术、狩猎、格斗；因为马其顿贵族首先是猎手和精锐骑兵。狩猎文化在马其顿文学和艺术作品里处处可见；最危险的动物也是最有价值的猎物，因为击杀猛兽最能体现猎手的男子气概和勇气（andreia）。例如，马其顿男子须先不用捕猎网杀死一头野猪，才有资格在仅限男子参与的传统（宴）酒会上斜靠卧榻。在公元前4世纪的马其顿，野鹿、野猪数量很多，属于常见猎物；熊、豹、狮子也时常出没。直到公元前1世纪，欧洲狮（Panthera leo europaea）才在巴尔干半岛灭绝；古希腊绘画和马赛克拼图里，常有狮子和猎杀狮子的场景，猎杀狮子无疑是对男子气概的终极考验。在腓力和其子亚历山大的时代，马其顿宫廷的确盛行狩猎，腓力显然很早就学会了打猎。埃迦伊王室坟墓的主人可能就是腓力（更有可能是其子阿瑞戴伍斯，即腓力三世），在坟墓的正面有一壮美图画，描绘狩猎场景，内中有鹿群，野猪、狮子、熊各一。就对腓力狩猎场景的描画而言，或许这幅图画最为有名。

战争甚至比狩猎更为重要，马其顿贵族青少年必须用心学习马上格斗：贵族青年自幼学习骑术，练习使用刀剑、长矛。兵器训练包含一种武士舞蹈，舞者挥舞刀枪，模拟格斗。马其顿武士舞，通常是用来向马其顿贵族守护神祇致敬，像赫拉克勒斯和雅典娜普罗玛琪斯（“前线战神雅典娜”）。事实上，腓力长兄亚历山大遇刺身亡之地，正是武士舞表演现场。就骑术而言，古希腊战马比现代马匹更小，骑手乘骑无鞍战马，以大腿夹紧马腹来保持平衡。在马上挥枪突刺、抡刀劈砍，需要极强的双腿夹紧力量和马背平衡能力，马其顿骑手双腿必须粗壮，尤其大腿力量要足。因此狩猎和格斗训练对身体素质要求很高，受训者必须变得强健有力。腓力就受过这样的训练，强健的身体让他受益终身，有足够的体力连年操劳，追逐功业，南征北战，而且几次重伤病危，都能死里逃生。

骑术、狩猎、格斗之外，马其顿贵族的生活围绕仅限男子参与的（宴）酒会。在南方希腊人看来，马其顿贵族男子酗酒成性，豪饮无度。不同的文献记载显示，腓力和其子亚历山大同样不能例外。马其顿贵族少年十岁出头就要列席酒会，观察了解相关礼仪和惯例，如果没有奴仆可用，他们还要负责端菜倒酒。如上文所述，他们只有在狩猎场上证明自己之后，才有资格真正参与酒会。酒会之上，多有歌者手抚七弦竖琴，自弹自唱；与会者也谈论各种话题，包括文学和哲学（至少较高档次的酒会如此）；贵族青年必然要学习音乐（歌唱、抚琴），学会一些经典希腊诗歌，这些诗歌皆出自伟大诗人，诸如阿尔西阿斯、伊比库斯、西蒙尼德、阿那克里翁，以及其他诗人。腓力贵为王子，身居马其顿社会的顶层，所接受的基础教育就不会仅限于读写能力，必会包含希腊城邦的文学巨著，如《荷马史诗》《赫西俄德文集》，雅典剧作大师的作品，历史、哲学、修辞学等著作。众所周知，腓力聘请哲学大师亚里士多德教导王子亚历山大。阿明塔斯三世的权势财富远逊腓力二世，腓力幼时所受的教育大概比不上亚历山大，然而成年后的腓力二世却见多识广，擅长演讲，而且在马其顿宫廷积极赞助文学艺术，款待哲学家、史学家、剧作家、演员和其他知名文化精英。毫无疑问，腓力也接受过顶级的教育。

这种训练和教育并非采用一对一家教模式：王子通常有同龄男童伴读，这些男童选自马其顿贵族（hetairos）阶层，获名syntrophoi（字面意为“和那一个一起长大的人”）。对这种做法的了解，主要来自古文献对亚历山大童年的记载。他的伴读（syntrophoi）包括许多马其顿知名贵族，像拉古斯之子托勒密、马卡塔斯之子哈帕拉斯、腓力之子玛尔叙阿斯以及最为有名的赫费斯提翁。这些伴读和亚历山大同受教育，因此一起聆听亚里士多德的教诲。腓力幼时应该也有自己的伴读，不仅让他有人陪伴，更让他在马其顿贵族当中广结人脉，这一点至关重要。甚至可以猜测腓力二世的伴读当中，有一个就是腓力之子安提柯，此人与腓力同年，生于公元前383／382年，史称“独眼安提柯”。亚历山大大帝英年早逝之后，独眼安提柯在马其顿建立安提柯王朝。和腓力一样，安提柯在佩拉长大，据说在腓力的整个征伐生涯中都有他的陪伴。正像安提柯的异母幼弟玛尔叙阿斯是亚历山大大帝的伴读，安提柯本人很有可能也是腓力二世的伴读。虽然父王阿明塔斯三世不得不面对重重困难，王子腓力却能拥有舒适的童年，接受最好的教育。

只有一处古代文献保留了关乎腓力童年的一件逸事，可惜只是体现出这位史学家对腓力青少年时期的处理大有问题。有一次演说家埃斯基涅斯对雅典人演讲，描述公元前347年他作为使节觐见腓力二世的情形。他讲述了自己如何提醒腓力二世：雅典人给腓力本人、他的家族和整个马其顿带来了诸多好处。其中就有一次，阿吉德王室成员保萨尼阿斯争夺王位，雅典将军伊菲克拉底救腓力一家脱离险境。按照埃斯基涅斯的说法，阿明塔斯三世和长子亚历山大二世先后去世，保萨尼阿斯抓住机会，结束流亡，重返马其顿，又获得多数马其顿人的拥戴，企图一举掌权。趁马其顿国内一片混乱，雅典人派伊菲克拉底率一支小部队，试图重新控制前希腊殖民地安菲波利斯。雅典军兵一到，腓力的母亲欧律狄刻就派人向伊菲克拉底求救。下文是埃斯基涅斯对这一场景的描述：

> 我说，那时你母亲欧律狄刻派人向他（伊菲克拉底）求救，就如在场之人所说，她把你的兄长帕迪卡斯放在伊菲克拉底怀里；你尚且年幼，坐在他双膝之上。她对他说："这些孩童的父亲阿明塔斯还在世的时候，收你为义子，善待这座雅典人的城市；你实在应当私下待他们如兄弟，公开待我们如朋友。"她又为你，也为自己恳求他考虑恢复（马其顿的）王权，确保你的安全。听了她这番话之后，伊菲克拉底把保萨尼阿斯赶出马其顿，为你保住了王位。（埃斯基涅斯《论出使》28—29）

诚然，这一场景颇为感人。尽管埃斯基涅斯与腓力二世同一时代，又宣称对腓力本人讲了这些话，然而按照实际情况来说，这一逸事却绝非事实。原因很简单，公元前370年，阿明塔斯三世去世；公元前369／368年，亚历山大二世遇刺身亡。腓力生于约公元前383年，已经不是幼童，而是十四五岁的少年，他哥哥帕迪卡斯至少要年长一岁，大约十六七岁。埃斯基涅斯用paidion一词指代他们，根据《利德尔和斯科特希腊文词典》，该词义为"七岁以下的孩童"。但帕迪卡斯和腓力那时已经不是孩童，而是少年，若伊菲克拉底怀抱一个十六岁的少年，双膝之上还坐着个十四岁的，那就太让人吃惊了。事实上，保萨尼阿斯试图掌权之时，腓力根本就不在马其顿。公元前369年，兄长亚历山大二世把他交给底比斯将军佩洛皮达斯，之后腓力作为人质住在底比斯（见下文）。

如果真像埃斯基涅斯对雅典人说的，他真的对腓力二世说了那些话，腓力会作何反应？他一定暗自好笑，埃斯基涅斯竟然语无伦次，大出洋相。从这个故事又能得出什么结论呢？里面有没有符合史实的成分？或许伊菲克拉底确实出兵干涉，帮助欧律狄刻对付保萨尼阿斯，然而却不是以埃斯基涅斯宣称的方式，也不是出于他宣称的原因。埃斯基涅斯跟腓力本人讲话，又向同时代的雅典公民听众演讲，像他这样的人，对事情的描述都能错得如此离谱，那其他现存文献又能如何呢？本章频繁出现不确定的表达，例如“可能有”“或许有”“或许”“大概”，也缺少关乎腓力本人的资料，如果有读者因此感到恼火，我相信他现在会能理解笔者了。

3. 亚历山大二世和帕迪卡斯三世的统治

阿明塔斯去世，其子亚历山大二世继位，正值整个希腊内部的权力关系发生巨变。公元前371年，雅典和斯巴达已经交战数年、筋疲力尽，不得不召集希腊各邦举行和平会议，试图效法公元前386年的“大王和约”，达成“普遍和平”：所有希腊城邦马上停战，和平相处，确保每个城邦的自由和自治。和约很快达成，随后进入各方宣誓遵守的环节，由斯巴达国王阿格西劳斯主持仪式。底比斯代表伊巴密浓达试图代表彼奥提亚联邦宣誓，该联邦成立于公元前4世纪70年代，由底比斯领导（甚至可以说是底比斯施加压力促成）。阿格西劳斯拒绝容许伊巴密浓达的做法，和公元前386年执行“大王和约”时一样，他要求彼奥提亚联邦必须解散，确保每个彼奥提亚城邦的自由和自治，各彼奥提亚城邦必须分别宣誓遵守和约。不同于公元前386年的底比斯代表，伊巴密浓达拒绝了阿格西劳斯的要求，没有宣誓，径自离开会场。这意味着斯巴达和底比斯之间的战争还要继续，而斯巴达军队早已整装待发。其时斯巴达另一国王克利俄姆布罗塔斯亲率万人之众（包含约一千五百斯巴达精锐），陈兵希腊中部，静观其变，得知和谈结果之后，克利俄姆布罗塔斯随即拔营，从北向南侵入彼奥提亚，兵锋直指底比斯。

底比斯人同样在厉兵秣马、调兵遣将，总兵力超过八千，由伊巴密浓达领军，迎击斯巴达人。双方在底比斯小城留克特拉遭遇，打出了军事史上最具颠覆性的战役之一。此前二百多年，每一次大规模步兵作战，斯巴达人都不可战胜。他们已成传奇，高超非凡的作战能力、不屈不挠的勇武顽强、不可战胜的必死决心，要么得胜归来，要么战死沙场。然而留克特拉之战让整个希腊大吃一惊，斯巴达人以惨败收场，伊巴密浓达麾下底比斯军队则大获全胜，总计约一千五百斯巴达精锐（斯巴达正式公民）参战，大概有七百横尸疆场，让人大跌眼镜。更让人震惊的是，差不多八百斯巴达精锐败走沙场，苟且偷生。斯巴达精锐是不可以因兵败而逃命的，人人皆知斯巴达的惯例，精锐士兵上战场之前，妻子或母亲会把盾牌递上，叮嘱他们：“要么带着它回来，要么躺在它上面回来。”“带着盾牌回来”意味着得胜，“躺在盾牌上回来”意味着战死。换句话说，“要么得胜，要么战死”。

斯巴达城邦如何处置这八百残兵败将？他们竟然战败逃命！按照斯巴达的法律，他们现在毫无社会地位可言，他们的公民权将被剥夺，土地、住宅将被没收，不得进入斯巴达人的圣地，更要被家人无视和拒绝。然而清点斯巴达所剩的全部精锐，这八百败兵占了半数以上。此前已经有一百多年战事不断，斯巴达精锐的数量不断缩水，留克特拉惨败之前，全部斯巴达精锐不过两千余人。斯巴达当局左右为难，如果按律行事，所剩斯巴达精锐不过五百余人，甚至不够维持城邦的运作和军备，然而又岂能无视已经执行了两个多世纪的法律？只好征求国王阿格西劳斯的意见，他随即给出解决方案，对逃兵既往不咎，相关法律从次日起仍然有效，被人唾弃的八百败兵在兵败当日免于刑罚。这救了他们，也救了斯巴达城邦，然而国威已经丧失殆尽，斯巴达的不败神话破灭，斯巴达精锐无败兵的纪录作古。几年之内，伊巴密浓达率领底比斯得胜之师，彻底结束了斯巴达在伯罗奔尼撒半岛的霸权，此后斯巴达沦为二流城邦，底比斯一跃成为希腊军事霸主。

正值如此剧变，阿明塔斯三世去世，其子亚历山大二世继位，时年约二十岁。他似乎顺利继位，未遇阻挠，显然有马其顿强权人物作为后盾，这些人也曾支持他的父王，可能包括德达斯和托勒密。和父王一样，他不得不向伊利里亚人进贡以消除后者的威胁，然而却充满了自信。亚历山大二世即位后不久，先王的老盟友拉里萨的阿律阿达伊家族派人求援，实力派僭主费莱的伊阿宋遇刺身亡，塞萨利陷入动荡，阿律阿达伊家族被赶出老巢拉里萨，有失去北塞萨利统治地位的危险。亚历山大二世欣然同意援助盟友，调集马其顿军队，出兵塞萨利，迅速占领拉里萨和周边城镇。然而他却没有恢复阿律阿达伊家族的统治地位，试图自己掌控北塞萨利。事实证明，他的判断出现了重大失误。

伯罗奔尼撒的许多城邦长期被斯巴达压制，底比斯崛起之后，他们就向希腊的新霸主求援。同样，阿律阿达伊家族和其他塞萨利盟友也向底比斯求援。就像伊巴密浓达率领底比斯大军进入伯罗奔尼撒半岛，终结斯巴达的霸权一样，另一底比斯名将佩洛皮达斯带领大队人马北上，进入塞萨利进行干预。战况如同老叟戏顽童一般，亚历山大二世无力抗拒强敌，马其顿军队退回本国。阿律阿达伊家族重新掌控北塞萨利，伊阿宋的继业者也叫亚历山大，被限制在费莱城中，塞萨利则被纳入底比斯的势力范围。

亚历山大二世尚且年轻，兵败塞萨利似乎对他的声望造成了致命打击。他一回到马其顿，迎接他的是强力贵族利益集团的叛乱，主谋是他的妹夫托勒密，传闻此人与自己的岳母欧律狄刻（亚历山大二世生母）有奸情。冲突的其中一方，可能就是亚历山大二世本人，请求底比斯将军佩洛皮达斯进行调停。公元前368年，佩洛皮达斯带领大批随从进入马其顿，解决了争端。亚历山大二世保住了王位，托勒密作为马其顿强权人物和国王的顾问，地位也未被动摇。马其顿沦为底比斯的附庸，为确保马其顿人将来能俯首听命，一些马其顿贵族成为人质，被送往底比斯，其中就有亚历山大二世的亲弟弟腓力。当时腓力约有十四岁，他将在底比斯生活三年，正是他个性形成的少年时期。狄奥多罗斯的相关记载极富传奇色彩：腓力住在伊巴密浓达的父亲家里，与将来的底比斯名将伊巴密浓达一同受教。事实上，此时伊巴密浓达早已成年，贵为留克特拉之战的胜利者，正在伯罗奔尼撒大战斯巴达人。根据希腊史学家普鲁塔克的记载，腓力当时住在帕曼尼斯家里，此人是伊巴密浓达和佩洛皮达斯的同僚，本身也是著名将领。

就腓力在底比斯的经历而言，狄奥多罗斯的描写近乎虚构，旨在强调这一观点：公元前4世纪60年代，底比斯掌控整个希腊，腓力经常接触底比斯名将，学到了指挥军队和治理国家的艺术。虽然狄奥多罗斯的记载细节并不准确，然而他的总体观点却获得了普遍认可。腓力在底比斯为质期间，无疑从当地名将处吸收了一些重要理念和策略，这是他一生的转折点，更对他的征伐功业影响至深。

伊巴密浓达、佩洛皮达斯和其他底比斯将领开始了希腊作战方式的变革，这一变革将由腓力最终完成。古希腊战场的主角是重装步兵，标准战法是几千步兵组成方阵推进。这种作战模式成形于公元前7到前6世纪，之后两三百年几乎没有改变。重装步兵本身是城邦民兵，只在空闲时间服役参战，而且要自备粮饷。尤为重要的是，重装步兵需要自掏腰包置办全部装备，全套防具包括：青铜胫甲、保护躯干的胸甲、青铜头盔（覆盖整个头部，只露眼睛和嘴）、大圆盾（相当沉重，直径约有1米，硬木制造，边缘和表面覆盖青铜外皮加固）。相对而言，这些装备让重装步兵面对正面攻击时几乎不受伤害，然而却相当笨重，大大减缓行军速度。标准方阵通常有八排士兵，几千重装步兵整齐列队，组成的巨大方阵足以让人胆寒。希腊地形多狭窄平原和山谷，容易找到合适地点排开方阵，敌军无法从侧翼包抄，唯有正面交锋，击退或击溃步兵方阵只能完全依靠实力。

就重装步兵方阵作战而言，斯巴达人是无可争议的大师。斯巴达精锐专心于军事训练，磨砺步兵战法，注重强化身体素质，主要通过运动和狩猎完成训练。斯巴达正式公民都拥有一块土地，由农奴耕种，以提供生计。由于衣食无忧，斯巴达正式公民的子嗣七岁就要进入agoge（足以令人震惊的斯巴达军事训练体系），开始了精锐重装步兵的生涯，心无旁骛。斯巴达精锐其实是职业军人，而其他希腊城邦的公民步兵不过是业余士兵。斯巴达军队通常包含好几千盟军步兵和最多两三千斯巴达精锐。由于连年征战，到公元前4世纪早期，斯巴达精锐总共不过两千余人，然而他们仍然可以主导希腊战场（见上文）。在战场之上，斯巴达精锐部署在右翼，中路和左翼由盟军士兵构成。全军向前进攻之时，斯巴达精锐更为强壮、训练有素，前进速度更快，最先接敌厮杀，而且极擅重装步兵混战和协同推进；通常他们能够快速击溃敌军左翼，进而向左包抄，从左向右围歼敌军。

这种战法简单高效，斯巴达因而得以主宰古希腊战场两百余年，希腊人如此富有创造力，却接受了这种传统作战方式，更承认斯巴达式集训带来的优势，任由区区数千斯巴达精锐横行希腊。伊巴密浓达和佩洛皮达斯统率的底比斯军队，终结了斯巴达的霸权，却不是以斯巴达人擅长的方式击败他们。在这之前，很多希腊将领以传统战法对战斯巴达军队，无一得胜。伊巴密浓达对希腊军队的基本策略和排兵布阵进行了反思，通常两军对垒，精锐部队都部署在右翼，斯巴达军队的对手，力求在己方左翼被斯巴达精锐突破之前，以精锐右翼击溃斯巴达左翼盟军，然而从来没有人成功过，因为斯巴达精锐过于强悍，一定抢先击溃敌方左翼。留克特拉之战，伊巴密浓达决定与斯巴达人硬碰硬，他把全军精华放在左翼，正对斯巴达精锐，然而他意识到自己的王牌军也比不上斯巴达精锐，后者经年累月强化训练，有铁一般的纪律和超强的凝聚力。伊巴密浓达必须找出破解之法，他想出的阵法惊人地简单。他没有按照惯例以8排士兵组成步兵方阵，而是从右翼抽调大量兵力放到左翼，并且后置正对斯巴达盟军的右翼剩余军兵，又极大增加左翼的纵深，正面硬拼斯巴达精锐。他深知只要能击溃斯巴达精锐，那些盟军就会作鸟兽散。伊巴密浓达在左翼部署了约30排士兵，而斯巴达精锐根本不可能突破这样的纵深，虽然他们的战斗决心和作战纪律与往常一样，却不可避免地连连后退。他们败退之时，伊巴密浓达又派出骑兵从右翼骚扰。盟军惊愕地发现斯巴达精锐竟然吃了败仗，也不再恋战，转身逃窜。

伊巴密浓达及其同僚，对重装步兵的作战过程及斯巴达战场统治力的根由，进行了详尽理性的分析，继而找到简洁巧妙的方案，终结了斯巴达的不败神话。腓力在底比斯期间，伊巴密浓达经常远在伯罗奔尼撒。他解散了斯巴达主导的古老同盟体系——伯罗奔尼撒联盟，斯巴达人曾借此联盟掌控整个伯罗奔尼撒半岛。伊巴密浓达又新设两个敌对城邦美塞尼亚和梅格洛玻利斯，包围斯巴达。与此同时，佩洛皮达斯忙于出征塞萨利，在希腊北部确立了底比斯的霸权。腓力在底比斯住所的主人，是伊巴密浓达和佩洛皮达斯的最重要同僚之一。腓力亲耳见证了两大名将的赫赫战功，不由得深思战争的规律、父兄王权不彰的根源，及马其顿无力对抗南方希腊重装步兵方阵的缘由，进而构想如何在马其顿打造全新军事体系，复制底比斯的壮举，打破希腊各邦的势力均衡，促成马其顿的崛起。腓力一旦大权在握，就不是再现底比斯名将的成就而已，他要更进一步，创造一整套全新作战方式（见下文）。

腓力在底比斯为质期间，亚历山大二世的处境越来越糟，托勒密已经看准了他的软肋。佩洛皮达斯出面调停，解决马其顿内部争端之后不久，亚历山大二世观看马其顿武士舞（telesias）之时遇刺身亡，托勒密显然是幕后主使。阿明塔斯次子帕迪卡斯继位，托勒密掌握实权，和太后欧律狄刻共同摄政。然而托勒密并不比亚历山大二世更强，随即有阿吉德王室成员保萨尼阿斯觊觎王位，挑战托勒密的权威。此保萨尼阿斯是何许人未有定论，或许其父是公元前393年短暂在位的保萨尼阿斯，后者是埃罗普斯之子。如此一来，公元前368年的小保萨尼阿斯应该有二十多岁，正是谋求权力的年龄。他显然在马其顿获得了较为广泛的支持。雅典将军伊菲克拉底（阿明塔斯三世故交、盟友和义子）正巧领兵在爱琴海北部处理国事，幸亏他出手干预，才终结了小保萨尼阿斯对王位的争夺。然而调停方案遇阻已经激怒了佩洛皮达斯，公元前367年，他再次领兵入侵马其顿。托勒密被迫献上贵重礼物，再三作出保证，又派出更多人质，以安抚佩洛皮达斯。

帕迪卡斯察觉到托勒密并不强大，开始谋划夺权亲政。他最迟生于公元前384年，可能还要早一两年，当时他至少有十八岁了，对凌驾于自己之上的摄政王自然感到不耐烦，更何况此人可能还和自己的母亲（太后）同居。公元前366年或前365年初，托勒密遇刺身亡，帕迪卡斯亲政，史称帕迪卡斯三世。和兄长亚历山大二世一样，他对自己的能力充满自信，采取很多措施巩固王权，准备大干一番，使马其顿摆脱对伊利里亚的从属地位。帕迪卡斯进一步巩固与底比斯的关系，通过交涉，其弟腓力得以在底比斯为质三年后回国。伊巴密浓达计划组建底比斯舰队，挑战雅典的海上霸权，为此需要从马其顿获得船用木材。雅典在爱琴海北部的势力，特别是对马其顿港口皮德纳和美敦尼的控制，让帕迪卡斯感到如芒在背，必须尽快采取行动。由于雅典向前殖民地安菲波利斯施加压力，该城向帕迪卡斯求援，这为后者提供了出兵的契机。帕迪卡斯在安菲波利斯派驻军队，将这一战略要地脱离雅典，纳入马其顿的势力范围。

为进一步巩固自己在马其顿的势力，帕迪卡斯指派年轻的腓力（约十八九岁）管理马其顿境内的大片土地。很遗憾，现存文献并未指明何地，也未指明腓力是只管理一些私人领地，还是真正担任地方长官，然而还是有一些依据可作出以下推测。众所周知，和其他阿吉德国王一样，腓力在位期间多次结婚。他最早娶的王妃（很可能是第一个）名为菲拉，出自“上马其顿”西南艾利梅阿地区的权贵家族，是阿明塔斯三世老盟友德达斯的女儿，后者之子小德达斯的姐妹。老德达斯此时可能已经去世。通过这次联姻，帕迪卡斯扶植腓力取代小德达斯，成为艾利梅阿总督，而后者则不得不流亡异乡。艾利梅阿相当重要，雄心勃勃的马其顿国王若能完全掌控该地，就能获得提升国力的重要保障。艾利梅阿地处西南，远离马其顿北方边境各大野蛮部族伊利里亚人、培奥尼亚人和色雷斯人，可在马其顿国王大战这些部族之时，提供源源不断的物资和坚强的后盾。

显而易见，帕迪卡斯掌权之后一直在加紧扩军备战，直至公元前360年去世。虽不清楚他打造军队的细节，但卖往底比斯和雅典的木材，无疑换取了部分军费。到公元前360年，帕迪卡斯麾下的步兵军团已经人数众多，远远超过四千人，至少有七八千人。在他之前的马其顿国王未曾有过这样庞大的步兵军团。这支军队无疑成军不久，建军手段、装备状况、训练方式迄今不为人知，但其用途却非常清楚：帕迪卡斯三世停止向伊利里亚进贡，因这片土地此时仍然由年迈的巴尔德里斯统治，巴尔德里斯随即率领大军攻入马其顿北部，帕迪卡斯留腓力镇守后方（很可能是在艾利梅阿驻防），自己亲率新建庞大步兵军团迎击巴尔德里斯。

对帕迪卡斯和马其顿来说，这场战役的结果是一场灾难。大战发生在马其顿西北某地，可能是在佩拉岗尼亚，或许离奥赫里德湖不远，并以马其顿军队的惨败收场：年轻的帕迪卡斯三世战死，约四千士兵被杀。阵亡人数揭示了马其顿军队的规模。毫无疑问，大多数士兵能够生还，很少有军队一场战斗之后阵亡半数以上。然而数以千计的败兵，群龙无首，只能逃窜，有不少被俘，也有许多逃离战场，各回各家或自找藏身之处。此战过后，马其顿军队实际上已经不复存在，马其顿西北部门户大开，伊利里亚军队长驱直入，占领大片土地，至少包括佩拉岗尼亚和林库斯。

历史一再重演，马其顿又一次需要新的国王。帕迪卡斯三世几年前就已大婚，留下一子，名为阿明塔斯。此子最多不过两三岁，不可能马上执掌王权。潜在的王位竞争者包括以下几人：帕迪卡斯的亲弟弟腓力，其时（公元前360年底）约有二十四岁，以及他的异母兄弟阿奇劳斯、墨涅拉俄斯和阿瑞戴伍斯，此外还有两个曾因觊觎王位，流亡异乡的阿吉德王室成员（阿吉乌斯和保萨尼阿斯）。群雄逐鹿，最终腓力胜出，掌控马其顿，进而开始了二十四年光芒四射的统治，不但让马其顿脱胎换骨，更改变了整个地中海东部的历史进程。就公元前360年之前的马其顿历史而言，古代文献的记载粗略稀少，然而腓力的登基改变了这一切，古希腊史学家的眼睛首次转向了北方，定睛在马其顿及其新国王身上。马其顿王国的真正历史，开始于腓力二世的统治。

第三章
腓力的统治

这个男人（腓力）统治马其顿24年，以最有限的资源起步，却建成了欧洲最强大的王国。他接手之时，马其顿尚且对伊利里亚卑躬屈膝，后来却能使许多强大民族和城邦俯首称臣。他是如此卓越不凡，得以领导希腊全境，各大城邦都甘心臣服……征服伊利里亚人、培奥尼亚人、色雷斯人、塞西亚人和诸多周边民族之后，他将目光投向了波斯帝国，欲灭之而后快，派遣先头部队前往亚洲，解救那里的希腊城市。命运无常，他的脚步戛然而止，然而他却留下了庞大强悍的军队，其子亚历山大无须盟军就可独力倾覆波斯帝国。腓力能取得如此成就，并非依靠运气，而是凭借自己的雄才大略：用兵如神、胆略过人、聪明睿智。（狄奥多罗斯16.1.3—6）

公元前360／359年冬，腓力登上王位，其处境之艰难，近乎大难临头、绝境求生，世界历史上鲜有君王初登大位，就处此危局。帕迪卡斯三世大战伊利里亚国王巴尔德里斯，兵败的后果不单是自己战死，马其顿军队也近乎全军覆没：多达四千名马其顿士兵和帕迪卡斯一同横尸沙场，无疑也有大量败兵被伊利里亚军队俘虏，还有不少逃离战场，各回各家或自找藏身之处。无论如何，马其顿王国军队主力就此不复存在，西北部地区随即被伊利里亚军队占领，至少包括佩拉岗尼亚、林库斯，很可能还有欧耳代亚和奥瑞斯提斯的一部分，可能有多达四分之一的领土，暂时被划出了马其顿版图。马其顿丧师失地，是留给新国王的一大难题，然而这不过是腓力必须面对的困难之一。

帕迪卡斯三世兵败身死、全军覆没，周边敌国借机而动，或侵占领土，或施加影响，或尽情掳掠。北有培奥尼亚部落从阿克西奥斯河上游河谷南下，侵扰马其顿北部安法克西提斯平原，烧杀抢掠、无恶不作。南有雅典将军曼提阿斯率领三十艘战船、三千重装步兵远征，现身美敦尼，护送觊觎王位者阿吉乌斯登陆，企图扶植他成为亲雅典的傀儡国王。阿吉乌斯还带有一队由雇佣兵和流亡者组成的卫兵。雅典人意欲控制马其顿海岸，确保得到当地所产船用木材，尤其想要占领战略要地前雅典殖民地安菲波利斯：该城还有马其顿驻军，为帕迪卡斯三世所派。东有大批色雷斯军队集结，很可能由一代雄主科提斯统率，另一位觊觎马其顿王位者保萨尼阿斯随军。色雷斯企图入侵马其顿，扶持保萨尼阿斯成为亲色雷斯的傀儡国王。马其顿军队主力已经覆灭，敌军从西北、北、东、南四面攻入马其顿，看来马其顿王国即将崩溃，最好的情形不过是被周边列强瓜分，由各自扶持的傀儡国王统治。腓力的确是处境艰难，前途暗淡。

此时的腓力尚且年轻，不过二十四岁，并无统兵经验。其父在位期间又羸弱不堪，两位兄长先后登基，皆是彻头彻尾的失败者。无论从他的处境来看，还是从他过往的经历和背景来看，他都没有可能成为一代雄主。然而腓力却雄心勃勃，不但要化解迫在眉睫的各方威胁，安邦定国，更要富国强兵，称雄一方，击败周边敌国，攻城略地，而非勉强挣扎求存而已。腓力在位二十四年，实现雄心壮志，成就极其辉煌，然而令人称奇的是，他并未因此被人铭记，没有归入西方历史最伟大君主之列。

1. 化解最初的危机

着手实现宏大目标之前，腓力必须先应对当务之急，以确保王位不失、王国不灭。帕迪卡斯身死兵败，带来的危机方方面面，又极其猛烈，能否设法化解这些危机，决定着腓力是否还能有机会振兴马其顿。不得不承认，腓力虽然年纪轻轻、初出茅庐，却能审时度势，见机行事，头脑之敏锐、策略之精妙，实在令人惊叹。短短一年之内，他就化解各样危机，稳固王位，成为无可争议的马其顿国王。那么，他是如何做到这些的？

腓力面对的最大困难，是没有强大的军队，这让他感到处处掣肘。无论如何，帕迪卡斯麾下马其顿军队主力灰飞烟灭，并未使得马其顿缺乏兵源，但此战惨败却让马其顿人无心参军，更无意效忠腓力。他的执政前景似乎一片暗淡、毫无希望。腓力起初四面受敌，却得以自保，或许全在他手握一支嫡系部队，拥有稳固基地——可能就是马其顿的艾利梅阿，帕迪卡斯任命腓力为该地总督。腓力很快认识到自己兵力太少，无力对抗西北面的伊利里亚军队（巴尔德里斯统率）和东面的色雷斯军队这两路大军。他审时度势，发现唯有以外交手段消除这两大威胁，甚至不惜“行贿”。对外交涉之前，他必须成为公认的马其顿国王，这大概需要先占据新都佩拉（阿奇劳斯一世所建）。腓力一旦掌控佩拉，重中之重必是控制王宫和各大官署。毫无疑问，佩拉是王国金库所在地，这极为重要。虽然没有文献提到腓力掌控王国金库，然而他掌权之初，能以巨款贿赂各方（美其名曰“四处送礼”），显然他从一开始就能支配大量财富。除了取自王国金库，这些财富还能来自何方？

遗憾的是，古代文献提供的细节少之又少，然而腓力和巴尔德里斯进行了交涉是毫无疑问的，至少达成了某种停战协定，或许是全面和平协议。鉴于腓力暂时无力改变现状，巴尔德里斯必然继续控制“上马其顿”已占地区。腓力承认巴尔德里斯对新占土地的主权，换来伊利里亚人暂停进攻。他很可能又向伊利里亚进贡，或者许诺恢复其父阿明塔斯在世时的定期进贡，从而使得伊利里亚人撤出马其顿。作为交涉的结果，可能就在这个时期，腓力迎娶伊利里亚女子奥妲塔，此女应该是巴尔德里斯的女儿或侄女。奥妲塔为腓力的第二个王妃，为他生下一女，名为库娜涅。此次对外交涉是屈辱的也是明智的，马其顿西北边境得以稳固，腓力也可在这一地区暂息兵戈。

腓力面对的第二大难题是东面色雷斯的入侵，由国王科提斯领军，企图立保萨尼阿斯为傀儡国王。腓力同样无力对抗，只能采用外交手段周旋。腓力亲自和科提斯会面，又是许诺，又是进贡，终于说服年迈的色雷斯国王终止计划。科提斯获得了明确保证：腓力作为马其顿国王，会既友好又谦恭。前者扶持保萨尼阿斯已毫无必要；腓力又献上大笔金钱，科提斯亦无必要暴力劫掠。保萨尼阿斯因而被弃，再无文献提及他的名字，多半被科提斯直接处死，或者交给腓力处决。腓力非常幸运，在达成和约后不久，科提斯去世，大色雷斯王国被他三个儿子一分为三，对腓力和马其顿的威胁大大减少。再加上这三个小王国随即互相对抗，腓力能够加以利用，坐收渔利。

腓力施展外交手段，不惜花费重金进贡，虽然丧权辱国，却既有效果，又有必要。威胁腓力王位和马其顿国运的两大危机暂且得以化解，然而如此外交恐怕不能巩固腓力二世在国内的地位。他必须设法展示自己的能力，让马其顿人相信自己绝非列强扶持的羸弱傀儡。还有两大威胁等着他去处理，雅典军队和其扶持的傀儡国王阿吉乌斯，以及培奥尼亚军队。无论对手是谁，首次用兵，只许胜不许败，因此腓力需好好盘算，选择最弱的下手，这样最有把握。他决定先对付阿吉乌斯和雅典人，当然也因为阿吉乌斯正向旧都埃迦伊进军，试图占据该城，对马其顿国王腓力构成了最直接的威胁。因此腓力派人觐见培奥尼亚国王阿吉斯，再次施展许诺进贡之法，换得后者领兵离境，不再劫掠。

此时的腓力没有实力与雅典进行一场大战，雅典过于强大，而他却缺兵少将。腓力既要除掉阿吉乌斯，同时还要注意不要太激怒此人的靠山雅典。他很快就找到了办法。雅典在爱琴海北部奉行了半个多世纪的国策是光复前雅典殖民地安菲波利斯，该城位于斯特律蒙河口，建于公元前438／437年，为雅典海外基地，确保马其顿、色雷斯所产船用木材源源不断运往雅典，对雅典海军至关重要。公元前424年，斯巴达统帅伯拉西达煽动城中居民反叛雅典，与斯巴达结盟。从那以后，雅典多次尝试控制该城，无一成功。帕迪卡斯三世在安菲波利斯派驻军队，大大激起雅典人对他和其弟腓力的敌意。现在腓力兵力严重不足，无法继续在该城驻军，而且急需将这支军队挪作他用。腓力乐得送个顺水人情，从安菲波利斯撤军，宣称支持雅典对该城的主权，他一无所失，却换得了雅典人的好感，随即寻求与雅典达成正式和约。

结果，雅典将军曼提阿斯虽统领战船三十艘、重装步兵三千人，驻防马其顿北部港口美敦尼，却按兵不动，让阿吉乌斯仅带自有卫队前往埃迦伊，其中不过是些雇佣兵和流亡者，随行的雅典士兵寥寥无几。埃迦伊本地居民审时度势，发现阿吉乌斯成为马其顿国王几无可能，从而拒绝提供支持。或许此人找外人撑腰，也激怒了他们。阿吉乌斯被迫退出埃迦伊，原路返回。在回美敦尼的必经之路，腓力领军设伏，经过一番激战，阿吉乌斯一败涂地，雇佣兵大多被杀，阿吉乌斯本人很有可能也身首异处（再无文献提过其名）。幸存的马其顿流亡者全部被抓，然而腓力却把雅典士兵仔细分别出来，非但不要赎金、全部释放，而且赠送赔偿金压惊。大概他们返回美敦尼，告知曼提阿斯详情，更让人觉得腓力有亲雅典的倾向。腓力善待那几个雅典人，付出的代价微乎其微，却消解了雅典对马其顿王国的直接威胁。腓力牛刀小试，首战告捷，不但彻底铲除了王位竞争对手阿吉乌斯，更展示了自己非凡的能力，作为军事统帅大有前途。

现在马其顿人有理由信任腓力，因此他能够征募到新兵，扩军备战，以彻底消除培奥尼亚人的威胁。他再次交了好运，似乎培奥尼亚国王阿吉斯恰在此时死去，培奥尼亚人群龙无首。腓力随即派兵突袭阿克西奥斯河上游河谷，重创培奥尼亚军队，使得培奥尼亚再无能力侵扰马其顿，并且沦为后者附庸。公元前359年，腓力外交老练、用兵如神、成果斐然，经此一年，腓力终成无可争议的马其顿国王。他精明过人，三管齐下，通过外交、进贡、打胜仗，终于将种种威胁化于无形。保萨尼阿斯、阿吉乌斯两大觊觎王位者，不复存在；培奥尼亚人已经闻风丧胆；雅典人正考虑与腓力达成正式和约；色雷斯人亦无力兴风作浪；伊利里亚人已被进贡和联姻稳住。年轻的腓力二世，如此精明强干，让马其顿人耳目一新，然而腓力却深知这些成就不过能暂时保住王位。要想真正定国安邦、江山稳固，他尚且缺少一支前所未有的强大军队。只有兵强马壮、军威鼎盛，才能彻底消除伊利里亚人的威胁，又可震慑雅典人，使其不再插手马其顿事务，更让培奥尼亚人和色雷斯人闻风丧胆。无论如何，这些暂时成就还是为腓力赢得了喘息之机，公元前359年秋到前358年春，腓力大肆招兵买马，创建了一支全新的马其顿军队。

狄奥多罗斯（16.1—2）描述了建军的过程：腓力马不停蹄，前往马其顿各地，召集百姓，陈明计划，鼓舞士气。他征募新兵，更新训练方式，升级武器装备，组建步兵军团。腓力二世为新兵提供新式武器装备，亲自带队进行一系列强化训练和军事演习。他设计了一种全新的密集作战队形，让军队反复演练，进而“缔造了马其顿方阵”。狄奥多罗斯用语的确切含义、腓力采用何种装备和战法、马其顿方阵由腓力创建的观点，都极富争议性，也是很多学术辩论的话题，这些内容会在下一章详细讨论。无论腓力练兵的细节如何，有一点却毫无争议，到公元前358年夏季，腓力麾下步兵已有一万，而且训练有素，骑兵也超过了六百。可能除了两年前马其顿—伊利里亚大战中帕迪卡斯统率的那支军队，腓力这支军队的规模在马其顿历史上前所未见。然而腓力的新军似乎训练更好、装备更精，当然用途完全一样，去对抗伊利里亚人。

公元前358年，腓力率军攻入马其顿西北部，他从未想过让伊利里亚人永久占据这些地方，一年前达成的和约不过是权宜之计，以换得喘息之机，重建马其顿军队。腓力现在兵强马壮，当即废弃和约。虽然巴尔德里斯遣使提出抗议，要求腓力遵守和约条款，腓力却要求所有伊利里亚军队撤出马其顿。一场大战不可避免，根据狄奥多罗斯的记载（16.4.4），巴尔德里斯随即调集军队，兵力与腓力旗鼓相当，有步兵一万、骑兵五百。在马其顿西北部某地，双方会战，战况极其惨烈。腓力亲率精锐步兵在方阵右翼压阵，命令右翼骑兵快速绕过伊利里亚军队左翼，从后包抄。伊利里亚军队列出方形战阵，拼死一战。然而腓力的全新步兵军团训练有素、队形严整、势如破竹，伊利里亚军队抵挡不住，随即溃败。腓力麾下骑兵穷追不舍，斩杀无数残兵，大获全胜。据记载，约有七千伊利里亚士兵命丧疆场，多达全部参战兵力的三分之二。伊利里亚人别无选择，只能全军退出马其顿领土。

即位时所面临的一切难题，腓力至此全部成功解决，更显示出自创业之君亚历山大一世以来，自己是最强的马其顿国王。几乎与此同时，腓力与雅典人达成和约，得以掌控马其顿全境，消除一切外部威胁。他麾下胜利之师兵力之雄厚，在马其顿历史上前所未见；马其顿因而收复失地，拒敌于国门之外，免于分崩离析。新国王腓力已然获得百姓拥戴，挟此大胜之威，他着手整顿全国，力图将马其顿建成希腊乃至巴尔干半岛的第一强国，彻底摆脱弱国之名。

现在，摆在腓力面前的难题尚有三大类。首先，马其顿军力还是不够强大，内政问题也还不少。长期以来，各地首领彼此不和，互相较劲，阿吉德王室成员和其他大贵族对国王也并不忠心。再者，北面和东面的野蛮部族，尤其是伊利里亚人、特洛伊人、培奥尼亚人、色雷斯人，仍然有可能入侵和骚扰边境。最后，与马其顿南面希腊各邦关系难处，常常处于敌对状态，近有奥林索斯联盟和塞萨利，远有主导希腊的各强大城邦，尤其是底比斯和雅典。

现存相关历史文献，几乎全都出于南方城邦希腊文人（尤其是雅典人）的手笔，内容绝大多数围绕腓力和希腊各城邦的关系（尤其是雅典）。这严重扭曲了对历史真相的认识，似乎腓力在位期间，主要精力都用来处理和雅典以及其他希腊城邦的关系了。然而腓力关注的重点却是解决内部问题，真正统一马其顿，确保马其顿对临近野蛮部族的统治地位，以彻底稳定后方。腓力与南方希腊诸邦（尤其是雅典）的关系发展过程，在古代文献中有详细记载。虽然消除马其顿内部隐患，对付边境野蛮部族对腓力更为重要，但现存文献中不过偶尔提及，寥寥数语。看来只能依次讨论这三类难题，搜集一切可用资料，尽可能展现腓力当年一一处理这些难题的过程。

2. 打造统一的王国

毫无疑问，腓力执政的重心是加强王权，整合马其顿各地势力，使之齐心合力、听候调遣，全面振兴马其顿：增强军事实力、改良政治制度、优化社会结构、促进经济发展。腓力开始这一计划之时，已有强大实力作为保证，他所创建的庞大步兵军团，痛击伊利里亚人，更任他驱使，成为他王权的稳固基石，而之前无一先王能有如此实力。腓力得以成功改造马其顿，缔造统一的王国，这支军队是真正的关键。下一章会详细讨论腓力的军事改革和马其顿军队，本章先来论述马其顿的统一、贵族阶层对腓力的完全臣服、马其顿经济的改善，以及马其顿武士"中产阶级"的产生。这一新兴阶层构成了之后数百年马其顿王国，乃至马其顿人王朝的脊梁。

马其顿历代国王面对的一大难题就是王国一盘散沙。如第一章所述，马其顿本土包含两大部分："下马其顿"和"上马其顿"。上马其顿被山岭分割成不同区域，各有本地传统和强势家族。在上马其顿各地，地方权贵家族倾向拥兵自立，对抗阿吉德王室，甚至彻底为敌，并不在乎马其顿国王是谁。例如，林库斯权贵家族成员，自称源自早期科林斯城权贵世家巴齐亚达伊家族，不时以一方君主自居，常用"阿垃皮阿斯"一名。首个阿垃皮阿斯在公元前5世纪20年代与帕迪卡斯二世为敌（修昔底德4.74—78，124—28）；另一阿垃皮阿斯与阿奇劳斯一世为敌（亚里士多德《政治学》1311b）。艾利梅阿权贵"德达斯"家族也是如此，至少有三个"德达斯"留名于世：第一个与帕迪卡斯二世为敌（修昔底德1.57.3）；第二个很可能暗杀了小阿明塔斯（阿明塔斯二世），随后却成了阿明塔斯三世的盟友（色诺芬《希腊志》5.2.38—41）；第三个与腓力二世为敌，公元前347年，腓力军队洗劫奥林索斯城，抓获此人，随后处死（阿特纳奥斯10.436c，13.557b）。修昔底德（2.80）又指出，在奥雷斯特斯甚至也有一国王，名为安条克。早在约公元前440年，雅典和帕迪卡斯二世订立条约，内容存于一古代铭文（《希腊铭文集成》卷一3.89）。该条约显示：参与宣誓的除帕迪卡斯及其家族成员之外，还有四人来自上马其顿，皆有国王（basileus）头衔：阿垃皮阿斯、德达斯、安条克，还有一人名字已佚。

要想振兴马其顿，腓力必须完全整合“上马其顿”各地，彻底降伏各权贵世家，一统马其顿。艾利梅阿的德达斯逃出领地，被迫流亡，后被腓力擒获（多半被处决），其他家族成员仍居艾利梅阿，不过已成了阿吉德国王的臣民，例如，艾利梅阿人马卡塔斯（德达斯家族常用名）之子哈帕拉斯，若干年后在亚历山大大帝麾下忠心效力。公元前358年，腓力赶走伊利里亚占领军，林库斯权贵家族虽心存感激，却也必须向腓力臣服。阿垃皮阿斯二世有三子：阿垃皮阿斯、赫若梅内斯、亚历山大，腓力在位期间，他们都颇为顺从。前两个因涉嫌谋杀腓力二世，被亚历山大大帝处死，更有可能是因为后者觉得这两人对自己继承王位构成潜在威胁。腓力新创之军击败伊利里亚军队之后，更是连战连捷，已然无坚不摧；显而易见，“上马其顿”各大权贵家族再难有不臣之心。他们只能安于现状，臣服腓力，力求多立军功，否则结局不是被流放，便是被处决。腓力更从“上马其顿”大量征兵，在其统治后期和亚历山大统治前期，马其顿军队已经羽翼丰满，重装步兵方阵包含成建制的多营“上马其顿”步兵（见下文第四章）。这些士兵身经百战，难尝一败，立功无数，已然效忠腓力及其继承人，早已无心为家乡权贵世家卖命。

腓力恩威并施，上马其顿各权贵家族乖乖就范；上马其顿士兵在腓力军中效力，战无不胜，转而效忠腓力，真正融入马其顿。对马其顿统一的另一大威胁来自阿吉德王室自身。公元前454年，亚历山大一世去世，众多王子的后裔构成阿吉德王室的不同分支，各派为争夺王权，相互对抗近百年，马其顿王国深受其害。阿吉德王室成员为推翻现任国王并取而代之，不惜寻找各类盟友：马其顿贵族、上马其顿权贵家族，甚至外部强权（诸如奥林索斯、色雷斯、雅典）。腓力既要保住自身利益，也要打造统一、稳定的马其顿，绝不容许历史重演。他心狠手辣地铲除了除了自己的子嗣之外的阿吉德王室其他全体成员。

腓力登基之初，先后铲除两大王位竞争对手：阿吉乌斯和保萨尼阿斯。二人属于阿吉德王室不同分支，皆有外部势力支持，前者为雅典，后者为色雷斯。上文已讲述腓力如何收买对手的外国靠山，进而终结威胁，稳固王位。此二人觊觎王位，被杀之后，阿吉德王室成员尚有腓力的三个异母兄弟：阿奇劳斯、墨涅拉俄斯、阿瑞戴伍斯，以及腓力亲兄帕迪卡斯之子阿明塔斯。腓力登基掌权，这三个异母兄弟便是直接竞争对手。早在公元前359年，长兄阿奇劳斯似乎已在想方设法，图谋大位，其间的细节已不为人知，阿奇劳斯本人却以惨死收场；两个弟弟仓皇出逃，和德达斯一样，最终避难于奥林索斯。公元前347年，腓力劫掠奥林索斯，这三人皆死于非命（尤斯丁8.3.10）。此后，腓力身边阿吉德王室成员仅剩阿明塔斯，为其兄帕迪卡斯遗孤，由腓力照看，在腓力生子之前，暂为王储。腓力把阿明塔斯带入王宫，细心抚养，最后和腓力之子阿瑞戴伍斯、亚历山大一同长大。毕竟，腓力尚且不知能否有王子长大成人而且兼具帝王之才。腓力似乎视自己亲侄如同家人，阿明塔斯成年之后，娶了公主库娜涅（腓力王妃伊利里亚人奥妲塔所生）。腓力与阿明塔斯亲如一家，也借此将其置于自己牢牢掌控之下。腓力在位期间，阿明塔斯一直保持着忠诚。

腓力铲除了阿吉德王室全部潜在对手，并彻底降伏了上马其顿权贵家族，更使上马其顿完全融入马其顿王国，至此，妨害马其顿统一的几大障碍不复存在。然而马其顿贵族阶层本身还有一普遍问题，马其顿贵族首先是大地主，生活围绕骑马、狩猎、战争、饮宴，土地显然由农奴阶层耕作，贵族阶层无须从事任何生产劳动。除了农奴之外，贵族还拥有佃农和家丁，马其顿历史上多数时候战事不断，战时佃农作为轻步兵，家丁作为骑兵，跟随主人出征。腓力登基之前，马其顿军队由不同贵族率领的家兵家将组成，国王也不过是其中一个贵族大地主而已，因此，国王的军事实力取决于他能获得多少贵族的支持。贵族若支持国王，便成为他的hetairoi（“伙伴”，该词能追溯到荷马时期），这些贵族组成王国议会（synedrion）。贵族作为国王的伙伴，颇为重要，甚至有一年一度的节日专门庆祝他们所发挥的作用，节日名为hetairidia。有一马其顿与希腊所订和约，内容存于《希腊铭文集成》卷一3.89；值得注意的是，那些“下马其顿权贵人物”（埃林顿1990，15页）被称为和约的担保人。

马其顿强大国王能获得大多数贵族的支持，弱小国王则无此能力。在早期马其顿（腓力登基之前），贵族常有支持觊觎王位者（现任国王对手）的倾向，甚至像公元前4世纪60年代阿洛罗斯的托勒密一样，直接对抗国王。要想让马其顿稳定繁荣，就必须降伏贵族阶层，铲除导致分裂的根源。公元前358年，腓力创建强大步兵军团，其空前的实力对付各大贵族绰绰有余，就算最强最富的贵族大地主，也无力抗衡腓力的大军。若有贵族或贵族集团胆敢对抗腓力，就要面对后者的全新马其顿方阵，恐怕会有灭顶之灾。这使得马其顿贵族有强烈的内在动机向腓力表忠心，然而总是被动消极。腓力还有办法让他们积极主动。腓力的全新军团在巴尔干南部连战连捷，攻城略地，不断扩展马其顿的版图。按照传统，新征服的土地，为“矛得之地”，归国王所有，由国王处置。腓力将新领地赐给自己宠信的贵族，大大增加了他们的财富，然而他们并非完全拥有这些土地，这些财产“可被收回”，还有可能失去，唯有继续忠于国王腓力，才能继续拥有这些土地。根据同时代史学家塞奥彭普斯的记载，在腓力王权鼎盛时期，他大约有八百“伙伴”。这些人得益于腓力的政策，所拥有的土地总面积之大，堪比其他泛希腊地区一万最富地主全部土地之和。

腓力推行“胡萝卜加大棒”政策，彻底降伏贵族阶层，“胡萝卜”为得到大片新土地，财富增加；“大棒”为失去这些财产的危险，极端情况下甚至还会被腓力军队铲除。然而腓力并没有到此为止，他又采取两大举措，进一步加强对贵族阶层的控制。首先，腓力遍邀希腊各地精英前往马其顿为官，成为他的伙伴，和马其顿本地贵族一样，这些人也从腓力这里获得大片新征服的土地，作为“可被收回”的财产。这些新移民伙伴的财产、地位全部来自腓力，即便出于私心，也要忠于腓力。他们组成的新贵族集团，铁板一块，不遗余力地支持腓力，可随时供腓力调遣，打击图谋不轨的本地贵族。以下是一些知名新贵：卡迪亚人欧迈尼斯、克里特岛人尼阿库斯、米提利尼人艾利吉亚斯、拉里萨人米迪乌斯。

与此同时，腓力的另一举措极其重要：设法驱使贵族的儿孙为自己效力，使其兼具忠心与能力。他在佩拉设立学校，要求马其顿各地贵族子弟必须前来就学，接受最好的教育（基本是雅典式的），费用全免。这种邀请自然无法拒绝，若有贵族拒绝将儿孙送往佩拉，就是不信任腓力，有图谋不轨，乃至起兵造反的嫌疑。虽然腓力的做法，真能为贵族子弟提供免费的顶级教育，也能使其彼此熟识，广结人脉，然而人人皆知，这所学校也把贵族子弟置于腓力掌握之中。他们同时也是人质，使得父辈不敢造次，当然他们也接受腓力眼中最好的教育。这极其重要，腓力需要贵族阶层忠君体国，为自己振兴马其顿效犬马之劳；他更需要为新建军事体系培养精明强干的将领。毫无疑问，腓力的贵族学校涵盖读写训练，传授学生文学、音乐、修辞学的基础，但体能训练尤其军事操练也必不可少，后者在更特别的“高等教育”中尤为重要。

这些贵族子弟在将满二十岁时，通常约在十八岁，会正式成为团体paides（在此背景，字面意思为“青年”）的成员，在国王（腓力本人）身边效力大约两年，既是新兵，也是随从。他们服侍腓力，随时待命，作为卫兵和腓力及常备国王卫队并肩作战。从未有文献提过腓力之前的国王有paides，然而这种“贵族新兵卫队”应该在马其顿社会存在已久，毫无疑问，国王的伙伴若有子嗣，十几岁时都会在国王身边如此效力。但是，腓力更强调贵族新兵卫队的作用，并赋予其新的意义和功用。马其顿贵族青少年均在这一团体效力，使之成为一个必备环节，以完成从少年到成年的过渡。贵族子弟常伴腓力身旁，既是侍从，也是卫兵，腓力可以随时向其灌输忠君思想，亲自指导他们如何在自己的新型军队和军事体系里担任要职。这种训练体系相当成功，亚历山大大帝及其麾下将领，都曾在腓力手下效命，接受训练，不断成长。亚历山大的很多将领精明强干、能征惯战，诸如托勒密、克拉特鲁斯、塞琉古、卡山德、利西马科斯等人。这绝非巧合，他们和亚历山大乃是“校友”，早就在腓力手下习得各样必备技能。

腓力还需振兴马其顿经济，使之不断发展和改善：因为王国国力通常由经济实力决定。如第一章所说，马其顿土地辽阔、人口众多、森林密布、金属矿产丰富，有富国强兵的潜力，然而这一潜力在腓力之前却从未得到充分发挥。这要归因于三大障碍。长期以来，巴尔干周边部族随时会入侵边境，大肆劫掠，有时甚至占领部分马其顿领土，马其顿海岸及港口又被南方希腊殖民者占据，最终由雅典人支配并控制了马其顿的贸易。自古以来，贵族阶层主导马其顿的社会生活，这一社会体系也导致王国易于分裂。腓力麾下军队战无不胜，不但赶出入侵外族，而且控制马其顿周边地区，为马其顿人提供了前所未有的和平环境与安全感。腓力凭借强大军队，占领马其顿海岸各大港口，如皮德纳、美敦尼、塞尔马，牢牢掌控马其顿与爱琴海及地中海东部各港口的贸易。当然腓力也完全统一了马其顿，迫使贵族阶层顺从就范，在马其顿王国内部创造了社会经济发展的必要条件。

在腓力登基之前，马其顿几乎没有什么城市：仅有阿吉德王室旧都埃迦伊和新都佩拉，前者规模很小，后者为阿奇劳斯一世所建。腓力在马其顿本土以及新拓疆土大力发展旧城，不断建造新城。在马其顿本土，有大量定居点发展为城市，诸如迪奥、贝罗伊、埃泽萨、优罗配斯、赫拉克里亚·林塞斯蒂斯、阿尔戈斯·奥雷斯蒂孔。现有城市像佩拉、皮德纳、塞尔马，甚至安菲波利斯，都得到扩建。腓力向西拓展疆土，吞并西色雷斯，直至奈斯托斯河，在定居点革连尼德建造新城腓立比，迁入马其顿移民加以巩固。他又吞并色雷斯中南部，直至希布鲁斯河谷，建造新城菲利波波利（今普罗夫迪夫），更在以下各地修筑堡垒，设立军事要塞：贝罗伊（今斯塔拉·扎戈拉）、卡比莱（靠近今扬博尔）以及拜恩。为巩固南侵塞萨利所占疆土，腓力在滕比河谷塞萨利一侧的贡尼设立马其顿殖民地，可能也在塞萨利其他地方（如奥洛宋）派驻军队，迁入马其顿移民。这些都是文献所记载腓力建造的城市，应当还有一些不为人知。正像上文所述，亚历山大大帝后来能够自信宣称：腓力“使你们安居城中、井然有序，法规惯例合情合理”（阿里安《亚历山大远征记》7.9.2）。

城市化的一大作用，无疑是使经济获得发展。腓力大力发展农业，排干沼泽湿地，砍伐低地森林，增加大量农田。他又扩大矿产开采规模，推进采矿技术的提升。例如，腓立比城周边的庞伽伊昂地区，金银矿开采变得规模更大、效率更高，年收益高达一千他连得银子。这个数字相当惊人，雅典在公元前5世纪最鼎盛时期，每年从附庸盟邦获得的贡品收入也不会超过五百他连得银子。腓力得以发行大量精致银币，作为各项活动的资金。古代文献对经济政策和发展过程并无兴趣，所以无法多谈相关细节。总的来说，腓力显然给马其顿的经济生活带来了彻底变革。马其顿国内一片欣欣向荣的景象：和平环境带来安全感；城市化进程不断推进；海港已经收回，贸易得以发展；木材、金属矿产开采规模大、效率高；又排干沼泽，砍伐森林，增加农田。马其顿王国变得比过去富有得多，马其顿人首次感受到了繁荣昌盛。再次引用归在亚历山大名下之语用以佐证，“腓力掌权之初，你们穷困潦倒、漂泊游荡，大多数人身穿兽皮、深山牧羊、寥寥几只……他给你们衣穿，代替兽皮，领你们出深山、住平原……”（阿里安《亚历山大远征记》7.9.2）。正因为这些原因，腓力被后世历代马其顿人怀念，尊为国父。

现在该讲讲马其顿最为重要的资源：马其顿人。从某种意义上来说，腓力所做的一切都是在为马其顿人服务，即使不是人人平等。腓力登基之前的马其顿贵族阶层财雄势大；农奴阶层为贵族劳作，人数众多；二者之间的“中产”却寥寥无几。这导致马其顿军队的主力长期是贵族骑兵，而步兵却人数不多，通常应该不超过四五千人，并且缺乏训练、装备低劣、军纪涣散。腓力意识到马其顿要想强国安邦，就必须拥有庞大强悍的步兵军团，因而由大量“公民”组成的自由民武士阶层就不可或缺。腓力的许多改革举措，在很大程度上，都是在促使武士阶层的形成。以下马其顿军队的数据显示腓力达成了目标。约公元前358年，腓力执政初期，急需击败伊利里亚人，他调集了一切可用军队，约有步兵一万、骑兵六百。公元前334年，腓力死后不久，其子亚历山大大帝入侵波斯，麾下皆为腓力旧部，约有一万二千马其顿步兵、一千八百骑兵出征，另有一万二千步兵、一千五百骑兵留守马其顿本土。马其顿总兵力达到步兵两万四千（是公元前358年时的2.5倍）、骑兵三千三百（是公元前358年时的5倍多）。亚历山大在位十三年，并未采用什么新举措增加马其顿的人力资源，相反，他不断扩大版图，连年征战，只能不断消耗本土的兵源。然而在亚历山大统治末期，马其顿士兵的总数超过五万，又翻了接近一倍。军队人数能如此增长，似乎完全归功于腓力所实施的政策。

腓力何以实现可用兵源的惊人增长？这在一定程度上要归功于上文所述的社会经济政策。马其顿国内环境平静安全，城市和贸易不断发展，农田面积迅速扩大，随之而来的财富激增，毫无疑问有利于人口的增长，提升了出生率和婴幼儿存活率，进而增加马其顿的人口。不仅如此，腓力还有特定政策以打造上文所说的“武士阶层”：自由民身份的小农场主、牧民、工匠，如能大量征集，严格训练，就可组成密集步兵方阵。或许在腓力执政之前，这一阶层就已存在，但人口规模大小，完全不为人知。现存马其顿战争史料显示，腓力掌权之前，马其顿没有精锐步兵军团；可见自由民阶层人口不多，或者并未大量入伍为国王效力。腓力采用多种手段增加“中产阶级”的人数，并培养其尚武精神和马其顿民族自豪感。腓力的举措之一是人口流动，或人口迁移。似乎在马其顿本土，“上马其顿”“下马其顿”互相移民，这无疑也能推进马其顿的真正统一。鉴于腓力需要大量兵源，很可能有一些移民来自农奴阶层：他们获得自由民身份，迁到新居住地，随时可以应征入伍。腓力不断开疆破土，像哈尔基季基半岛、斯特律蒙河与奈斯托斯河之间的西色雷斯都并入马其顿，大量马其顿人迁往这些地方，这对扩充兵源更为重要。马其顿新移民成为富足的小农场主，既是永久驻军，也能加速当地马其顿化的进程，这些新移民和他们的子嗣也是重装步兵军团的潜在兵源。

毫无疑问，腓力用这种方式促使“武士阶层”的形成，大大扩充了可用兵源，上文所述军队人数的激增便是明证。起关键作用的无疑是：开垦荒地、发展农业，加速城市化，推动大规模移民；在新征服的土地上更是如此。相关文献显示，这些举措让马其顿首次拥有了庞大的“中产阶级”，为重装步兵方阵提供了可用的兵源。腓力从这一阶层招募大量新兵，反复训练步兵战法，操练兵器、长途行军。他更率领新建步兵军团南征北战，这支军队所向无敌，攻城略地，获得战利品无数，进而在新兴富裕自由民阶层塑造了不可或缺的尚武精神和前所未有的强烈民族自豪感。值得注意的是，腓力麾下重装步兵不都是土生土长的马其顿人。他无疑非常欢迎南方希腊人移民马其顿，在其麾下效命。而且很有可能，在马其顿新辟疆土上居住的不少培奥尼亚人、色雷斯人甚至伊利里亚人，因腓力的移民政策逐步马其顿化，成为腓力所打造“武士阶层”的一部分。

有一则典型故事，讲述马其顿人如何怀念腓力，更充分展示其改革措施对马其顿人的总体影响。普鲁塔克在《帝王名将语录》（《掌故清谈录》179d）中记载了以下内容：有一年老妇人缠住腓力，要求后者处理她的问题。腓力回应无暇顾及此类琐事，那老妇如此回答："那你就该退位！"腓力却没有发怒，反而接受批评，不但为她主持公道，而且为其他告御状者解决问题。这个故事的重点并非是否真有其事，而是讲述者乃腓力的臣民，体现出的是马其顿人对腓力的评价，即腓力是真正关爱臣民的君王，平易近人，留心百姓疾苦。相比之下，普鲁塔克还记载了另一个故事：较晚时候的马其顿国王德米特里厄斯一世，却并未妥善接待请愿之民，反而将其丢在一旁，不愿受到丝毫打扰（普鲁塔克《德米特里厄斯生平》42）。马其顿人被这一幕激怒了，回想当年"腓力何等平易近人，多么体谅百姓，为其主持公道"。因此马其顿人世世代代怀念腓力，尊其为真正的国父、国王的楷模。

3. 征服巴尔干蛮族

如果统一马其顿、富国强兵是腓力的第一要务。第二要务毫无疑问就是消除西北、北面、东面各野蛮部族的威胁，使马其顿不受外族侵略和劫掠，免于被征服的命运。腓力统治期间，从初登大位到遇刺之前，几乎没有停止过对巴尔干各部族的战争，打击对象包括：伊利里亚人、达尔达尼亚人、培奥尼亚人、阿格里安尼亚人、特里巴利人、色雷斯人。这些部族居住地大致位于今天的阿尔巴尼亚、黑山、塞尔维亚及保加利亚。这展示了腓力平定边疆的最终成就，呈现了他统治始末马其顿王国的疆界和势力范围。上文提及，公元前359／358年，腓力发动了最早的两次对外战争，分别击败北方的培奥尼亚人和西北方的伊利里亚人，取得关键性胜利。然而这才刚刚开始，大战还在后头。

腓力北击伊利里亚人，大败巴尔德里斯麾下达尔达尼亚部族军队，改变了伊利里亚各部之间的势力均衡。格拉伯斯一跃成为伊利里亚最强部族首领，势力范围直抵马其顿边界。或许“格拉伯斯”只是头衔，而非姓名，显然是此人所统治的部族名为“格拉拜”。马其顿强势崛起，格拉伯斯视之为巨大威胁，在公元前357到前356年，他加入北方联盟，旨在击败腓力。该联盟发起人似乎是色雷斯首领塞特瑞波利斯（贝尔萨德斯之子，色雷斯雄主科提斯之孙），科提斯死后，色雷斯一分为三，塞特瑞波利斯的领地在最西面，与马其顿接壤。他说服培奥尼亚首领利皮乌斯（阿吉斯之子）、伊利里亚首领格拉伯斯共组北方联盟。公元前356年，腓力率军东进，于奈斯托斯河畔建造腓立比城，又派出帕米尼奥统领大军对付格拉伯斯及其伊利里亚军队，以协助盟友哈尔基季基人占领波提狄亚。

帕米尼奥出自上马其顿名门望族，家乡很可能是佩拉岗尼亚，因而熟知伊利里亚人及其作战方式。腓力大胜巴尔德里斯，无疑给帕米尼奥留下深刻印象，他比腓力年长约十五岁，是腓力最早的支持者之一。雅典人每年选出十位军事长官，名为将军（strategoi）。据说腓力有一次和雅典人开玩笑，祝贺他们每年都能找到十员大将，而他自己一生才找到一员大将：帕米尼奥。显而易见，帕米尼奥精明强干又忠贞不贰，是腓力十分倚重的大将，可以作为统帅领军出战，独当一面。腓力要面对的威胁通常来自多方多地，需要多名忠诚可靠的将领，帕米尼奥无疑是腓力麾下第一上将。公元前356年夏，帕米尼奥率军痛击格拉伯斯，大败伊利里亚军队，似在8月初，腓力刚刚占领波提狄亚之时，帕米尼奥将捷报传来。

腓力连续击败巴尔德里斯和格拉伯斯，马其顿得以吞并伊利里亚边境地带：达萨雷塔和德里奥皮，或许还有更北面的布律戈斯，疆域直抵里克尼特湖（奥赫里德湖）西北岸。伊利里亚人若要进犯上马其顿，须先通过上述缓冲地带；马其顿人也获得了新土地，可以增设定居点。马其顿扩展疆域，稳固边境，削弱伊利里亚人，却未能终结其敌对行动。现有文献对腓力与伊利里亚人的战事着墨不多，却提及他之后又对伊利里亚几次用兵：公元前350年，大战伊利里亚人；公元前345年，大战伊利里亚部族首领普楞拉托斯；公元前337年，大战另一伊利里亚部族首领普楞瑞阿斯。公元前336年，腓力突然遇刺身亡；与伊利里亚人的最后一战，也是他生前发动的最后一场大战。因此，腓力的统治以击败伊利里亚人开始，也以击败伊利里亚人结束。值得注意的是，马其顿与伊利里亚之间战事不断，在公元前358年之前，总是伊利里亚军队攻入马其顿，战场均在马其顿境内；公元前358年之后，则是马其顿军队攻入伊利里亚，连战连捷，不断吞并新领土。

伊利里亚人时常入侵，对马其顿威胁巨大；而培奥尼亚人则是常年劫掠边境，不过让腓力头疼而已。现有文献对腓力平定培奥尼亚的记载更少，然而结果却显而易见。公元前359年底或前358年初，培奥尼亚国王阿吉斯死后不久，腓力趁机出兵培奥尼亚，消除其威胁，为边境带来了好几年的安稳。然而如上文所述，公元前356年，阿吉斯的继承人，其子利皮乌斯与塞特瑞波利斯、格拉伯斯，结成北方联盟，共抗腓力。腓力如何对付利皮乌斯，已不为人知。公元前353年，奥诺马尔库斯麾下佛西斯军队，在塞萨利击败腓力。利皮乌斯似乎又趁机给腓力制造麻烦，没有文献提及腓力这一次如何对付利皮乌斯，但是伊索克拉底（5.21）提及腓力于四年之后征服培奥尼亚人，培奥尼亚似乎成了马其顿的附庸，境内几处要塞有马其顿军队驻防，以确保局势稳定。然而利皮乌斯似乎还能在位，有文献显示，公元前4世纪30年代末，他的继承人帕特劳斯听命于亚历山大大帝，仍在统治培奥尼亚（德摩斯梯尼1.13）。公元前340年，腓力出征东色雷斯期间，马其顿由十六岁的亚历山大摄政。后者率军至西培奥尼亚，在斯特律蒙河上游河谷，击败密底人，修建要塞，以己名命名该城为亚历山德罗波利斯。马其顿北部边界沿阿克西奥斯河河谷和斯特律蒙河河谷扩展，修筑要塞，屯兵驻守，直至易守难攻的山区。

色雷斯人对马其顿的威胁与伊利里亚人相仿，色雷斯王曾多次西进，诸如：帕迪卡斯二世在位期间，西塔尔西斯领兵攻入马其顿；腓力执政之初，科提斯再次犯境；马其顿东部边境堪称危如累卵。因此腓力坐稳王位之后，马上挥兵东进就不足为奇了，他向东扩展领土，不断蚕食科提斯继承者们的土地。色雷斯国王科提斯死后，国土被其三子瓜分：西色雷斯归贝尔萨德斯，中色雷斯归阿马都库斯，东色雷斯归科塞布莱普特斯；色雷斯的衰落给了腓力可乘之机。西色雷斯与马其顿接壤，首领贝尔萨德斯在位不过一两年，随即死去，其子塞特瑞波利斯继位，后者显然年纪尚轻、缺乏经验。公元前357／356年，塞特瑞波利斯与培奥尼亚首领利皮乌斯、伊利里亚首领格拉伯斯结盟，组成反马其顿“北方联盟”，这也让腓力有理由多次对色雷斯用兵，前后持续约二十年。

腓力首次出兵色雷斯，沿爱琴海岸渡过斯特律蒙河，大军向东推进。富饶的庞伽伊昂矿区有一城革连尼德，是塔索斯人的殖民地，该城居民向腓力求救。塔索斯岛的居民世世代代都对开采相邻大陆的矿藏大有兴趣，在爱琴海沿岸设立殖民城市尼阿波利斯（今卡瓦拉）。很多年后，约公元前360年，他们在内陆德拉玛平原设立殖民城市革连尼德，旨在开采当地的金银矿藏；周围色雷斯人对革连尼德城构成直接威胁，然而塔索斯人却无力给该城提供足够支援。现在腓力提供了急需的援助，接管革连尼德城，迁入马其顿人，建造新城，以己名命名为腓立比。腓力为新建城市修筑坚固城墙，排干周围德拉玛平原洼地积水，大力发展农业，使得腓立比人能够自己解决粮食供应和防务问题。庞伽伊昂地区的金银矿藏得以大力开发，规模和效率前所未有；腓力因而每年获得巨额收入，发行大量精美钱币。与此同时，腓力又彻底击败伊利里亚人和培奥尼亚人，北方联盟仅剩塞特瑞波利斯，无力单独对抗腓力。尽管雅典人总是竭力掌控爱琴海北部海岸，塞特瑞波利斯与雅典人结盟却于事无补，不得不默许腓力接管德拉玛平原和色雷斯海岸，势力范围远至奈斯托斯河。

此后两年，公元前355年和前354年，腓力继续沿爱琴海北部海岸扩展疆域，对手主要是雅典人，而非色雷斯人。早在公元前357年，腓力已不顾先前对雅典人的承诺，出兵斯特律蒙河口，占领雅典殖民地安菲波利斯，随后迁入大量马其顿移民，促使该城快速马其顿化。新建的腓立比城对海港尼阿波利斯构成威胁。显而易见，任何人掌控德拉玛平原之后，必会觊觎该地出海口尼阿波利斯。腓力似乎在公元前355年占领尼阿波利斯，次年继续东进攻占希腊殖民地阿布提拉和马洛尼亚。攻占这些海港城市之后，腓力对阿马都库斯构成潜在威胁，后者统治中色雷斯，领地紧邻腓力新占港口城市。阿马都库斯在必经之路上修筑要塞，防止腓力从海岸向内陆进军。照样，腓力与科塞布莱普特斯达成协议，后者统治东色雷斯，为科提斯三子中实力最强者。有这两大强敌虎视眈眈，阿马都库斯暂时不敢轻举妄动。

这一协议持续时间不长。公元前353年，腓力在塞萨利遭遇惨败，如此结果出人意料，科塞布莱普特斯随即倒戈相向，向雅典人效忠，后者自失去安菲波利斯之后，与腓力势不两立。腓力在塞萨利忙于战事，直到公元前352年秋，都无暇对色雷斯用兵。公元前352年10月或11月，腓力平定塞萨利之后，随即挥军东进，征讨色雷斯，战事延续将近两年。这一次他与科塞布莱普特斯的对手阿马都库斯、雅典人的敌人佩林托斯和拜占庭结盟，大军沿海岸进发，直抵要塞提科斯·赫拉神庙，随即围困该城。攻城战延续到公元前351年，腓力最终攻占要塞，似乎随即将该城移交佩林托斯人。显而易见，无论是雅典人还是色雷斯部族首领，都无法阻挡腓力入侵色雷斯，实现其战略意图。震慑敌人之目的已经达到，腓力随即返回马其顿，处理更为重要的事务。他现在控制的色雷斯海岸，远至雅典人控制的刻索尼苏斯，内陆的色雷斯部族首领也已丧胆。腓力对此局面暂时满意，几年之内未曾东进。公元前346年，他再次对色雷斯用兵，不过此战持续时间不长，或许腓力此行将贝尔萨德斯的子嗣彻底罢黜，整个西色雷斯（直至奈斯托斯河）并入马其顿。腓力此次用兵，意在削弱科塞布莱普特斯。是年夏初，腓力在奥罗斯神庙之战大获全胜，科塞布莱普特斯被迫签订城下之盟，向腓力称臣，不过还能统治原有领地。中色雷斯首领阿马都库斯显然已死，其子特里斯继位，现与腓力结盟。短短几个月之内，腓力将色雷斯对马其顿的任何潜在威胁都化于无形。

腓力对色雷斯多次用兵，经年累月战事不休。公元前342年至前339年，腓力最后一次出兵色雷斯，原因不详，或许科塞布莱普特斯与雅典人密谋，又有异动，腓力决心彻底吞并色雷斯，一劳永逸。公元前342至前341年，一系列战役打响；公元前341年夏，腓力军队取得决定性胜利，痛击科塞布莱普特斯和特里斯联军，随即废黜这两个色雷斯首领。腓力在希布鲁斯河谷设立多个马其顿殖民地，其中以菲利波波利（今普罗夫迪夫）最为著名。他与多瑙河谷的盖塔部族有所接触，结为盟友，更迎娶盖塔国王之女梅达，以固盟约。腓力又试图加强对色雷斯黑海沿岸的控制，却在围攻先前盟友佩林托斯和拜占庭之时遭遇挫败。这两座城有波斯和雅典作为外援，腓力未能攻取，他随即放弃攻城，决定取道多瑙河返回马其顿。在多瑙河以北，腓力与一些塞西亚人短暂交锋，感到对色雷斯的控制已经稳固，随即挥军南下。在穿越特里巴利山口之时，遭到特里巴利部落军队伏击，腓力大腿受了重伤。几周后，腓力得以伤愈，于公元前339年夏末，返回马其顿。至此，色雷斯全境尽归马其顿王国，色雷斯对马其顿再无威胁。

4. 解决南希腊各邦

马其顿与南方希腊同胞总是关系紧张，问题甚多。南方希腊城邦较为先进，在南方希腊人看来，马其顿较为落后，居民最多只能算半个希腊人，不过这里盛产木材和各种金属，让南希腊各邦垂涎三尺。

纵观整个马其顿历史，南方希腊人对马其顿的武装干涉一直未曾中断：在马其顿海岸建立雅典殖民地，比如美敦尼、皮德纳、塞尔马；公元前5世纪到前4世纪早期，雅典人、斯巴达人、底比斯人先后出兵马其顿，进行武装干涉。腓力决心终结马其顿的从属地位，使之称霸整个希腊，令南方希腊各邦俯首帖耳，再非人人可欺的北方蛮族。

腓力欲成希腊霸主，需先夺取马其顿海岸各希腊殖民地，控制这些港口，就能掌控马其顿的进出口贸易。公元前357/356年冬，腓力进军斯特律蒙河口，围困安菲波利斯，猛攻之后攻占该城，夺得首个南希腊殖民港口。同样在公元前356年，腓力又随后攻取皮德纳。德摩斯梯尼（1.5）暗示这两座城市都有亲马其顿分子协助腓力破城，这种观点也言之有理，这些港口毕竟是在马其顿，并入马其顿王国能让未来更有保障。安菲波利斯和庞伽伊昂地区之间各大海港也是如此，如阿波罗尼亚、伽利普苏斯、伊西密，公元前356年底至前355年初，腓力先后攻取了上述各港。攻取美敦尼耗时较长，公元前355年冬，腓力才做好攻城准备，进兵围城，直到公元前354年春，该城才被迫投降。攻城之时，腓力右眼中箭失明。美敦尼最终投降，居民获准各带一件外衣自行离开，大量马其顿人随后迁入该城。塞尔马港也落入马其顿人手中，时间不详，亚历山大的继业者之一卡山德后来重建该城，改名为塞萨洛尼卡。至此，马其顿海岸全部海港尽归腓力。

哈尔基季基半岛位于马其顿海岸旁边，如同一把巨型三齿叉，南方希腊人在此建有许多殖民城邦。这些城邦没有实力与马其顿单打独斗，但若联合起来，由最大最强的奥林索斯城邦领导，则能对马其顿构成实质性威胁。最近一次产生此类威胁，正值腓力父王阿明塔斯三世在位期间。显而易见的解决方案，无疑是将哈尔基季基半岛并入马其顿，然而这绝非易事。事实上，腓力达成目标的第一步却是向奥林索斯人及其盟友表达善意，并于公元前356年初达成和约。哈尔基季基各城邦只能静观腓力势力坐大。并非全部哈尔基季基城邦都愿追随奥林索斯，南部三小半岛最西侧的帕利尼半岛地峡，有一大城波提狄亚便对奥林索斯怀有敌意。腓力抓住机会向新盟友示好，出兵围困波提狄亚，于公元前356年攻占该城，随即将其交付哈尔基季基联盟。此举大大巩固了腓力先前所订和约，几年之内，奥林索斯及其盟友与马其顿相安无事。

当然，这种和平无法持久，腓力和奥林索斯城邦各有野心，根本就无法长期共存，双方关系很快出现裂缝。公元前353年，腓力出人意料地兵败塞萨利。奥林索斯人随即表示愿与腓力之敌雅典人结盟。这一举动虽无疾而终，却让腓力清楚认识到，奥林索斯人作为盟友最多只能与己同甘，不能共苦。据塞奥彭普斯记载，两年之后（公元前351年），腓力在一场合严厉警告奥林索斯城领导阶层。现有文献并未讲明所为何故，然而很明显，奥林索斯有反马其顿派系，而且相当强大。或许就在此时，该城为腓力两个异母兄弟（兼对手）提供庇护：墨涅拉俄斯和阿瑞戴伍斯，或许还有艾利梅阿的德达斯，无论如何，这三人几年后都在奥林索斯。腓力和奥林索斯联盟必有一战。公元前349年，战争彻底爆发，据说直接原因是腓力要求奥林索斯交出两异母兄弟，后者断然拒绝。显然，奥林索斯允许，甚至可能鼓动墨涅拉俄斯和阿瑞戴伍斯以奥林索斯为据点，在马其顿策划反腓力活动。腓力感到时机已经成熟，决定一举吞并哈尔基季基半岛，永绝后患。战争分两阶段进行：公元前349年秋和前348年，中间隔了一段时间，因为公元前349年冬至前348年，腓力忙于塞萨利的战事。

公元前349年夏末，腓力进军哈尔基季基半岛东北部，抵达博尔布湖南岸，包围大城斯塔吉拉（历史名城，大哲学家亚里士多德的故乡）。攻城战持续时间不长，城破之后，随即被夷为平地。邻近城邦心胆俱裂，相继投降，诸如阿勒杜萨、斯特拉托尼斯、阿堪修斯（位于阿托斯半岛地峡）。腓力已然掌控哈尔基季基半岛东部，开局良好。公元前348年春，腓力再次攻入哈尔基季基，兵锋直指大半岛西部，力图拿下最西面的小半岛帕利尼，当地各个城邦无疑记得斯塔吉拉城的遭遇，似乎没有顽强抵抗，就向腓力投降。奥林索斯随即向雅典求援，德摩斯梯尼说服雅典人出兵，赫勒斯滂守将查利德穆斯率领十八艘三列桨座战船、四千雇佣兵（皆为peltast：轻盾兵，介于重装步兵和轻步兵之间的兵种）前往战场进行干涉。而救兵来得太晚，腓力大军早就绕过奥林索斯城，攻占了奥林索斯港口城市麦西柏那，并进军锡索尼亚半岛（在哈尔基季基三小半岛居中），当地大城托伦同样很快投降。奥林索斯已成一座孤城，困于锡索尼亚半岛以北内陆。公元前348年仲夏前后，腓力包围该城，双方进行小规模战斗，奥林索斯人连败两阵，随后退回城中，坚守不出。

攻城战持续了几个月，约9月初破城。因该城历来对马其顿构成严重威胁，城池被毁，大多居民被卖为奴，腓力显然觉得如此暴行很有必要，能确保马其顿掌控哈尔基季基半岛。马其顿人随后迁入，博尔布湖南岸的阿波罗尼亚、阿勒杜萨周边地区土地肥沃，奥林索斯地区和哈尔基季基半岛西海岸更是吸引很多新移民定居。大约一代人之后，哈尔基季基半岛彻底马其顿化，成为马其顿不可分割的一部分，马其顿统一大业完成。马其顿王国因而疆域暴涨，财富激增。哈尔基季基半岛有许多欣欣向荣的城市，更有像木材和金属矿产等重要自然资源。疆域西至品都斯山脉和奥赫里德湖，东接奈斯托斯河，南临奥林匹斯山和爱琴海，北达梅萨皮亚山脉，甚至远至欧尔倍洛司山。

马其顿南面和西南面与两大希腊地区接壤，二者重要性差别较大：南面的塞萨利土地富饶，位置重要；西南面的伊庇鲁斯则遍布山岭，土地贫瘠。处理与伊庇鲁斯的关系还相对较为容易。公元前358年底或次年初，伊庇鲁斯国王摩罗西亚人尼奥普托列墨斯去世，留下三个子女，两个女儿都有十几岁，幼子亚历山大年仅五岁。尼奥普托列墨斯之弟阿瑞巴斯随之继位，迎娶嫡长侄女特洛阿斯，成为幼侄亚历山大的监护人。腓力刚刚大败巴尔德里斯，毫不费力就和新国王阿瑞巴斯结成盟友，更迎娶阿瑞巴斯另一侄女奥林匹娅斯，以固盟约，后者为腓力第四位王妃，前三位分别是艾利梅阿人菲拉（约公元前360年迎娶）、伊利里亚人奥妲塔（前359年迎娶）、拉里萨人菲莉涅（前358年迎娶，见下文）。此次结盟联姻使得腓力和阿瑞巴斯相安无事达七年之久。公元前350年，腓力觉得有必要重新审视与阿瑞巴斯的关系。原因不详，或许是因为阿瑞巴斯近来和雅典人过于亲密，后者是摩罗西亚统治家族的传统盟友。腓力出兵干预伊庇鲁斯，取得对妻弟亚历山大（时年约十二岁）的监护权，并将其带到佩拉，在自己眼皮底下接受教育。伊庇鲁斯边境的阿丁坦尼亚、帕拉维亚与上马其顿泰菲亚地区交界，似乎在此时并入马其顿。亚历山大尚且年少，移居佩拉，在姐夫腓力所办贵族学校受教，后来加入腓力的paides（青年团，见第四章第6部分），学习如何成为卓越统帅并向腓力效忠。公元前343／342年冬，亚历山大约二十岁，腓力再次入侵伊庇鲁斯，将其彻底变成马其顿的附庸，废黜国王阿瑞巴斯，由妻弟亚历山大取而代之。腓力生前的最后行动，几乎就是进一步巩固与亚历山大的关系。公元前336年，腓力将奥林匹娅斯所生公主克利欧佩特拉嫁与其舅亚历山大，这样后者既是腓力的女婿，又是他的妻弟。

与塞萨利的关系则更难处理。塞萨利境内有希腊最大的农耕平原，佩涅奥斯河终年流淌，支流很多，提供充足的灌溉水源，是希腊最大的粮食产地，每年有大量余粮用于出口，在希腊全境独一无二。塞萨利因此变得富有而重要。和马其顿一样，塞萨利由大地主贵族阶层统治，剥削大量农奴（penestai）人口，大城市稀少，仅有北部的拉里萨、南部的法萨卢斯及沿海城市费莱。塞萨利各地区由不同大贵族家族统治，此时最重要的有拉里萨的阿律阿达伊家族以及费莱僭主伊阿宋及其侄亚历山大所属家族。如第二章所述，阿律阿达伊家族与马其顿阿吉德王室长期交好。公元前4世纪70年代末，费莱僭主伊阿宋得以统治整个塞萨利。公元前370年，伊阿宋去世，费莱势力衰退，然而公元前4世纪60年代末，其侄亚历山大力图重现伊阿宋当年的威荣。公元前358年，亚历山大死于暗杀，凶手为其妻的两个兄弟：来科夫隆和提西福涅斯。值此剧变，阿律阿达伊家族试图趁机反抗费莱强权，然而并无实力单独成事，随即向新近凯旋的腓力求助，后者欣然应允。腓力领兵进入塞萨利，力助北塞萨利独立，由阿律阿达伊家族统治。他随即迎娶一女，名为菲莉涅。虽然有些文献蔑称此女为“吹笛女孩”，但她肯定是阿律阿达伊家族成员，嫁给腓力是为了巩固家族与后者所立盟约。似乎在一年之内，菲莉涅便给腓力生了长子，取名阿瑞戴伍斯，与腓力祖父同名，但当孩子渐渐长大，却被发现智力低下。

据腓力判断，他与阿律阿达伊家族之盟，可确保双方几年之内相安无事，不必分兵南下，以集中兵力应对北方战事。他确实也只出兵干预过一次，在公元前355年初，一小支部队短暂进入塞萨利，以确保阿律阿达伊家族对北塞萨利的统治。然而“第三次神圣战争”改变了这一切，佛西斯与彼奥提亚各有盟邦，形成两大阵营，战争从公元前356年延续到前347年。为维持这场战争的开销，三名佛西斯将领腓罗迈卢斯、奥诺马尔库斯、法伊路斯，先后染指德尔斐阿波罗神庙的财富，以招募大量雇佣兵，促使佛西斯一跃成为希腊强权。德尔斐的阿波罗神庙对希腊宗教事务和“国际”关系有举足轻重的影响力，对各希腊城邦和许多个人来说，在重要举动之前求问德尔斐阿波罗神谕，已成惯例。控制神庙对每个希腊人都很重要，对每个希腊城邦更是如此，几个世纪以来，希腊人在德尔斐献上各样礼物，阿波罗神庙已经因此累积了巨额财富。佛西斯夺取对神庙及其财富的控制权，在希腊激起轩然大波，整个希腊一分为二：亲佛西斯阵营和反佛西斯阵营。

希腊有一组织，名为“近邻同盟”，负责管理阿波罗神庙，塞萨利是一主要角色，“神圣战争”对塞萨利的影响因此不可避免。阿律阿达伊家族及其在塞萨利koinon（联盟）中的区域合作伙伴，与底比斯人结盟，他们的对手费莱的来科夫隆就与佛西斯人结盟。为确保盟约稳固，公元前353年，佛西斯将军法伊路斯率兵进入塞萨利助阵来科夫隆，阿律阿达伊家族不得不再次向腓力求救。此时腓力已经攻占美敦尼，控制全部马其顿海岸，征服伊利里亚人和色雷斯人，已可腾出手来处理塞萨利的棘手事务。

塞萨利不但地大人多、丰饶富庶，而且对马其顿有重要战略价值，因为要想从南向北进攻马其顿，唯一便利的陆路通道在塞萨利境内。奥林匹斯山和奥萨山之间的滕比河谷，有佩涅奥斯河流经入海，最易通行，当然也可取道奥林匹斯山以西山地或绕道艾利梅阿。腓力自然想掌控塞萨利，佛西斯军队的入侵正好给了他出兵的借口。腓力一开始进军顺利，在公元前353年夏，腓力已将法伊路斯及其雇佣兵团赶出塞萨利，然而这一胜利不过是一场苦战的前奏。是年夏末，佛西斯将军奥诺马尔库斯率领大军进入塞萨利，所携带的大量弩炮和投石机后来在战场发挥了决定性作用。奥诺马尔库斯准确评估腓力麾下超长矛方阵的巨大威力，决定以巧计胜之。他找到一处山谷，山谷两侧都是悬崖峭壁。奥诺马尔库斯谷口列阵，似乎他的意图仅仅是防止腓力麾下马其顿和塞萨利骑兵攻击侧翼。然而他悄悄将弩炮和投石机部署在两侧山坡背面，刚好不在敌军视线之内。仅此一次，腓力侦察部队未能探清敌情，没有发现两侧山坡背面埋伏有重型远程武器，导致腓力中了奥诺马尔库斯的圈套。腓力大军向前推进，准备交战。奥诺马尔库斯则命令部下诈败佯输，向后撤退，将腓力全军引入谷中，随着开火信号发出，弩炮和投石机被推上山头，向下发射火箭和石块，一时之间，矢石如雨，腓力军队受到毁灭性打击。虽然腓力全力指挥军队后撤，还是损失惨重，士气一落千丈。此战马其顿军队几乎失控。腓力戎马一生，如此失败仅此一次。此次战败影响甚大，许多仇敌得以壮胆，又起对抗腓力之心。腓力只能退兵，离开塞萨利，回到马其顿冬季营地恢复元气，通过赏赐礼物和修整军队来重塑部下服从意识，慢慢恢复士气。

腓力从没有放弃之念，绝不知难而退。他受到了沉痛的教训，但他却说：自己撤出塞萨利，就像攻城槌向后退，不过是为下一次撞得更狠而已。腓力意识到自己低估了佛西斯及其盟友费莱的实力，上次投入的兵力并不够。公元前353年冬至前352年，腓力致力于扩军备战，安抚塞萨利盟友。公元前352年春，腓力一马当先，再次进军塞萨利，身后大军早已恢复元气，可以再次参战。腓力会见塞萨利盟友之时，后者为表支持，推举他为塞萨利koinon（联盟）的统治者（Archon），此后腓力一直使用这一头衔。有塞萨利盟军加入，腓力麾下步兵超过两万，骑兵超过三千。为鼓舞士气，腓力正式宣布自己在为阿波罗神及其神庙而战，定要击败亵渎神明的佛西斯人，命令全军头戴月桂（“阿波罗神”圣树）花冠，以此作为象征。费莱的来科夫隆发出求救警报，奥诺马尔库斯再次率领雇佣兵团进入塞萨利，其盟友雅典人派遣庞大舰队，进入塞萨利东南部帕伽撒依湾进行配合。腓力进军神速，绕过费莱，攻打其港口城市帕伽撒依，城破之时，奥诺马尔库斯尚未赶到战场。腓力随后南下迎击奥诺马尔库斯，到达费莱以南的宽阔沿海平原：番红花野地。在此战场，腓力将骑兵的作用发挥得淋漓尽致。

两军相遇于番红花野地。奥诺马尔库斯步兵数量与腓力相仿，骑兵却少得多。并无文献提及这场战斗的详细进程，但是狄奥多罗斯确实提到腓力的优势骑兵起到了决定性作用（16.35.5）。很有可能，腓力还是先用长矛方阵顶住奥诺马尔库斯麾下雇佣步兵方阵，由骑兵快速机动，侧翼包抄，从敌军后方发起攻击。腓力的大队骑兵应该部署在右翼，攻击从西面发起，因为奥诺马尔库斯兵败，军队向东溃散，逃向帕伽撒依湾海滩。雅典将军卡瑞斯正指挥舰队在近海游弋，数以千计的佛西斯败兵丢盔弃甲，下海逃生，奋力游向雅典战船，以求保命。绝非所有败兵都能逃出生天，据说佛西斯士兵和雇佣兵约有六千人战死，之后又有三千多人溺水而亡，连统帅奥诺马尔库斯也命丧异乡。最后，腓力大获全胜。因为外无援军，费莱僭主来科夫隆意欲献城投降，他开出条件：保全身家性命，并可带两千雇佣兵离开。腓力随后应允。来科夫隆携眷，率两千军兵出城南逃，投奔佛西斯将军法伊路斯，后者也曾不敌腓力，却能全身而退。腓力占据费莱，已然掌控塞萨利全境，随后花了些时间进行整顿，加强控制。

塞萨利联盟盟主（Archon）的头衔，为马其顿王腓力统治塞萨利提供了合法性基础，使得该地简直成了他的第二王国。公元前352年夏，腓力攻占塞萨利港口帕伽撒依，将其据为己有，进而从该港粮食贸易中获得大笔收益。柏希比亚和马格尼西亚先后并入马其顿，前者位于马其顿和塞萨利之间，长期以来是塞萨利的附庸；后者位于塞萨利和爱琴海之间，境内多山，尤以奥萨山和培利亚山最为雄壮巍峨。是年夏天，腓力第五次娶妻，新娘是费莱城大家闺秀尼刻西波莉丝，此举意在结交费莱名门望族。腓力又在塞萨利设立三处马其顿殖民地：贡尼、滕比河谷塞萨利一侧谷口所在地及奥洛宋，控制了经奥林匹斯山以西进入马其顿的交通要道。腓力对塞萨利的掌控此后有过两次短暂中断，他两次对哈尔基季基半岛用兵，其间费莱僭主家族回归故土，公元前349年冬，腓力进兵塞萨利，将其赶出；公元前344年，腓力再次镇压费莱叛乱，不再对拉拢该城权贵抱有希望，随即派兵驻防。公元前352年底，腓力南征塞莫皮莱（温泉关），意欲进入希腊中部结束“神圣战争”。然而由于雅典重兵把守咽喉要道，腓力大军只得无奈北归。此时对希腊南部用兵，时机尚不成熟，结束“神圣战争”也不必操之过急。

就“第三次神圣战争”而言，腓力其实完全可以置身事外。此时他已牢牢掌控塞萨利，并与伊庇鲁斯结成了稳固联盟，马其顿南面已无后顾之忧，更何况在公元前351年，仍需对哈尔基季基半岛用兵，然而腓力有足够理由关注希腊南部局势。三大希腊南部城邦曾武装干涉马其顿：斯巴达、雅典、底比斯，马其顿人仍然对此记忆犹新，也无人能保证他们不会卷土重来。公元前371年留克特拉之战，斯巴达军队惨败，底比斯将军伊巴密浓达随后远征伯罗奔尼撒半岛，大大削弱斯巴达，后者短期之内几无可能再对他国构成威胁。伊巴密浓达以麦西尼、梅格洛波利斯、阿尔戈斯三个城邦包围斯巴达，这些城邦都曾有领土被斯巴达强占，对后者心怀敌意，趁机长期监控压制斯巴达，使其再无翻身之日。底比斯人对形势的估计出现严重失误，挑起“第三次神圣战争”，在战争期间损失惨重，然而只要他们能设法获胜，就能重新成为中希腊强权，至少能再次威胁腓力对塞萨利的掌控。腓力已经使雅典人损失惨重，对抗腓力的雅典盟邦已被降服，爱琴海北部港口城市尽归马其顿，安菲波利斯的陷落更是让雅典人难以释怀。公元前357年至前355年，“同盟者战争”爆发，与雅典结盟的各个城邦心怀不满，与雅典开战，使得后者实力大大萎缩，然而雅典已经在恢复元气，在爱琴海上重建霸权，仍然能对腓力构成威胁。

事实上，希腊南部城邦看不起马其顿人，觉得他们即便不是彻头彻尾的野蛮人，也不过是半开化而已。几个世纪以来，南希腊城邦已经形成了一种精致的城市文化，公民生活围绕以下几个方面：在竞技场锻炼身体；在城市广场（agora）碰面，进行政治辩论；在剧院观看戏剧和音乐演出；在酒会（symposia）交谈、歌唱、进行娱乐，所饮酒类是用水稀释过的，而且醉酒失态会被人轻看。而马其顿人热衷于骑马、狩猎、搏杀，在南方希腊人看来，这既过时又粗野，而且马其顿人虽也举行酒会，所饮之酒却从不掺水，喧闹、醉酒已成常态，看似完全没有开化。史学家塞奥彭普斯曾在腓力王宫供职多年，抱怨马其顿人社交聚会之时，言行举止不像上流社会伙伴（hetairoi），反倒更像高级妓女（hetairai）：相互扭打嬉戏，色情意味浓重（波力比阿斯8.9，声称引用了塞奥彭普斯原话）。所有这一切使得南方希腊人（比如雅典人）很难重视马其顿人。事实上，腓力一定会非常愿意和雅典人达成协议，毕竟他没有值得一提的舰队，无意争夺海洋霸权，也不觉得陆军强国马其顿和海军强国雅典不能共存配合。对于雅典人的文化，腓力相当仰慕，积极引进，不遗余力。他邀请演员和剧作家到马其顿表演戏剧；让哲学家亚里士多德和史学家塞奥彭普斯在王宫供职；与柏拉图学园的继承者斯珀西波斯以及雄辩家伊索克拉底建立良好关系；又资助最好的希腊艺术家和音乐家。

公元前352年之后几年，腓力专注于别处事务。然而公元前347年之后，他已准备就绪，再次关注希腊南部，意欲达成两大目标：与雅典人达成互惠和约，因为在他看来，与后者的利益冲突已不复存在；以避免彼奥提亚人再度崛起和支配希腊中部为前提，结束“神圣战争”。现存文献对腓力戎马生涯的这一部分记载最为详细，幸亏雅典反马其顿雄辩家和政治家德摩斯梯尼有多篇演讲存世，尤其是他的三篇《奥林索斯辞》、四篇《反腓力辞》、《论假大使》及《论王权》。当然总要记得，德摩斯梯尼对腓力及其政策的评价，绝非不偏不倚、公平客观。公元前347年至前346年，腓力和雅典人进行了多次谈判，后者甚至两次差派使团觐见腓力，双方最终达成和平协定——《菲洛克拉底和约》，因雅典政治家菲洛克拉底极力促成此事，以其名命名和约，合约内容包括：雅典承认腓力对安菲波利斯及其他爱琴海北部港口的控制权；腓力确保雅典掌控色雷斯港口刻索尼苏斯，该港对于雅典从克里米亚获得粮食至关重要。立约双方同意增进友谊，加强合作。腓力成功说服了雅典重要领袖，诸如菲洛克拉底和埃斯基涅斯，使他们相信自己动机真诚、心存善意。德摩斯梯尼虽然起初赞成议和，却并没有对腓力完全放心，从和约正式生效之时，就尽其所能，破坏和约的履行。

在此期间，希腊中部多个城邦（包括底比斯）向腓力发出请求，希望再次作为阿波罗神的捍卫者，出兵介入似乎看不到尽头的“第三次神圣战争”。由于有底比斯人和东洛克里斯人的支持，加上雅典人完全忙于就上述和约进行辩论和投票，公元前346年夏，腓力没有遇到任何抵抗地率军通过了塞莫皮莱（温泉关）。此战略要地名义上驻有一支佛西斯雇佣军，由奥诺马尔库斯之子法勒可指挥，然而他谨慎为上，决定不逞匹夫之勇，直接献上关隘，换得腓力保证他能够带领这支雇佣军离开，自由决定去处。法勒可之后作为雇佣兵首领，到处漂泊。腓力随即进军希腊中部，彻底结束“神圣战争”。他通知雅典人派遣盟军联合行动，共同努力，在希腊中部实现和平，进而整顿和改善德尔斐神庙的管理模式，然而雅典人却婉拒腓力的邀请。腓力未受丝毫困扰，决定自行解决“神圣战争”。佛西斯人意识到自己完全无望顶住腓力大军，不战而降。邻邦同盟议会是监管德尔斐神庙的官方组织，在一次会议上，佛西斯人的选票被剥夺，全部归给腓力，而他又掌控塞萨利人的选票，就德尔斐神庙事务而言，腓力可以说是一言九鼎。是年秋天，腓力又成功举办皮提亚竞技会，雅典人却未参加。在近邻同盟代表的压力之下，雅典人最终正式认可腓力对德尔斐神庙管理模式的整顿，整个希腊似乎实现了和平。

然而和平局势并不稳定，存在进一步冲突的根源。因佛西斯人掠夺阿波罗神庙的财富，底比斯人要求对其施以残酷惩罚，腓力却予以拒绝，他虽与底比斯人正式结盟，却因此深深触怒后者。在腓力的坚持之下，和平解决方案给予佛西斯人友善条款：后者必须拆毁城防工事，为阿波罗神庙支付修缮费用；腓力则确保佛西斯人平安无事，每年按其支付能力，收取合理费用修缮神庙。因此从一开始，腓力就与底比斯人交恶，双方互不信任。由于德摩斯梯尼等人不断抵制腓力，雅典人对于履行《菲洛克拉底和约》相当消极被动，实际上对腓力的态度已经是敌意多过善意。同样，腓力和雅典人也不真正信任对方。这种局面相当可惜，因为腓力的确未曾打算征服希腊南部城邦。雅典文人伊索克拉底已呼吁数十载，希望整个希腊联合起来，出兵征讨波斯，以惩罚后者之前对希腊的武装干涉，更重要的是占领西亚，进行殖民，以缓解希腊本土的人口压力和社会问题。伊索克拉底向腓力发出几封公开信，进行劝说，后者已经考虑对波斯用兵，宁愿作为雅典人盟友，派出舰队助其一臂之力，而非继续为敌。

虽然如此，紧张局势继续加剧。亲马其顿雅典政治家菲洛克拉底处境不妙，最终被流放。腓力在色雷斯东部的作战行动，更被描绘成直接威胁雅典所占色雷斯港口刻索尼苏斯，进而成为雅典海军对抗腓力的理由。公元前343年，腓力提出一份和平条约，对双方分歧进行了公平处理，然而雅典人还是拒绝了。双方矛盾不断激化，公元前340年，雅典人最终对腓力宣战。公元前339年，在邻邦同盟议会的一次会议上，西洛克里斯的安斐萨人被控在圣地上耕种，亵渎阿波罗神。是年秋天，邻邦同盟对安斐萨宣战，进行神圣战争，因为雅典人不愿参与，邻邦同盟议会求助于腓力，推举后者为圣战领袖（Hegemon）。腓力愿意提供帮助，再次统兵南下，经温泉关进入希腊中部。他并未马上进攻安斐萨，而是先行占领佛西斯城镇埃拉提亚，开始修筑城防，从希腊中部进入彼奥提亚，前往阿提卡的大道经过该城。腓力大军占据埃拉提亚，距离雅典阿提卡边界不过一天的路程，这在雅典引起极大恐慌。德摩斯梯尼再度促使雅典人采取行动，寻求与底比斯人结盟，共同对抗腓力。尽管腓力所派使节极力强调两国友谊，底比斯人还是被德摩斯梯尼说服，决定与雅典人结盟，准备与腓力开战。

公元前338年，喀罗尼亚之战结束了这场战争，第四章第7部分将详述这场战役。此战腓力对雅典和底比斯联军取得决定性胜利，进而成为整个希腊民族的领袖。这场大胜之后，腓力大肆庆祝，在庆祝活动上，他聚集雅典战俘，围绕他们载歌载舞。据说歌舞正酣之时，战俘之中有雅典雄辩家迪玛德斯大声呼喊："腓力！你不觉得羞愧吗？命运让你做阿伽门农，你却表现得像瑟赛蒂兹！"这段话提及了特洛伊战争：阿伽门农为泛希腊远征军统帅，而瑟赛蒂兹给人的印象不过是希腊军中一个滑稽丑类而已。迪玛德斯的意思是说，腓力现在的地位，足以使整个希腊民族团结起来，组成联军前往亚洲，远征波斯帝国，他绝对应当担此重任。听此一言，腓力当场结束庆祝，召集会议，特邀迪玛德斯参加，开启谈判，进而与雅典人达成和平协议，宽待后者，承认民主制度得到尊重，并释放全部战俘，而雅典人只需严守和约，听从腓力调遣即可。对底比斯人的处置则较为严厉：必须用赎金换取战俘，另有一支马其顿军队驻扎在底比斯卫城卡德墨亚。

公元前338年秋，腓力召集希腊各城邦代表，齐聚科林斯城，此举有象征意义，在公元前481年，希腊各地代表在该城经过讨论，达成一致，组成联军共抗波斯入侵。在此次腓力所召集的会议之上，各城邦达成希腊全境和平条约，由腓力出任监督，确保条约的履行。在公元前337年的一次后续会议上，各城邦决定组成全希腊联盟，腓力毫无悬念地当选为联盟领袖（Hegemon）。所有希腊城邦同意听从腓力调遣，各自派出军队，与马其顿军队组成联军，攻打波斯帝国，计划于公元前336年夏开始东征。只有斯巴达人态度冷淡，不以为然，坚称唯有他们才有资格领导希腊人进行如此壮举。腓力认为斯巴达人不重要，不必为其费心，任由他们自说自话。腓力被希腊各邦尊为盟主，达到权力的巅峰，已然实现他初登王位、风华正茂之时所定的目标。马其顿成为希腊和巴尔干地区的霸主，腓力也成了希腊人公认的领袖。下一章将详述腓力为了成就这一切所做的军事改革。

第四章
腓力的新型军队和新型国家

普鲁士不是有军队的国家，而是有国家的军队。

——米拉波伯爵

普鲁士非有军之国，乃有国之军。

——施罗特男爵

有些国家拥有一支军队，而普鲁士军队拥有一个国家。

——伏尔泰

无论以上见解出自哪位作家或思想家，都是对18世纪普鲁士王国本质的反思，如今可以套用这些语句评价腓力二世的马其顿，相当有趣。霍亨索伦王朝从大选侯腓特烈·威廉（1640—1688年在位）到腓特烈大帝（1740—1786年在位），明君辈出，缔造了一支训练有素、令人生畏的军队，堪称近代欧洲最强之一，进而凭借这支兵多将广的强悍军队，统一欧洲中北部以及德意志北部和东部，将各自为政的多个世袭诸侯国打造成铁板一块的普鲁士王国，一跃成为欧洲列强之一。普鲁士迅速崛起，统一各邦，统治高效，军队始终占据绝对中心地位，因而才有上述观点。

同样，腓力也创建了一支强悍军队，凭借高效的军事体系、善战的将领群体，将四分五裂、积弱不堪、停滞不前的马其顿，打造成统一王国，腓力国王大权在握，掌控全局，马其顿一跃成为地中海东部第一军事强国。和近代早期的普鲁士一样，腓力和亚历山大统治的马其顿也确实是一支“有国家的军队”。因此，仔细研究腓力麾下马其顿军队的本质和创建过程，就能发现他所缔造马其顿王国的本质。腓力二十四年的统治成就堪称卓越非凡，在此期间，他对马其顿军队的方方面面进行根本性的变革，打造了极富创意的全新作战方式，虽对统帅和各级将领的军事才能要求极高，然而在对抗同时代任何军队或军事体系之时，这一新型军队几乎无敌。腓力新军有三大兵种至关重要：全新战法的重装步兵、多用途特种精锐步兵（腓力亲征之时的卫队和王牌突击队）和经过改良加强的重骑兵（也是精锐突击部队）。除此之外，腓力又大力发展机动性更强的轻步兵和轻骑兵，这两个兵种在整个军事体系里分别发挥重要作用。他建造的高效攻城武器，在希腊战场上前所未见，从而军事行动不会因敌军城防坚固而停滞不前。最后，这一全新改良的军事体系，包含不同用途的多个兵种，需要训练有素的将领有效指挥，才能协同作战，达成整个军事计划。下文将逐一分析腓力新型军队的各个兵种，然后再来看整个作战体系在战争中如何运转。

1. 全新马其顿方阵

正如狄奥多罗斯所说，在腓力登基后的第一年，“他（腓力）创建了马其顿方阵”（16.3.2）。这一论断看似清晰明了、不容置疑，然而却极富争议。狄奥多罗斯的写作时间介于公元前60年至前30年之间，比腓力所处的时代约晚三百年，因此他所记载信息的准确性取决于当年可用的文献，现在已无法确定此类文献出自何人。与此同时，现有关乎马其顿军队的另一论断，与狄奥多罗斯的观点意见相左，出自作家兰普萨库斯人阿那克西米尼，此人与腓力和亚历山大同一时代。较晚时期的古词典编纂家哈玻克拉奇翁保存了阿那克西米尼作品的以下片段：

> 阿那克西米尼在《腓力史》第一卷论及亚历山大，如此说道：“后来，他让显赫贵族组成骑兵，已成惯例，称他们为伙伴（hetairoi）”；又将大队士兵和步兵军团划分为连、班和其他军事编制单位，称他们为步兵伙伴（pezetairoi）。这样一来，骑兵队和步兵团都能分享王室伙伴资格（hetaireia），他们应该会精忠报国。

这段话意味着有一位名为亚历山大的国王创建了骑兵和步兵，称他们为自己的“伙伴”。这里必须注意：亚历山大大帝征战四方之时，马其顿步兵方阵在现存文献中名为步兵伙伴（pezetairoi）。毫无疑问，阿那克西米尼认为他笔下的亚历山大组建了马其顿步兵方阵，这段话出自《腓力史》（*Philippica*）第一卷。而腓力之前的马其顿，有两任国王名为亚历山大，因此通常认为其中之一必为阿那克西米尼所指。换言之，马其顿方阵的创建者应当是亚历山大一世或亚历山大二世。

然而无论将马其顿方阵归于两者之中的哪一位，都大有问题。如果阿那克西米尼笔下的亚历山大指的是亚历山大一世，修昔底德笔下公元前5世纪20年代帕迪卡斯二世参与的历次战役，以及色诺芬笔下公元前4世纪七八十年代阿明塔斯三世参与的历次战役，为何没有任何马其顿步兵方阵的身影？两位史学家知识渊博，又与自己所描述的战事处于同一时代，如果马其顿步兵方阵业已存在，必然会在战争中发挥重要作用，为何他们却对此一无所知？因此，绝大多数历史学家认为，亚历山大一世绝非马其顿方阵的创建者。若把亚历山大二世看作马其顿方阵的创建者，也大有问题，他遇刺身亡之前只在位一年，很难有足够时间或权威做成阿那克西米尼笔下的大事。虽然有一两位著名历史学家，像A.B.博斯沃思，坚决认为亚历山大二世就是阿那克西米尼所指，然而在位时间如此短暂、其间乏善可陈的一位国王，能给马其顿军队带来翻天覆地的变化吗？这种可能性微乎其微，那又应当如何解读阿那克西米尼的记载呢？他的本意似乎只是在命名马其顿的骑兵和步兵，突出其王室伙伴资格（hetaireia）。事实上，现存文献表明，亚历山大三世（亚历山大大帝）麾下的马其顿重骑兵被称为伙伴，方阵步兵被称为步兵伙伴。相反，如下文所述，腓力亲征之时的精英卫队被称为步兵伙伴，而由马其顿和希腊精英组成的贴身随从则被称为伙伴（例如，波力比阿斯8.9引用塞奥彭普斯的话，说道：“这些被称为腓力朋友和伙伴的人”；阿特纳奥斯6.77引用塞奥彭普斯的同一段话，说这些人约有八百）。因此，有几位历史学家指出，阿那克西米尼所指的就是亚历山大大帝，不过是插入题外话，提及后来发生的事而已，笔者十分认同这一观点。第五章将会详细讨论这一问题。

总的来说，在腓力之前，没有任何马其顿方阵存在的迹象，因此狄奥多罗斯的观点应当得到认可：腓力是创建人。为何在他之前没有马其顿方阵？他又如何创建这种战术？如第一章所述，马其顿之所以无法像南方希腊城邦一样拥有重装步兵方阵，是因为重装步兵本身是有公民权的民兵，需自掏腰包购买装备。在南方希腊城邦，这不成问题，因为富裕“中产阶级”人数众多，然而马其顿却缺少此类富裕中产，牧民和农民较为贫穷，农奴更是赤贫，根本无力负担昂贵的重装步兵甲胄兵器。马其顿国王，包括腓力本人，也无财力为马其顿贫民提供上万套昂贵装备，组成重装步兵军团。腓力就处于如此窘境，他可以征募新兵，毫无疑问也能加以训练、整编成军，然而却无法提供昂贵的重装步兵胸甲、头盔、盾牌，所组建的军团只能由轻步兵构成。如果指挥有方、士气高昂，这样的军队也能力战伊利里亚人或色雷斯人，然而却永远无法正面对抗南方希腊重装步兵军团。拥有一支力战伊利里亚人和色雷斯人的军队，并不能让腓力满足，他要这些军队取得压倒性优势，更要在战场之上不输任何重装步兵方阵。

腓力最终寻得脱困之法，此法堪称简洁、优雅、高效。既然没有办法给士兵提供南方希腊重装步兵式的昂贵甲胄大盾，腓力就另辟蹊径，采用一种造价低廉、攻守兼备的新武器：长度介于16英尺到18英尺（约4.87米到5.48米）的马其顿长矛（sarissa，有时称sarisa）。猎杀野猪是马其顿贵族的传统娱乐方式，所用超长矛或许就是马其顿长矛的前身，按照现存文献的记载，腓力首次将这种狩猎武器改良，变为军用武器。大概在公元前359／358年冬，马其顿长矛首次在战场上出现。这种武器的优势非常明显，马其顿森林密布，按照传统由国王掌控木材的采伐权，因此腓力可以轻易获得大量木制矛杆，足够装备军队，所付代价不过是伐木费用而已。而且马其顿金属矿产丰富，盛产铜铁，可用于打造钢制矛尖和青铜矛尾尖钉。和森林一样，各种金属矿由马其顿王室专营，这样腓力可以获得大量廉价铜铁，用于打造兵器。这些资源唾手可得、价格低廉，是新武器的一种巨大优势。腓力不必大费周折，就可在短时间内给成千上万的士兵装备马其顿长矛。马其顿长矛还有一大优势：攻击范围超大。马其顿长矛（sarissa）长约17英尺，是南方希腊重装步兵所用长矛（doru，长约8英尺）长度的两倍。一队装备马其顿超长矛的步兵足以让希腊重装步兵无法靠近，后者兵器根本碰不到前者，这样马其顿长矛兵就不太需要甲胄护身，长矛本身就已攻防兼备。

马其顿长矛矛杆挺直、质地坚韧，直径通常3—4厘米，由白蜡木或山茱萸木制成。鉴于约15英尺长的矛杆（减去金属矛尖和矛尾尖钉的长度）相对难找，而且携带非常不便，马其顿长矛通常由两截矛杆拼接而成，平时拆开，便于携带，临阵之前再用一个金属套筒接好。钢制叶形矛尖（包括套筒）长40—50厘米，坚硬尖锐，大力突刺可刺穿盔甲。矛尾青铜尖钉有三大用途。第一，不用之时，或持矛面对敌军冲锋时，均可用矛尾尖钉将长矛牢牢固定在地上。由于经常接触地面，打造矛尾尖钉通常不用钢铁，而用不易锈蚀的青铜。第二，如果长矛在作战之时折断，士兵可倒转手中所剩矛杆，矛尾尖钉向前，仍是令人生畏的武器。第三，青铜尖钉又能给矛尾加上配重，平衡矛尖的重量。马其顿长矛矛杆重心居于中段，持矛士兵却不愿握持此处，而是握持矛杆后段，以便尽量向前伸出长矛，毕竟这正是马其顿长矛的优势所在。矛尾尖钉较为沉重，能使长矛重心后移，便于使用，士兵握持矛杆后段，平端长矛，前伸矛杆和矛尖的重量不会全压在前手上，矛尖不会轻易下坠，士兵的体力消耗也会大大减少。

马其顿长矛兵双手挥矛，矛尖向前伸出约12英尺，能对正面靠近之敌构成可怕威胁，而且敌军很难靠近，手中兵器根本够不到马其顿长矛兵，只能投射远程武器。另外，马其顿长矛兵易被弓箭手、标枪兵或投石兵等远程兵种压制。由于兵器长达17英尺，相当沉重，长矛兵行动笨拙，转向迟缓，两侧和身后都是软肋，易被敌军利用。长矛兵也需装备不错的盔甲盾牌，但是应征入伍成为长矛兵的马其顿贫民，并无财力购置重型盔甲，否则他们就成重装步兵了。由于马其顿长矛需双手持握，而又大又重、表面外凸的重装步兵盾牌需占用整个手臂，将前臂套入盾牌中心的皮带，再握住靠近边缘的把手，即便有足够的财力购置，也无法装备。腓力给长矛兵装备了木制小圆盾，直径约2英尺，不必持握，直接绑在左手臂上，由脖子通过一条皮带控制。这种小圆盾比重装步兵盾小得多，也轻得多，后者直径约1米（约40英寸）。虽然如此，马其顿式小圆盾也能护住大部分躯干，不受弓箭手和投石兵的攻击，在紧要关头也能防住标枪。为保护头部，马其顿长矛兵头戴佛里吉亚式或哈尔基季基式头盔，相对较轻，露出面部。这种头盔比南方希腊重装步兵所用头盔便宜得多，后者为科林斯式，几乎包裹整个头部。除此之外，长矛兵身穿厚亚麻布甲或熟皮胸甲，若能负担费用，还可装备胫甲。

独自行动的马其顿长矛兵仍然行动迟缓，很容易被敌军击败；不过马其顿长矛的设计初衷本就并非用于单兵作战，而是用来装备密集长矛兵方阵：士兵一个接一个，排成整齐密集队形，用密密麻麻的长矛指向敌军，形如刚毛竖起的豪猪。马其顿长矛兵方阵需精心组织、反复操练，才能确保整体作战协作高效、进退有序。方阵的最小建制单位为纵列组，由一列士兵构成，每人属于方阵的不同横排，这一纵列士兵被称为一个dekas，字面意为十人组，不过该词更多用于指代一“队”人（见《利德尔和斯科特希腊文词典》，s.v.）。马其顿方阵中的一个纵列组（dekas）似乎由八人组成，每个纵列组的排头兵为该纵列组指挥官，类似于现代军队里的下士，纵列组最后一人，被称为ouragos，身份也类似于士官。纵列组指挥官身后第二和第三个士兵，通常作战经验丰富、值得信赖、获得双薪，一旦身前纵列组排头兵战死或因伤失去战斗力，必须立即顶上，继续指挥所在纵列组。所以一个八人纵列（dekas）包含四名普通士兵，前后两名士官（借用现代术语）负责指挥，还有两名值得信赖的老兵可在必要时接替纵列组指挥官。纵列组指挥官负责带队前进，确保自己时刻居于方阵第一横排，这样可以确保身后士兵各就各位，居于各自所属横排，当然指挥官也负责发出号令，诸如命令士兵根据作战或前进的需要放低或挺起长矛。而纵列组最后一人则负责站住位置，督促身前士兵保持队形，确保他们不会转身逃跑。

每个纵列组由八人组成，所以马其顿方阵标准纵深为八排士兵，这也是南方希腊重装步兵方阵的标准纵深。然而很多证据表明，在实战当中，马其顿长矛兵方阵纵深常常远多于八排。两个、三个甚至四个纵列组排成一列，组成的方阵纵深达十六排、二十四排或三十二排，这样的加厚方阵在战场上司空见惯。方阵的纵深当然由以下因素决定，敌军的装备和阵形、可用方阵长矛兵数量、敌军人数及战场地形。如果正面敌军是巴尔干轻步兵（伊利里亚人、色雷斯人，诸如此类），马其顿方阵纵深八排就已完全够用，除非长矛兵数量和战场地形导致方阵纵深不得不多于八排；如果正面敌军是南方希腊重装步兵方阵，似乎纵深十六排或二十四排的加厚马其顿方阵才是上上之选。

除纵列组之外，方阵长矛兵也被编成连（lochos），由几百人组成，具体细节已不太清楚，指挥官名为lochagos。方阵长矛兵最为重要的建制单位却是营（taxis），约有一千五百人。每个营有自己的内部编制和指挥官，可以单独摆出马其顿方阵。方阵只是阵形，并不是军队编制单位；整个马其顿步兵方阵由若干个营（每营约一千五百长矛兵）依次排列构成。方阵长矛兵从马其顿不同地区征募，按地区编入不同的营，同营官兵均为同乡，例如泰菲亚营、奥雷斯提斯营。阿里安（3.16.11）的记载显示：马其顿新兵到达亚历山大大帝驻地苏萨城之后，按各自的ethnos（字面含义为民族，即家乡所属地区）编入不同的步兵营。公元前334年，亚历山大率军渡海，远征亚洲，麾下大军为两年前从腓力处继承得来，其中有重步兵约一万两千人，与此同时，约有等量重步兵留在马其顿驻守本土，由监国摄政王安提帕特指挥。亚历山大麾下一万两千重步兵编制如下：六个长矛兵营（总数约九千人），外加三千精锐持盾步兵（hypaspistai，见下文本章第2部分）。这意味着安提帕特麾下留有八营长矛兵（8×1500＝12000），因此腓力在位之时，麾下共有十四营长矛兵。

马其顿方阵长矛兵按营编制，训练有素、纪律严明，现存最好的相关文献，描述了亚历山大大帝元年，长矛兵方阵作战的情形。不得不再次强调，亚历山大刚刚从腓力那里继承了这支由腓力征募新兵，进行编制、训练的军队。阿里安讲述了公元前335年，亚历山大征讨伊利里亚的经过。曾有一战，亚历山大处境不妙，被困于一狭窄峡谷，两侧小山树木繁茂，已被敌军占据。阿里安讲述了亚历山大如何调遣长矛兵方阵，吓倒伊利里亚人，最终将其击溃的情形（《亚历山大远征记》1.6）：

> 地形狭窄，亚历山大排出长矛兵方阵，纵深达120排，两翼各有200名骑兵，又命令全军静默、闻令而动。随着统帅下达不同指令，长矛步兵动作整齐划一：先挺矛指天，再放低矛尖准备冲锋，然后向右挥矛，再向左挥矛；一时间长矛林立、利刃无数。亚历山大让方阵快速前进，先到峡谷一侧，再转到另一侧。在短时间之内，他已调动麾下各营士兵多次变换阵形，最终将方阵摆成楔形，面向左面，正对敌军。马其顿方阵长矛兵机动速度如此之快，全军井然有序；敌军大为惊讶，不待马其顿方阵发起冲锋，就弃阵而走。

显而易见，腓力已经培养出了纪律严明、进退有序的精锐长矛兵。此次作战，全军动作整齐划一：挺矛、压低矛尖、向右挥矛、向左挥矛、前进、后退，最后排成楔形方阵冲锋。方阵的纵深值得注意，高达120排，这意味着有15个纵列组排成一列。这支军队如此非凡，敌军往往大惊失色、恐惧避战，而由腓力和亚历山大率军主宰战场，就不足为奇了。

2. 王牌军“伙伴步兵”（Pezetairoi）

“二战”中的美国陆军决定让军事史学家随军参战，以便对各部队所参加的战役和战斗进行最及时、最准确的记录，这些军史专家开创了军事史上的新纪元，让人对战争的本质有了全新的理解。事实让他们大吃一惊，无论战前训练有多么充分，大多数士兵的战场表现都非常消极。战斗打响之后，只有四分之一的士兵能够正常使用手中武器向敌人开火，真正参战；其他人则蹲下躲藏，试图保命，其作用顶多是给较为勇猛的战友助威呐喊而已。实战的确令人恐惧，让人紧张万分。众所周知，动物（也包括人类）在极度恐惧或巨大压力之下，反应通常是“或打或逃”，然而这两种反应没有包含同样常见的另一可能：恐惧或压力似乎能使动物或人全身发麻、蜷缩身体、坐以待毙。动物界常有此类现象，如“装死”，以免被掠食者注意到；或“埋头入沙”，据说鸵鸟遇到危险时，会低头贴近地面，以避免看见天敌，也盼望自己不会被注意到。毫无疑问，严格的训练和严明的纪律，能让士兵在实战的恐惧和压力之下坚守阵地、保持队形，然而却不能让他们勇猛出击。

事实上，古代将领也深知这一现象，大多数士兵在实战重压之下表现消极。古代最强大的战斗民族想出一种办法加以应对，他们将最强悍的勇士集中起来，组成精锐部队，在战斗中承担最关键的任务。这些任务必须由最勇猛、最拼命的士兵完成，一旦精锐部队进军神速、势如破竹，就能赢得整个战斗的胜利。例如，斯巴达军队中的“斯巴达精锐”（真正的斯巴达公民战士），通常所占比例不大（视情况而定，可能介于百分之十到百分之四十之间），如果全军有一万两千人，其中“斯巴达精锐”大约会有两千人，通常部署在右翼。战斗打响之后，右翼精锐比友军前进速度更快、更有战斗决心，最先与对面之敌短兵相接，总能击溃正面敌军，随即向左包抄，从左向右围歼敌军，而大量友军不过是充数而已，能守住阵地就行。战斗的胜利还是取决于训练更为有素、纪律更严明、战斗更勇猛的斯巴达精锐。凭此作战方式，斯巴达主宰古希腊战场长达两百余年。公元前4世纪70年代到50年代，底比斯崛起，主宰古希腊战场约有一代人的时间。底比斯所仰仗的精锐部队名为“圣军”，“圣军”军纪严明，每战必冲锋在前，拼死杀敌，带领全军夺取胜利。

腓力青少年时期的关键阶段在底比斯度过，其间底比斯国力鼎盛。腓力和任何将领一样，深知精锐部队的重要性。他登上大位、手握兵权之后，马上着手组建一支精锐部队，这支军队堪称古代战争史上最强之一。这支精锐部队，在腓力、其子亚历山大和后者直接继业者手下，主宰古代近东战场。腓力称这支部队为他的伙伴步兵（pezetairoi），亚历山大大帝将其改名为持盾步兵（hypaspistai），在执政后期再次更名为银盾步兵（argyraspides），此后再无更改。银盾步兵人数约有三千，在继业者战争的几次战役都发挥主导作用，最后马其顿将领独眼安提柯在一次胜仗之后，自感这支部队过于强悍、难以驾驭，随即将其解散。公元前316年，银盾步兵在一次战役中再次大显神威。普鲁塔克描述了此次战役的经过，对这支精锐部队大加赞赏，称其士兵为战场健将，追随腓力和亚历山大南征北战，未尝一败（普鲁塔克《欧迈尼斯生平》16）。

腓力戎马生涯的首次大战，是对阵巴尔德里斯麾下伊利里亚大军。据狄奥多罗斯记载，腓力亲率右翼主力，身边士兵为马其顿最强

（aristous）精锐，将勇兵强、势不可当，伊利里亚人仓皇逃遁。可见腓力一有兵权，就着手打造后来闻名于世的精锐部队。希俄斯岛人塞奥彭普斯，与腓力同一时代，是希腊古典时代最伟大、最为人称道的史学家之一。此人在腓力王宫效力多年，如此写道："全马其顿最魁梧、最强壮的勇士组成了国王（腓力）的卫队，获名伙伴步兵（pezetairoi）"（《博睿新雅可比希腊史家残篇》115 F 348，塞奥彭普斯）。腓力的死对头雅典人德摩斯梯尼，也在他第二篇《奥林索斯辞》（17）中提到伙伴步兵，称他们是"非凡的"（thaumastoi）的勇士，战斗经验极为丰富。有三本较晚时期的古词典，对德摩斯梯尼所提伙伴步兵进行了解释，它们均认为该词指腓力的贴身卫队，士兵既强壮（ischuroi）又忠诚（pistoi）。其中《希腊语大辞典》引用史料片段（或来自塞奥彭普斯）作为实例："他（腓力）从马其顿人中选拔精锐之士（apolektous），组成伙伴步兵，随即攻入伊利里亚。"塞奥彭普斯和德摩斯梯尼都认为伙伴步兵是由优秀士兵组成的精锐部队，在战场之上担任腓力贴身卫队，获誉勇冠三军、杰出非凡。据狄奥多罗斯记载（16.86.1），公元前338年，腓力进行了其戎马生涯最后一场战役：喀罗尼亚大战。似乎他所指挥的"精锐部队"（epilektous）就是步兵（见波利艾努斯4.2.2），这意味着腓力像往常一样，作战之时，身边环绕着他的精锐伙伴步兵。

可惜现有关乎腓力统治的文献不足，无法以此为依据，进一步了解这支精锐部队的发展、编制和用途。然而在亚历山大大帝手下，这支部队更名为持盾步兵，充当国王精锐贴身步兵卫队，这也正是腓力建军的目的。伙伴步兵／持盾步兵，如上文所述，后又更名为银盾步兵，通常作为马其顿方阵的一部分参加战斗，挥舞马其顿长矛，与其他长矛兵装备相同，一般驻扎在方阵右翼。然而这支精锐部队受过特训，能够在必要时使用其他装备。亚历山大有好几次命令他们换上轻步兵装备，以便快速机动，或追击敌军，或在山区作战，或协同骑兵作战。只要统帅一声令下，他们也能换上重装步兵装备，像南方希腊重装步兵方阵那样作战。曾有一次，这支部队需要以最快速度移动，亚历山大就让他们骑上战马，作为骑兵参战。换言之，这支部队极为训练有素，堪称全能，精通所有武器装备，只要统帅一声令下，就能以任何方式作战。作为轻步兵，他们极其快速且不知疲倦；作为重步兵，他们是马其顿方阵的右翼先锋部队，通常是取得胜利的决定性因素，无论以何种方式作战，他们都称得上“杰出非凡”。他们确实是普鲁塔克笔下的“战场健将”，很多人直到五十几岁甚至六十几岁，都还在军中服役，仍然能够主宰战场。直到公元前316年，独眼安提柯解散银盾步兵。

如上文所述，腓力统治结束之前，伙伴步兵就有三千之众，证据如下：相关文献显示，在亚历山大统治初年，这支部队已改名为持盾步兵，拥有三千精兵，由帕米尼奥之子尼卡诺指挥。这个伙伴步兵团，编为三个营（chiliades），每营一千人，各有营长。其中一营步兵为国王特别卫队，名为agema步兵，一直负责保卫国王，在国王徒步战斗之时，充当其贴身护卫。腓力常常亲率步兵出战，身先士卒，周围环绕agema步兵和其他伙伴步兵，他戎马生涯首战对阵强敌巴尔德里斯，末战参加喀罗尼亚大战，皆是如此。相比之下，尽管亚历山大常将伙伴步兵 / 持盾步兵当成特种部队，用来执行各种任务，但他在各大战役中，更倾向亲率骑兵出战。这支精锐步兵在亚历山大继业者战争的几次战役里担当主角，在军事史上最广为人知的很可能是其最终名称“银盾步兵”。然而更确切地说，银盾步兵本质上是腓力组建的精锐步兵，由他训练成军。腓力能力挽狂澜，将即位之时积弱落后的马其顿打造成古代军事强权，这支部队绝对功不可没。

3. 加强版突击铁骑

正如第一章所述，根据现有最早文献的记载，骑兵一直是马其顿军队的中坚力量。马其顿境内平原和高原广阔，适合养马，而主导马其顿社会和经济的贵族阶层，都热衷于养马和骑术，以至许多马其顿人的名字都是基于希腊单词hippos（马）：Philippos、Hipponikos、Hippolochos、Hippostratos、Hippias、Hippalos、Hipparchos、Hippodamas、Hippokles、Kratippos，诸如此类。有鉴于此，阿那克西米尼的记载（见上文）实在令人惊讶，有一名叫亚历山大的国王不得不"让多数贵族习惯于充当骑兵"（"充当骑兵"的希腊原文是hippeuein，该词还有一个不太常用的含义，即"骑马"）。事实上，马其顿贵族非常热衷于养马和骑术，天生就是骑兵，从王国早期开始，马其顿军队的主力就是骑兵，若是国王召唤，贵族就率领武装家丁，飞马驰援，加入国王骑兵部队。对腓力来说，这种骑兵虽颇为优秀，却不够可靠，因为组成骑兵的贵族未必对国王死心塌地。另外，马其顿骑兵无法有效正面对抗精锐步兵军团，如果敌军步兵装备精良，面对骑兵冲锋坚守不退，骑兵就无法正面突破。

腓力想要一支完全听命于他、对他绝对忠诚的骑兵部队，而且在对阵训练有素的重装步兵军团时，也能进行有效打击，这样的骑兵才是他需要的。第三章已经提到，腓力推行历史悠久的"胡萝卜加大棒”政策，采取各样措施，使得贵族阶层及其家丁出于对自身利益的考虑选择效忠国王。“胡萝卜”为从国王新征服的土地分得财产，贵族若有异心，这些财产还会被国王收回；“大棒”为贵族若有不臣之心，就有被腓力强悍步兵军团铲除的危险。腓力又在佩拉设立贵族学校，为贵族子弟提供免费教育，后者同时也是人质，使得父辈不敢造次。即便忠心不贰，主要由贵族及其家丁组成的骑兵，仍然不是腓力的常备军。毫无疑问，腓力让自己手下大量忠心家丁作为骑兵效力，从而大规模扩充马其顿骑兵部队。

腓力登基后不久，就须大战巴尔德里斯麾下伊利里亚大军，此战如此关键，他却只能征召约六百骑兵。更早的马其顿国王，如阿明塔斯三世和帕迪卡斯二世，所能指挥骑兵的数量也大致相仿。显而易见，历代马其顿国王麾下骑兵部队，由自有家丁和忠君贵族伙伴所率家丁组成，只能是这种规模。腓力在统治结束之前，至少可以调动三千三百马其顿重骑兵，马其顿骑兵规模得以大规模扩充（这还不包括有特别用途的轻骑兵部队，当中有一些也是马其顿人。笔者将在本章第4部分对此加以详述）。腓力征服边境地区，将其并入马其顿，显然又将成百上千的马其顿人迁往那里，又分给他们土地（每人分得小块土地），条件如下：将所得部分土地用于养马，自己作为骑兵在军中效力。有文献记载，在亚历山大统治早期（他麾下军队仍然在各个方面都堪称腓力之军），有几个骑兵中队来自腓力并入马其顿的地区：斯特律蒙河口的安菲波利斯（公元前357年并入）、哈尔基季基半岛西北部的安提马斯（公元前350年前后并入）、哈尔基季基半岛东北部的阿波罗尼亚。毫无疑问，这些地区各有几百马其顿人定居，每人都拥有小块土地（名为“骑兵份地”），可在必要时集结成骑兵出征。腓力分给他们土地（可被收回），提拔他们加入骑士阶层，他们只有对腓力忠心，才能保住土地和与之伴随的骑士身份，因此，出于对自身利益的考虑，他们也要对腓力效忠。腓力在统治结束之前，可以调动至少三千三百重骑兵，理性估算，其中恐怕有两千来自上述骑士阶层，腓力将这些人提拔到骑士阶层，分给他们可被收回的土地，他们自然就成了腓力的忠心家丁。重骑兵主力是自有家丁，忠心不贰，这样一来，就算最大的贵族敢犯上作乱，腓力也可将其碾碎。就调动骑兵而言，腓力无须再征求大贵族的意见，马其顿骑兵真正成了腓力的骑兵，随时听候腓力本人调遣、集结出征。

就算骑兵部队对腓力忠心耿耿，仍然有其固有弱点。腓力之前的马其顿（以及其他古代）骑兵都有这种弱点，如果前方障碍物既无法跃过，又无法找到缺口穿过，战马会拒绝强行冲锋；如果步兵面对骑兵冲锋，排出密集方阵，坚守阵地，保持队形，绝不转身逃遁，敌方战马就会放慢速度，最终停步不前。骑兵就只能在密集步兵阵列前横向移动，不断骂阵，投掷远程武器（装备精良的步兵可用盾牌将其接住或撞偏）。如果步兵军团保持队形，开始推进，对面骑兵就不得不后退，最后只能逃跑。换言之，如果敌军步兵组织涣散、纪律松弛，骑兵才能大显神威。这种步兵不过是乌合之众，面对骑兵冲锋一触即溃、四散奔逃。骑兵在后追击，矛刺剑砍、大开杀戒，这才是骑兵最擅长、最喜欢的作战方式。步兵军团统帅只有极其愚蠢，才会对两翼疏于防范，因为敌军骑兵必会从侧翼和后方发起攻击。这种情形极为罕见，因为连最无能的军事统帅，也懂得在对阵骑兵时保护两翼。骑兵还可用于侦察敌情，或在大战之前进行小规模战斗，然而传统骑兵部队，无法正面击败组织严密、纪律严明的精锐步兵军团。

除此之外，骑兵部队难以有效指挥。按照传统，骑兵部队和步兵部队一样，都排成正方形或长方形出战，成排的骑兵一个接一个，整齐列阵。骑兵统帅居于尊位，位于第一排骑兵的最右边，审视战场，观察敌情，决定在何时何地发起冲锋。冲锋的指令由统帅身边的号手发出之后，骑兵队开始前进，起初只是朝着统帅指示的方向慢步前行。比较靠近敌军之后，骑兵队开始加速，改为小跑，然后越来越快，试图凭借高速推进恫吓敌军，进而瓦解敌军士气，令其逃遁。骑兵队速度越来越快，最终无法保持队形，各个排面参差不齐，雷鸣般的马蹄声足以淹没其他声音，除了统帅身边的少数骑兵，其他骑兵实际上已与统帅失去联系，既不见其人，也不闻其声，无法再遵行统帅此时发出的任何命令。因此，骑兵统帅对部下的控制只能延续到高速冲锋之前，在那之后骑兵就只能各自为战。骑兵部队若训练有素、纪律严明，会在冲锋后尽量保持队形，避免分散，然而统帅已完全无法带队进行复杂多变的高速移动。

这样的骑兵战术显然无法让腓力满意，在他看来，麾下骑兵须机动灵活，指挥起来得心应手才行，骑兵部队统帅指挥部下，应当如臂使指，使其快速机动，对敌军阵列发起毁灭性的有效进攻。腓力深思熟虑之后，得出结论：骑兵在战场上不能攻坚、难以指挥的主要原因是阵形不对，要想在战场上挥洒自如，骑兵就必须突入敌军步兵阵列，而且全军兵随将走、随时听令，应对战局变化，而骑兵部队列成正方形或长方形，根本无法达成上述目标。腓力用新阵形取而代之，他训练骑兵列阵、作战都采用楔形阵法。骑兵部队统帅位居楔形阵尖端，副统帅和第三统帅紧随其后，一旦统帅战死或因伤失去战斗力，就随时顶上。统帅居于楔形阵尖端，整个骑兵部队就可以做到兵随将走，跟随统帅进行快速机动，随时改变战术。另外，楔形阵前部宽度不过几匹马（统帅居于尖端，第二排两人，第三排三人，以此类推），只要敌军阵形出现一个小缺口，楔形骑兵阵就可发起冲击，最前面的几个骑兵先行闯入敌阵，击杀两侧敌军，迫使他们后退，从而强行“撬开”敌军阵列，扩大敌阵缺口，以便楔形骑兵阵更多插入敌群，最终将敌阵一分为二。若能达成这一目标，敌军通常会转身逃散。如果无法找到缺口冲开敌阵，骑兵可以跟随统帅快速移动，攻击敌军侧翼和后方。通过这种方式，骑兵部队在对阵组织严密的步兵军团时，也可以成为真正的战场打击力量。

对骑兵阵形的这一更改看似简单，却精妙绝伦。腓力麾下骑兵真正成为一支令人生畏的战场打击力量。腓力英年早逝之后，亚历山大更是率领这支骑兵在各大战役大显身手。腓力驾崩之后，亚历山大统率三军。马其顿共有三千三百重骑兵，亚历山大亲率一千八百重骑兵远征亚洲，留下一千五百驻守本土，由摄政王安提帕特指挥。不同文献表明，亚历山大远征所率骑兵编制单位为中队（ilai），约有二百骑兵，指挥官名为ilarchs；每个中队又分成两个小队，每个小队约有一百骑兵。而安提帕特率领一千五百骑兵驻守马其顿本土，这个数量有点麻烦，因为一千五百骑兵没有办法按一个中队两百骑兵进行整编。或许2百只是一个大约数，如果每个中队有二百一十四名骑兵，七个中队就有一千四百九十八名骑兵。因此，安提帕特麾下有马其顿骑兵七个中队，另有七个中队跟随亚历山大出征。

当然，亚历山大麾下骑兵数量是一千八百，而不是一千五百，多出来的三百骑兵如何编制？亚历山大骑兵部队的关键力量是一个特别中队，名为“皇家中队”（ile basilike），在亚历山大统治初期，“皇家中队”由将领“黑人”克雷塔斯指挥。在战场之上，亚历山大习惯于一马当先，背后紧跟“皇家中队”，后者也是他的骑兵卫队（agema），正好对应精锐步兵卫队（agema）：伙伴步兵（pezetairoi）/持盾步兵（hypaspistai）。精锐步兵卫队比普通方阵步兵营人数更多，兵力多达三千，而后者只有一千五百。似乎可以肯定，骑兵“皇家中队”同样也比普通骑兵中队兵力更多，多达三百名骑兵，而非大约两百。因此，在腓力统治末期和亚历山大统治初期，马其顿有十四个重骑兵中队（每个中队略多于两百骑兵），此外还有特别中队“皇家中队”（约有三百骑兵），总计十五个骑兵中队。如上文所述，马其顿方阵长矛步兵也编成十四个步兵营（taxeis），每营约有一千五百步兵，此外还有精锐步兵营伙伴步兵/持盾步兵，约有三千步兵。这样步兵和骑兵的编制互相匹配，十四营步兵分别从不同地区征募，十四中队骑兵也同样征自不同地区，此外还有精锐加强步兵营和骑兵中队各一个：步兵营伙伴步兵/持盾步兵和骑兵中队ile basilike（皇家中队）。

幸运的是，马其顿重骑兵的制式装备不难确定。据修昔底德记载，公元前429/428年，在一场战役当中，马其顿骑兵是“装备护胸甲的优秀骑手”（修昔底德2.100）。在此类文字描述之外，还有两件亚历山大时代的艺术品，对马其顿重骑兵的刻画细腻传神，分别是那不勒斯考古博物馆的“亚历山大马赛克”，以及伊斯坦布尔考古博物馆的“亚历山大大帝石棺”。除了修昔底德提到的护胸甲之外，马其顿重骑兵还装备有皮条加固的裙甲、露脸头盔和短披风。主要武器是一柄重型长矛，长约10英尺（约3米）。骑兵可以反手持握，举矛过肩，即亚历山大大帝石棺浮雕马其顿骑兵（或许是独眼安提柯）

持矛方式；也可正手持握，低位挺矛，即“亚历山大马赛克”亚历山大大帝持矛方式。辅助武器为一柄短剑（长约2英尺），悬于左肋，用一皮带斜跨右肩。重骑兵并未装备盾牌，靠护胸甲抵御远程武器或敌军兵器的攻击，同时挥舞长矛，阻止敌军武士靠近，战马的高速度也能提供额外的保护。由于没有马鞍、马镫，马其顿重骑兵必须骑术高超，正合修昔底德的记载。凭着上述装备，以及腓力所打造训练有素、纪律严明的楔形骑兵阵，马其顿重骑兵和长矛步兵方阵，足以支配古代近东的战场。

4. 轻步兵与轻骑兵

精心策划的战役是古代战争的精华，能最终决定战争的胜负。马其顿长矛兵方阵威力巨大，其中精锐伙伴步兵尤其强悍；重骑兵经过改良，战力大增，腓力之所以能打胜仗，这两个兵种至关重要。然而战争并不单单是战役的叠加，战役也不单单是“重”步兵、“重”骑兵之间的搏杀。由于长矛步兵方阵和重骑兵机动性和移动速度差距很大，协同作战之时，阵形往往会出现缺口，敌方若军事嗅觉敏锐，必会加以利用。腓力意识到军中必须有其他不同兵种，用来执行辅助性却相当重要的任务。

大军开拔，对敌作战（尤其在深入敌境之后），决定胜败的一大因素，就是主帅能否及时获取可靠战场情报，包括行军路线周边地形，以及至关重要的敌军行踪、人数和兵种构成。古代战场情报由侦察兵负责搜集，中军主力向前方和两翼派出机动性强、移动速度快的士兵侦察地形，寻找敌军踪迹，俘获敌军侦察兵进行逼供，或者询问本地居民，并及时送回所获情报。侦察兵通常由轻骑兵担任，乘骑耐力好、速度快的马匹。其主要任务是通过眼见耳听搜集情报，快速送达主帅，而非激烈战斗，故此不装备重型盔甲兵器。侦察骑兵只装备最轻质防具（亚麻布甲和捆于左前臂的小圆盾），通常只携带轻型远程武器，一般是标枪，外加一把短剑，在必要时用于肉搏。在腓力和亚历山大的时代，马其顿军中确实有侦察轻骑兵编制，名为prodromoi，例如：公元前334年，亚历山大率领腓力所留大军远征亚洲，就有至少九百侦察轻骑兵，其中有很多来自培奥尼亚和色雷斯。

出征士兵的另一要务是搜寻粮草，即从敌方土地和定居点掠夺食物。古代陆路运输的特点，导致这种做法很有必要。大宗物资，如大量粮草，只能用牛车或骡队运输，行进速度迟缓，势必大大拖慢行军速度。大量牛车和骡马不仅耗资巨大，而且易被敌军袭击，需派兵护送。腓力倾向快速进军，尽量减少对辎重运输的依赖。和所有古代军队一样，马其顿军队“就地解决粮草”，劫掠当地居民获得补给，这就需要有专门搜寻粮草的兵种。当然从理论上讲，重装备步兵，像腓力麾下的方阵长矛兵，也可放下长矛和其他装备，外出抢粮，然而这会带来巨大风险，因为敌军可能会趁机发动突然袭击。马其顿方阵长矛兵必须尽量保持行军队形或战斗队形，而由机动性更强、不那么关键的兵种外出搜寻粮草。通常行动快速的轻步兵负责外出找粮，抢粮之时有快速骑兵帮忙警戒。统帅通常派出标枪兵、弓箭手、投石兵等轻甲兵种外出抢粮，由侦察轻骑兵和其他轻骑兵负责警戒，提供掩护。

如果发现敌军行踪，决定双方会战，大战却非瞬间打响，重步兵和重骑兵从营地前往战场需要时间，从行军队形变成战斗队形也需要时间。大战之前，需制订精确作战计划，调遣部队排出相应阵形，会先有一些试探性的小规模战斗。数以千计快速移动的轻步兵和轻骑兵组成先头部队，完成抢占战场空间，骚扰敌军，实地侦察战场地形，观察敌军所用阵形，将情报及时送达主帅，并掩护主力部队排好战斗队形等任务。记载战争的古代文献，有时会提及此类小规模战斗的作用，但是更多时候视之不甚重要，略过不提。然而毫无疑问，小规模战斗绝非无关紧要。腓力军中轻步兵组织严密、训练有素、各有所长，装备远程武器，分为标枪兵、弓箭手和投石兵，和轻骑兵一道负责小规模战斗。轻步兵通常是外族军兵，作为友军或雇佣兵跟随主力出征。弓箭手一般来自克里特岛，克里特人自古以来擅长射箭；亚历山大（很可能也包括腓力）南征北战，麾下最好的标枪兵来自马其顿本土以北一部落，名为阿格里安尼亚。侦察轻骑兵也参加小规模战斗，此外还有一种轻骑兵部队，名为长矛轻骑兵（sarissophoroi），显然装备极轻甲胄，手持马其顿方阵同款长矛，攻击敌方小股轻步兵和轻骑兵。似乎在某些情况下，侦察轻骑兵和长矛轻骑兵是同一套人马，不过换用不同装备，执行不同任务而已。

最后，一旦两军主力交锋，方阵长矛步兵和重骑兵列阵完毕，轻步兵与轻骑兵需退回己方阵线，继续参加战斗。事实上，这些辅助兵种还要发挥三大功用。马其顿方阵因士兵所用长矛又长又重，移动速度相当缓慢。重骑兵起先与长矛兵方阵保持同步；一旦敌阵出现缺口或混乱，攻击机会出现，重骑兵就会发起冲锋。亚历山大东征之时，有几次战役显示方阵长矛兵缓慢推进之时，轻骑兵和远程轻步兵的一大功用就是骚扰敌军阵线，设法让敌阵出现缺口或混乱。一旦重骑兵开始冲锋，推进速度会大大加快，而长矛兵方阵移动速度迟缓，这样己方阵形就会出现缺口，需严防敌军穿过这一缺口，从两翼和后方攻击长矛兵方阵。轻步兵部队负责占据本方阵形缺口，确保长矛兵方阵不受此类攻击。按照惯例，轻骑兵部队部署在主力部队侧翼，负责骚扰和击退企图迂回包抄的敌军，当然战场地形可为两翼提供天然屏障时例外，如阵线两侧为深谷、密林、山岭等。总而言之，轻步兵和轻骑兵部队，不但要在主力会战之前执行重要任务，还要在会战之时发挥虽非首要却也相当重要的作用。或许轻步兵和轻骑兵并不能直接赢得战役，然而却为最后的胜利作出了重要贡献。一旦敌军兵败溃散，对其穷追不舍，才能确保取得决定性胜利，这正是轻骑兵部队，尤其是长矛轻骑兵大显神威之时。腓力军中总有数量充足、训练有素、随时出击的轻甲部队，诸如轻步兵弓箭手、投石兵、标枪兵，以及侦察轻骑兵和长矛轻骑兵。这对腓力的先进作战方式至关重要。

这些辅助轻步兵和轻骑兵并不总是马其顿人。腓力征募和使用的此类军队来自不同族群，例如：侦察轻骑兵里有培奥尼亚人和色雷斯人，弓箭手里有克里特人，标枪兵里有阿格里安尼亚人、色雷斯人、特里巴利人。亚历山大从腓力继承的军队之中，据说有七千轻步兵来自其他巴尔干族群，还有一千名阿格里安尼亚标枪兵。除上述辅助轻步兵和轻骑兵之外，马其顿军中还有一种重装步兵——南方希腊雇佣兵，起重要辅助作用。至少根据当时知识分子（如政论家、教育家伊索克拉底）的记载，公元前4世纪的希腊城邦饱受人口过剩之苦，是以在这一时期的南方希腊似乎能够提供取之不尽的兵源，有无数年轻人愿意充当居无定所的雇佣兵。马其顿军中的雇佣兵通常采用南希腊重装步兵装备，有时也换装组成机动性更强的轻盾兵，他们的盾牌和甲胄都比重装步兵要轻。就腓力的战争计划而言，雇佣兵有一个巨大的优势，就是和作战损失马其顿士兵相比，雇佣兵的死伤是主帅更愿意承受的结果，雇佣兵的损失总是可以通过招募新兵来补充。腓力能从马其顿金银矿获得巨额收入，有足够的财力在必要时招募数以千计的雇佣兵。雇佣兵是对马其顿方阵的有力补充，大大减轻了马其顿人的兵役负担，也可用于伤亡率较高的危险军事行动。轻盾雇佣兵作战经验丰富、用途广泛，腓力可在任何军事行动中让其出战，以免过度消耗马其顿本土的兵源。

5. 优良的攻城器械

古代军队若不敢与敌军在战场正面交锋，通常会退回重要城镇，凭借坚固城防据守不出。南方希腊重装步兵从未拥有过攻克坚固城防的能力。由于这些重装步兵都是公民士兵，在出征之前有权选出将帅，在收兵之后有权对其说长道短，南方希腊城邦将军并不能要求士兵服从任何命令，一旦军队伤亡太大，或者对待士兵的方式引起反感，希腊城邦将军会在任期结束之后承受严重后果。因为强攻坚固城防，要么死伤惨重（架起云梯，强行攻上城墙），要么消耗大量人力（修筑攻城坡道直达城头，或挖掘地道破坏城墙），而雅典城邦公民认为只有奴隶才会干此等苦力。事实上，一旦敌军固守坚城，希腊城邦重装步兵就只能围城扎营，围而不攻，试图让敌军绝粮而降，耗时可达数月，甚至数年之久。在很多时候，希腊军队面对坚固城防，只能放弃攻城，除非城中有内应，能够打开城门，放入攻城军队。

腓力非常擅长采用各种办法（包括贿赂）收买内应，大军经常无须强攻城防，即可进入城中。如果实在无法获得内应，大军不能轻易入城，敌军固守坚城，军事行动难免陷入停顿；为避免大军常常陷入如此困境，必须具备快速攻陷敌城的能力。和南方希腊城邦将军相比，国王腓力有一大优势，那就是不必过多考虑士兵是否甘愿听命，他可以命令士兵冒险攻城，或者干苦力破坏城防，这在南方希腊城邦将军看来简直不可思议。而且腓力可以招募成千上万的非马其顿人士兵：色雷斯人、伊利里亚人、南方希腊雇佣兵，与马其顿士兵相比，这些外族士兵更适合做战争的牺牲品。腓力可以考虑由他们付出较大伤亡，强攻坚城，而不必过度焦虑。当然，兵力损失也不能过大，否则会严重打击士气。要想快速攻陷坚城，必须先压制城头守军，以减少攻城“阻力”，或者攻破城门、攻塌城墙，这就需要专用攻城器械。

在公元前4世纪早期的希腊世界，攻城器械已经有了长足的发展，西西里僭主叙拉古人狄俄尼索斯麾下军队尤擅攻城。扭力原理的发现尤为关键，使用毛发以及动物肠道制作两股绳索，绷紧之后，以大力拧扭绳索，产生巨大势能，突然释放可驱动弩臂带动弓弦发射远程武器，小型弩炮可发射各种箭矢，大型弩炮可发射石弹等沉重弹丸。此类攻城武器可用来压制城头守军，迫使他们躲在城墙之后，攻击方趁机将云梯架上城头，士兵强行登城，也可使用攻城槌撞塌城墙或撞破城门。若是射击压制城头守军，训练有素的大群弓箭手也可发挥作用；若是攻击城墙和城门，也可掩护工兵前往城下挖掘地基、破坏城墙。此外还发展出了更复杂的攻城器械——盾车，盾车覆盖生牛皮或湿牛皮，可掩护成群攻城器械兵，将攻城槌拖至城门，尝试撞开城门。攻城塔下面装有轮子，可推至城墙边上，塔上士兵借助高台，可直接与城头守军短兵相接，击退守军便可跨上城头，占领城墙。在腓力的时代，这些攻城器械仍然需要不断改良，直到公元前4世纪末前3世纪初，“围城者”德米特里厄斯一世麾下军队才将希腊攻城器械发展到巅峰。然而腓力必定拥有当时最好的攻城器械和技师。有此攻城利器，马其顿军队大多数时候都可快速攻陷敌方城池。

凭借先进的攻城器械和训练有素、纪律严明的军队，腓力没费太大力气就以较快速度攻陷一连串坚固城池：公元前357年攻占安菲波利斯，公元前356年攻占皮德纳和波提狄亚，公元前354年攻占阿布提拉、马洛尼亚和美敦尼，公元前352年攻占提科斯·赫拉神庙，公元前348年攻占奥林索斯，在此仅举这几例。腓力攻占城池名单很长，他驾崩后次年（公元前335年），亚历山大又攻陷底比斯。腓力也并非攻无不克，公元前340年，因守军外有强援，腓力未能攻陷佩林托斯和拜占庭。虽如此，腓力军队攻坚能力却是不容置疑的。腓力对战争的方方面面都很留心，很注意使用攻城器械，确保自己拥有最先进、最高效的攻城武器，进而在围城战中取得惊人战果，不断攻占坚固设防的城市和据点。马其顿军队很少因为敌军城防坚固而停滞不前，腓力不断开疆破土，势力范围不断扩大。

6. 能征惯战军官团

本章以上几个部分指向一种全新的作战方式：整个军事体系更

为复杂周密，军事纪律更加严明，整个体系以严格高效的军事训练为根基，旨在快速取得决定性胜利。不同用途的多个兵种，装备不同武器，按照联合行动计划协同作战、默契配合，不但能战胜敌军，还能取得决定性胜利；不但能开疆拓土，还能彻底征服并牢牢控制这些土地。然而这种作战体系需要不同用途的兵种密切配合，才能完成整个作战计划，对整个军队的素质要求很高。统帅不仅要精于军事（了解不同兵种的长处和各种地形对作战的影响），还要制订行之有效的方案，以便有效利用地形，尽量发挥各兵种的战力。而且为确保各兵种在战争中（特别是在战斗中）能够高效顺畅地协同作战，每支部队都必须有得力将领领军，此人必须了解整个作战计划，清楚本部人马应起的作用、麾下军兵和其他部队的关系，严明军纪，率领部下按照作战计划行事，同时以不破坏整个作战计划为前提，根据战场变化随时调整、灵活指挥。在哪里能找到这样精通军事的将帅？这样的军官与其说是寻找得来，毋宁说是训练而成。腓力在位二十四年，训练出的军官团，堪称战争史上最强之一。如果没有这些将领协助，腓力的成就肯定要减少一大半，亚历山大（他本人也曾在腓力麾下受训，长年浸淫于战争艺术）也无法征服他后来所征服的广袤帝国。

亚历山大驾崩之后，腓力训练出的军官团成员纷纷拥兵自立，经过二十余年波澜壮阔的混战，开创各自的帝国，他们得以自由施展各自才华，文韬武略展露无遗（见下文第六章）。多名将领以不同方式，显示出高超的军事才能和杰出的领导能力，比如独眼安提柯、卡迪亚人欧迈尼斯、克拉特鲁斯、帕迪卡斯、托勒密、卡山德、塞琉古和利西马科斯，其中或许以安提柯和塞琉古最为出色。这些将领的军事才能和领导能力并非来历不明：他们在腓力麾下效力二十余载，又辅佐亚历山大征服西亚，军事才能和领导能力不断得到培养和磨砺。著名希腊史专家威廉·塔恩著有一本亚历山大大帝传记（1948），对亚历山大不吝赞美之词；在该书第3章，他如此评价这些将领：

> 这是一群诸侯王，激情、雄心、能力远胜常人。然而他（亚历山大）在世之时，却是另一番景象：帕迪卡斯和托勒密只是出色的带兵将领，安提柯不过是个听话的地方总督，利西马科斯和培松在同僚当中并不起眼。

在笔者看来，塔恩似乎得出了完全错误的结论，关键并不在于亚历山大对这些将领的支配，而在于其父腓力对下属的悉心培养，亚历山大因而可以和多位如此出色的将领共事。亚历山大并非靠一己之力征服波斯帝国，他手下有一群受过严格训练、军事才能过硬的职业军官，他们可以高效执行他的作战计划，与他协同作战，解决一切难题，在必要时也可独当一面，作为主帅替他出征。这些将领之所以精通军事，擅长带兵打仗，是因为他们和亚历山大一样，毕业于同一所学校“腓力军校”。

腓力也并非靠一己之力创建新军队，培养军官团，他非常幸运，能够找到两员较为年长的出色将领辅佐自己：帕米尼奥和安提帕特。二人均出生于公元前400年前后一两年，比腓力年长约二十岁。腓力二十四岁登上马其顿王位，他们已有四十几岁。腓力慧眼识英雄，此二人很快就成了他的左膀右臂，腓力统治期间，帕米尼奥和安提帕特对他忠心不贰，让腓力获益良多。普鲁塔克记载的几件逸事，描述腓力对他们的看法，充分展示了他们对腓力的重要性。腓力整个戎马生涯，以及亚历山大的大部分统治时期，都有帕米尼奥作为国王的副手，他其实是马其顿军队的副统帅，经常担负重任、统兵出征，例如公元前356年，帕米尼奥率领一支马其顿军队，征讨格拉伯斯统率的伊利里亚军队，取得辉煌胜利。就帕米尼奥而言，普鲁塔克如此写道（《掌故清谈录》177C）：“他（腓力）说他认为雅典人实在是幸运，每年都可以找出十个人，选为将军（strategoi）；而他自己留心多年，却只找到帕米尼奥一员大将。”这句话的意思是说：雅典人每年选出的10名将军不过是行政长官，常常缺少真正的军事才能；然而帕米尼奥却是一员出类拔萃的将领，可以让腓力完全信赖。安提帕特也是一员能力出众的将领，腓力和亚历山大经常委以重任，然而腓力更仰仗他处理内政外交事务，当国王亲征离境之时，由安提帕特留守马其顿摄政。普鲁塔克写道（《掌故清谈录》179B）：“在一次战役期间，他（腓力）睡得很晚，醒来后说：‘因为安提帕特醒着，我才能睡得安稳。’”和帕米尼奥一样，安提帕特也是腓力完全信赖的将领，既有能力也有权力，在国王不在之时做任何正确且必要的事情。

这两员得力干将是腓力军官团的顶尖人物，比腓力本人年长很多，大概也辅佐他招募和训练其他将领。可以这样说，在某种程度上，他们和腓力共同打造了新型军队和全新军事体系，是腓力新马其顿王国的共同缔造者。除了这两员位高权重的年长将领，还有一些重要将领差不多是腓力的同龄人，尤以独眼安提柯和波利伯孔最为著名。很可能腓力构建作战体系之时，这些将领就在其帐下听令，与其一同出征，从而可以不断演练这一体系。他们由腓力指挥，在实践中学习，或许也为打造新型军队和全新军事体系献计献策。军官团中还有不少更年轻的将领，因其人数众多显得尤为重要，这些人军旅生涯刚一开始，就在腓力麾下接受严格训练，其中有克拉特鲁斯、帕迪卡斯、菲洛塔斯、托勒密、莱昂纳图斯、卡山德、利西马科斯、塞琉古、赫费斯提翁，以及最为关键的亚历山大本人。教育和训练的古希腊原文是paideia，这些十八九岁的青年男子，在腓力手下接受军事训练，参加战斗，学习为将之道，他们被称为腓力的paides。该词译成英文时，常借用一中世纪形象，译为腓力的“见习骑士”，这些青年实际上是在腓力军中做见习军官。

正如第一章所述，有人认为见习军官制度由来已久，是马其顿君主制的传统组成部分：国王伙伴的子弟借此制度展现忠诚，学会为国王效命。然而一些学者注意到，根据相关文献记载，见习军官制度最早在腓力统治时期就出现了，似乎更可能是腓力本人众多创举中的一个。国王伙伴阶层的贵族青年，在18岁左右会去腓力帐下听令，不断学习如何成为真正的男子汉、马其顿人和武将。他们必须服侍国王，始终陪伴左右，包括在王宫之中、狩猎场上、酒宴之上、疆场之上（作为国王随行卫队成员参加战斗）。在王宫之中和酒宴之上，他们充当卫兵、信使、奉上酒食的侍者，进而学会王宫和酒宴的礼仪，熟悉国王的日常事务。在狩猎场上，他们为国王效劳，尽全力确保后者的安全，参与追踪和捕杀猎物，同时又要让国王展现“第一猎手”的风采。疆场之上是重中之重，他们要参加战斗，保护国王，守卫中军御帐，可以亲眼看见国王如何制订行军作战计划、调兵遣将。他们可能会充当传令兵，将国王命令传达给各个部队及其带兵将领。在战场之上，他们不离国王左右、奋力拼杀。通过这种方式，他们既能观察，又能参与，得以精通一切军政事务，懂得如何带领下属、发号施令，又擅长编组军队、战场搏杀。一旦他们从这一学校“毕业”，得到国王认可，可能会被任命为下级军官，率领步兵或骑兵，之后慢慢晋升，得以指挥更多士兵，方阵长矛兵营、重骑兵中队或采用较轻装备的其他专业兵种，部下可能是马其顿士兵、友军或雇佣兵。

结果，在腓力统治末期，马其顿已经拥有了出色的军官团，多名将领熟知马其顿军队的结构和各个兵种，精通腓力设计的作战体系，能够按照全军的组织架构和作战计划高效指挥各个部队。这些将领由腓力本人精心挑选、严格训练，又有最资深的名将指点提携，腓力可以完全信赖他们的能力，确保令出如山，他们所指挥的军队也足以应对任何战场突发情况。这些将领之后跟随亚历山大南征北战，得以展示杰出的军事才华。亚历山大英年早逝之后，继业者战争又延续多年，各大将领的突出能力更是发挥得淋漓尽致。腓力和亚历山大征服的土地最终由腓力的军官团控制，几大将领瓜分疆土，各自建立希腊化的帝国，这些帝国主宰近东两百年之久，为希腊化文明和希腊化文化的确立提供了必要的条件。

7. 高效的作战体系

腓力之所以能在战场连连得胜，关键在于拥有一套先进的作战体系，亚历山大更是如此。这套作战体系由腓力创建，全军各兵种协同作战，整个过程衔接紧密、环环相扣：马其顿方阵钉住敌军正面部队，迫使其投入战斗；辅助远程兵种在敌军阵线制造混乱；只要敌阵出现缺口，重骑兵便开始冲锋，迂回包抄，打开胜利之门；一旦击溃敌军，高机动性部队便穷追不舍，确保取得决定性胜利。遗憾的是，现有关乎腓力戎马生涯的文献，多半很不完整，仅仅记录他指挥的战役和所取得的胜利，并未描述作战过程。然而借此构建腓力最后一战的场景并非绝无可能，腓力戎马一生，此战最为重要，胜利也最为辉煌。公元前338年，喀罗尼亚战役打响，经此一战，腓力确立为整个希腊的领袖，为马其顿军队日后远征西亚奠定了根基，这次战役展现了腓力已完全成熟的作战体系。笔者认为亚历山大多次赢得重要战役，战果极其辉煌，所采用的正是同一作战体系。

喀罗尼亚战役战场在彼奥提亚北部，小城喀罗尼亚位于一条咽喉要道，东有塞费苏斯河和科派斯湖，西有帕纳塞斯山和赫利孔山，横跨从佛西斯进入彼奥提亚及更远地方的大道。腓力麾下马其顿军队阵容庞大，约有三万步兵、两千骑兵。对面为南方希腊城邦联军，底比斯和雅典军队人数众多，还有多支小股部队来自其他城邦（亚加亚、科林斯、哈尔基斯、麦加拉、埃皮达鲁斯和特洛真）。虽然尤斯丁（9.3）认为希腊联军人数远胜对手，然而很有可能双方兵力其实不相上下。希腊联军横跨大道部署兵力，面朝北方；底比斯军队位居右翼，紧临塞费苏斯河；雅典军队位居左翼，紧靠堤里翁山（帕纳塞斯山支脉）山坡，希腊联军两翼均有天然屏障。腓力亲率伙伴步兵，位居马其顿军队右翼，正对雅典军队。左翼部署有几营方阵长矛兵，多半由帕米尼奥担任总指挥，亚历山大则以某种方式分享部分指挥权。现存记载战役经过的文献，并未提及其他希腊城邦派出的多支小股部队，只能设想他们部署于希腊联军阵线中央，位居底比斯军队和雅典军队之间。

构建喀罗尼亚战役的详细进程并不容易。现存主要参考文献来自西西里人狄奥多罗斯（16.86.1—6），他对这场战役的记载明显有

《荷马史诗》的风格，大肆渲染腓力本人及其子亚历山大的勇武，将这场战役描述成了一场竞赛：父子二人争先恐后，依靠个人表现赢得战斗胜利。这一记载也透露出以下信息，亚历山大在马其顿阵线两翼之一担任重要将领，正对敌方底比斯军队，而腓力则亲率阵线另外一翼，正对敌方雅典军队。在亚历山大所在侧翼，还有“最值得尊敬的将帅”，其中肯定有帕米尼奥。亚历山大带领一支部队率先突破敌军阵线，导致底比斯人溃不成军。与此同时，腓力亲率“精锐士兵”［伙伴步兵（pezetairoi）］，击退雅典人，进而将其彻底击溃，大获全胜，一千多雅典士兵被杀，更有两千余人被俘。就狄奥多罗斯的记载而言，他对军队的部署以及战役的实际进程着墨甚少，却让读者感觉腓力和亚历山大的勇武堪比古时的阿贾克斯和阿喀琉斯。

狄奥多罗斯的记载过于简略，幸好还有不少其他文献可以提供参考，补充一些重要细节，让战役的全过程得以真实再现。公元2世纪军事谋略案例编撰家波利艾努斯这样写道：腓力亲率右翼对阵雅典人，命令部下有序撤退，诱使雅典军队向前进攻（波利艾努斯4.2.2）；雅典士兵相对缺乏战斗经验，很快便精疲力竭，腓力随即命令麾下百战老兵发起猛攻，雅典人很快就溃不成军（波利艾努斯4.2.7；另参弗朗蒂努斯《谋略》2.1.9）。普鲁塔克在《佩洛皮达斯生平》（18）中写道：底比斯圣军（精锐部队，有三百名士兵）部署在希腊联军阵线最右端，正对马其顿长矛兵方阵，浴血奋战、全部阵亡。普鲁塔克又在《亚历山大生平》（9）中写道：亚历山大冲锋在前，最先“突破”圣军阵线。众所周知，底比斯圣军三百士兵全部战死当场，普鲁塔克也对此加以确认。显而易见，这支知名军队最后已陷入重围。有一点值得注意，著名的“喀罗尼亚雄狮纪念碑”，是底比斯圣军坟墓所在之处的传统标志，经过发掘，在雕像之下发现二百五十四具遗骸，这似乎也在证实底比斯圣军确实陷入重围、全军覆没。

综合考虑上述内容，获得最普遍认可的战役经过如下：在腓力的作战体系里，由重骑兵出任打击力量，向敌阵缺口发起冲锋，直接穿透敌阵，再从后方攻击敌军。现有文献记载不全，没有特别提及重骑兵在此次会战中的作用，然而亚历山大后来率先突破敌阵，身后紧跟伙伴卫队，他很可能位居左翼，负责指挥大队重骑兵。此次会战，腓力遇到一大难题，敌军两翼都有天然屏障保护，而腓力大军左临塞费苏斯河，右靠堤里翁山，无法迂回包抄敌军，要想突破敌军阵线，必须先在敌阵打开较大缺口。希腊联军阵线由不同军队拼凑而成，给了腓力可乘之机。马其顿军队右翼伙伴步兵训练有素、极为可靠，腓力命令他们向后撤退，诱使对面雅典军队向前进攻。希腊阵线中部各城邦联军只得奋力向前，与雅典军队同步前进，免得阵线割裂，与其失去联系，在底比斯军队左侧的希腊友军也只得向前进攻，尽量与阵线中部联军保持同步。这样一来，南方希腊联军阵线被拉得过长，而底比斯军队主力正对帕米尼奥指挥的马其顿长矛方阵，后者几乎不可撼动，底比斯主力无法前进，底比斯阵线最终出现了一个缺口。时机已到，看到敌阵出现缺口，亚历山大领命，率领重骑兵全速突击，快速穿透敌阵，从后攻击底比斯右翼。底比斯军队大多逃散，陷入重围的“圣军”，裹血力战、全部阵亡。腓力看到策略奏效，希腊联军右翼已被击溃，随即命令精锐部队停止撤退，对雅典疲惫之师发起无情猛攻，直至将其击溃，大获全胜。

如此作战体系正是“剑盾战术”的经典案例。长矛步兵方阵队形庞大、令人生畏，移动速度较为缓慢，在战场之上如同坚“盾”。

因马其顿方阵正面极其强大，敌军不敢将侧翼和后方暴露给马其顿长矛，只能正面迎击，这样一来，长矛兵方阵就将正面敌军“钉在”原地。此时辅助兵种采用各种策略，试图在敌阵制造混乱，打开缺口。一旦敌阵出现缺口，重骑兵就如利“剑”出鞘，全速突击，击穿敌阵，从侧翼和后方发起攻击，与正面长矛兵方阵合力击溃敌军。马其顿方阵各营长矛兵必须共同进退、步调一致，确保正面无懈可击，并适时出击压制敌军阵线。辅助兵种肩负特别任务，必须在正确的时间高效完成任务，使敌方阵线出现混乱，进而打开缺口，以便重骑兵发起冲锋。一旦敌阵出现缺口，适合出击，重骑兵必须把握战机，全速冲锋，同时切忌对小股败兵穷追不舍，应当适时转向，从后方攻击敌军主力，确保大获全胜。这种作战体系虽然复杂，却极其高效，作战效果完全取决于各部队、各兵种能否高效协同，各司其职，把握战机。换言之，这种作战体系完全仰赖各个部队的优秀指挥官，每位将领均熟知整个作战计划，且能率领部下完成既定任务。

审视亚历山大指挥的各大战役，便可发现其父的作战体系无处不在：公元前334年格拉尼卡斯战役、公元前333年伊苏斯战役、公元前331年高加米拉战役；虽然亚历山大因战场地形和局势的不同作出相应战术调整，但整个马其顿军队仍然在遵循腓力所设计的作战体系。长矛步兵方阵正面压制敌军，迫使后者正面列阵、保持队形。而后远程辅助兵种杀出，骚扰敌军阵线，试图在敌军不同部队之间制造混乱、打开缺口。一旦敌阵出现缺口，亚历山大亲率骑兵快速突击，击穿敌阵，从侧翼和后方包抄敌军。虽然现存文献对腓力的作战体系记载不全，然而亚历山大指挥的各大战役却能证实这一作战体系的具体情形，进而阐明腓力的精兵猛将训练体系是何等重要。虽然亚历山大大帝的超凡领袖魅力对于运转整个军事体系不可或缺，然而波斯帝国的征服者却是腓力打造的军队和军官团。

8. 军政合一马其顿

在本章开头，笔者就已断言马其顿军队实际上拥有（或者就是）马其顿王国。因此腓力励精图治，打造马其顿军队的过程，同时也是打造马其顿王国的过程。正如第一章所述，曾有很多古代史学者持有完全相反的观点，认为在腓力登基之前，真正意义上的马其顿王国和“马其顿宪法”就已经以某种形式存在。这种观点认为，马其顿王国由“持有武器者”构成，即所有在军中服役的适龄“马其顿”男性（能够武装自己，作为战士出征），而且这些“持有武器者”有权执行宪法，通过集会表决选出新国王，以鼓掌欢呼表示通过，也可作为“最高法院”成员审理国王认定的叛国案件。“腓力之前存在古马其顿宪法”，近几十年来，这一观点受到毁灭性批判，仍然赞同的史学家现已寥寥无几。事实上，根本无法证实哪一位马其顿国王，是“持有武器者”通过集会选举和鼓掌欢呼产生的。最为接近的案例是亚历山大大帝的异母兄长阿瑞戴伍斯，公元前323年，此人被立为挂名国王，登基后改用父名腓力，然而这完全是非常时期的非常之举。事实上，有几位马其顿国王暴力篡位，才得以登上王座。也无任何文字记载表明有任何叛国案件是由“持有武器者”审理。最接近的案例是亚历山大大帝曾几次召集军兵，以叛国罪名审判几名广受士兵爱戴、位高权重的高级将领，然而此举不过是想让军队相信这些将领确实有罪。

要想让马其顿人"持有武器"，并让集会执行某种形式的"宪法"，马其顿必须统一，马其顿居民必须具备民族认同感和共同目标，同时要有大批马其顿成年男子拥有武器，充当战士，换言之，必须有一支马其顿军队存在。正如第一章和第二章所述，在腓力登基之前，这些条件无一存在，腓力登基之后，才打造了真正意义上的马其顿军队，拥有了训练有素的步兵军团，也正是腓力统一了马其顿，塑造了民族认同感，建立了共同目标。简而言之，腓力才是马其顿王国的真正缔造者。

当然，在腓力登基之前，已经有某种马其顿民族认同感存在，确有一些族群被称为马其顿人，这些人在某种程度上也认为自己是马其顿人，但是这并不意味着存在真正意义上的马其顿王国。可以对比19世纪中叶以前四分五裂的德意志人和意大利人，二者最终各自统一为单一民族国家。也可对比今天的库尔德人，虽然属于同一民族，使用同一种语言，却分属四个不同的国家。在腓力登基之前，根本无法界定哪些人真正认为自己是马其顿人，又有哪些人被非马其顿人看作马其顿人，这要归因于马其顿尚未统一、四分五裂，分成多个独立小国：林库斯、奥雷斯提斯、艾利梅阿，诸如此类。强悍邻邦也经常入侵马其顿，占领本属马其顿的土地。因此，所谓的马其顿民族认同感变幻不定、极其脆弱。随着时间的推移，马其顿的疆界变化相当之大，"马其顿人"这一概念所涵盖的范围也在不停变化，"马其顿民族认同感"并不是基于某种共有的社会政治制度。因此在腓力之前，真正意义上的马其顿王国并不存在。

腓力彻底改变了这一切，他创建了马其顿历史上首个真正高效的步兵军团，兵力庞大、组织严密、训练有素、纪律严明。从那时起，极具马其顿特色的武器装备才登上历史舞台，马其顿小圆盾和超长的马其顿长矛，与之相伴的是极具马其顿风格的作战方式。正是从腓力的时代开始，小圆盾和长矛成为马其顿民族认同感和自豪感的标志。换言之，腓力组建马其顿长矛兵方阵，此举打造了马其顿“持有武器者”阶层。年复一年、战果辉煌的方阵长矛兵生涯，使得腓力所打造的马其顿武士阶层具备了凝聚力、认同感和共同目标，进而为单一民族国家的出现夯实了基础。此外，腓力又扩充马其顿骑兵部队，加以改良，使之首次成为一支真正的马其顿军队，而非之前各大贵族地主私人武装组成的杂牌军。腓力打造的王国军队纵横天下、胜仗无数，最终统一全境，确立了稳定的马其顿版图，为马其顿王国提供了必不可少的国土。

马其顿王国具有军事性的制度结构和统治体系，全国各个地区各是不同的兵源地，公民身份必须通过军中服役加以体现。国王同时是军事统帅，主要通过对军队的有效掌控来彰显其领袖地位。王国精英阶层由旧贵族和腓力提拔的新贵组成，成员经paideia军官训练体系淬炼，具备出色军事才能、优秀统兵能力和对全军统帅（马其顿国王）的绝对忠心。正如霍亨索伦家族历代君主统治的普鲁士一样，腓力及其继任者统治的马其顿，与其说是一个有军队的国家，不如说是一支有国家的军队。

拜占庭综合性百科全书《苏达辞典》，保存有王位（basileia）一词的释义，释文显然取自公元前4世纪末或前3世纪初的某一文献，这一释文常被用来描述亚历山大的继业者们：

> 君之所以为君，并非仰赖血统（phusis）或继位合法性（to dikaion），乃是靠文韬武略：武能统御三军，文能治国安邦；腓力和亚历山大的继业者正是此等人物。

虽然这里直接提到腓力，奇怪的是很少有人引用这段话描述腓力。正如这段释文所指，腓力创建了一支强大军队，统兵有方，打造了一个强盛的军事化王国，大大提升了马其顿人的凝聚力和安全感，为其创造了稳定繁荣的社会环境，进而确保王位稳固，赢得了马其顿人的忠诚。正因为如此，就算亚历山大在撒马尔罕大宴群臣之时，正值权力巅峰、风光无二，然而较为年长的将领，如“黑人”克雷塔斯，却坚持认为其父腓力更为伟大；正因为如此，亚历山大驾崩之后，尽管腓力另一子阿瑞戴伍斯有智力缺陷，马其顿军队却执意拥立此人登基，并给他改名腓力，以此纪念他伟大的父亲。毫无疑问，腓力才是马其顿真正的国父。

第五章
亚历山大的统治

公元前336年春，腓力达到权力巅峰、功成名就，公元前360/359年即位之初所盼望和计划的一切均已实现，而且有过之而无不及。马其顿兵强马壮、繁荣稳定、版图大大增加，境内城市快速发展，马其顿人的生活欣欣向荣，经济更是在他统治期间取得了长足发展。多瑙河以南的巴尔干半岛各族群，要么被马其顿王国直接统治，要么已被马其顿有效掌控，已无法对马其顿的安全构成威胁。希腊北部、中部、南部的城市和族群，要么属于马其顿王国的一部分（如哈尔基季基人和塞萨利人），要么加入一个广泛的联盟体系，由马其顿居首，腓力出任盟主（Hegemon）。马其顿军队是成就这一切的工具，规模之大、实力之强前所未有，堪称整个巴尔干和整个希腊有史以来兵力最庞大、装备最精良、训练最有素、指挥最高效的军队。腓力已经做好准备，转向更大更新的目标，开启戎马生涯的新篇章，他正准备与波斯帝国一较高低，将马其顿版图和希腊文化及语言扩展到西亚。是年初春，帕米尼奥率领一支先头部队（主要由雇佣兵构成，兵力约有一万），渡过赫勒斯滂海峡（达达尼尔海峡），进入小亚细亚西北部，着手建立桥头堡，为腓力亲率的马其顿军队主力铺平道路，预计同年夏天就可打造稳固基地，可让腓力在合适的季节远征小亚细亚。

帕米尼奥忙于建立东征基地，小亚细亚西海岸希腊殖民城市，南至以弗所，均愿效忠马其顿。与此同时，腓力正在马其顿旧都埃迦伊举行盛大庆典，借此回顾过去的辉煌成就，又展望即将开始的新征程。庆祝活动围绕一场婚礼进行，新娘是腓力与奥林匹娅斯之女克利欧佩特拉，新郎是新娘的舅舅摩罗西亚的亚历山大。庆典包含一场盛大游行，部分军兵列队前进，同时将诸神雕像运往庆典演出所在地埃迦伊剧场。腓力为整个游行队伍殿后，其子亚历山大和新女婿（同时也是妻弟）亚历山大左右护驾。在剧场入口，两位亚历山大先行进入，这样腓力可以最后现身，成为全场焦点，作为整个希腊的领袖和捍卫者独享荣耀。正当腓力独自一人提步向前之时，从禁卫军中突然冲出一人，一剑刺死了腓力。此人是一名禁卫军官，名为保萨尼阿斯，对腓力心怀怨恨，正好借此良机发泄怒气。有史以来最伟大的马其顿国王，处于权力的巅峰，年约四十七岁（生于公元前383年前后，死于前336年6月初），正值盛年，竟然以如此方式辞世，生命戛然而止。禁卫军随即抓捕刺客，当场处死，如此一来，已然无法得知，行刺是个人行为，还是受人指使、另有同党。

行刺如此突兀，阴谋论自然而然不断发酵，并且一直流传至今。所谓官方说法涉及两个同名青年侍卫（保萨尼阿斯）与腓力的同性恋情，其中因由颇为肮脏污秽。史学家狄奥多罗斯对此记载较为详细，亚里士多德的记载则较为简略，或许这一故事情节太详尽污秽，显得不太可信。由于亚历山大得以继位，直接从这一变故获利，果不其然，随即传言四起，声称保萨尼阿斯不过是受人指使，亚历山大与其母奥林匹娅斯才是幕后黑手。另一方面，亚历山大亲自下令逮捕林库斯统治家族两名贵族青年：阿垃皮阿斯和赫若梅内斯，随后以同谋刺杀腓力之罪名处决二人。然而这可能是强加之罪，不过是以此为借口铲除两名势力过大的贵族而已。就腓力之死而言，尽管相关文献汗牛充栋，事实却是除保萨尼阿斯杀死腓力之外，今人再无法知道更多真相，不得不就此打住。

1. 亚历山大的继位过程

一代雄主遇刺身亡，局势动荡混乱，独有一人保持镇定，便是腓力左膀右臂之一、前朝元老重臣安提帕特。此人即刻意识到当务之急乃是拥立新君登基，当即指挥腓力贴身卫队保护王子，禁卫军前呼后拥，护送亚历山大前往附近王宫以确保其安全。安提帕特又在王宫召集在场的马其顿大贵族，主持紧急会议，宣布亚历山大为新任国王，随后差遣信使前往小亚细亚，告知帕米尼奥旧主驾崩、新君登基。帕米尼奥随即表示拥立亚历山大登上王位。因此，亚历山大接替伟大的父王腓力，成为马其顿国王，时年二十岁。无人会对这一结果感到意外，显而易见，腓力按王储的标准，已将亚历山大公开培养了至少七年时间。亚历山大十三岁时，腓力把大哲学家亚里士多德请到马其顿，聘为王室教师，负责教育亚历山大及其同龄贵族伙伴。亚里士多德任教三年，所获薪酬甚为丰厚，得以在返回雅典之后，创办著名的莱森学园（Lykeion）。公元前340年，腓力与军中元老远征赫勒斯滂海峡（达达尼尔海峡）和博斯普鲁斯海峡沿岸地区，由亚历山大监国，留守马其顿，掌管“御印”（有权处理军政事务，发号施令），时年十六岁。公元前338年的喀罗尼亚大战，确立了腓力对整个希腊的领导权，此战十八岁的亚历山大负责指挥马其顿重骑兵，发挥了决定性作用，正如第四章所述，亚历山大亲率重骑兵冲锋陷阵，确保整个战役获得胜利。而在公元前336年的盛大庆典之上，腓力遇刺身亡之前，居于庞大游行队伍之末，左右各有一人：一人为新女婿摩罗西亚的亚历山大，另一人为王子亚历山大。毫无疑问，所有这一切表明，亚历山大就是腓力选定的王储。

公元前336年之前数年，腓力和亚历山大确实关系紧张、摩擦不断。现存文献喜欢过度渲染二者的紧张关系，通常对亚历山大加以赞扬，过多的细节非但没有提高这些故事的可信度，反而使之有所降低。据记载，公元前338年底，腓力迎娶一年轻女子，这是他的第七位王妃，父子二人的紧张关系开始浮现。腓力之前所娶六位王妃皆非马其顿人，均为政治联姻，各为巩固不同盟约。据不同文献记载，第七位王妃却是马其顿女子，名为克利欧佩特拉或欧律狄刻，出自大贵族家庭，此女叔父及监护人是腓力手下高级将领阿塔罗斯。二者的婚姻被描写成了自由恋爱的结果，年迈国王（其实不过四十五岁左右）和貌美姑娘的浪漫爱情故事。就像其他马其顿酒宴一样，婚宴之上，众人饮酒甚多，阿塔罗斯席间敬酒，祝新娘早日为腓力生下嫡子。亚历山大显然对此话相当反感，试图跟阿塔罗斯动武，已然醉醺醺的腓力和在场宾客及时加以阻止。

一些学者就这一事件作出大量解读。有人认为马其顿贵族鄙视亚历山大的半伊庇鲁斯血统（其母奥林匹娅斯是摩罗西亚人），认为马其顿女子所生的王子才有资格继承王位。然而这种说法罔顾事实，腓力本人也是半马其顿血统，其母欧律狄刻是伊利里亚人。阿塔罗斯和支持他的贵族该如何向腓力解释，王子父母皆是纯正马其顿血统，才有资格继承王位？这种观点显然是无稽之谈。还有人认为阿塔罗斯实际上是在质疑亚历山大的王储资格，腓力并非其生身之父，其母奥林匹娅斯与人偷情、珠胎暗结。如果事实果真如此，为何腓力公然将亚历山大作为王储来培养？在此不得不提及古代婚姻的真正内涵：不是爱情，也非浪漫，而是生育子女。正如一雅典无名演说家的名言所说（见德摩斯梯尼补遗59.122）："歌伎（hetairai）用来纵情享乐，妾室用来每日侍寝，妻子用来生儿育女。"在古希腊，婚宴之上祝愿新娘为新郎生儿育女（当时妻子的首要职责），是婚礼必不可少的环节，已成惯例。腓力只有两个儿子：次子亚历山大和长子阿瑞戴伍斯，后者又有智力缺陷。腓力按计划即将开始东征，远征之路，危险重重，他和亚历山大都有战死的可能。毫无疑问，腓力愿意再多生一两个儿子，以确保能有嫡子继承王位。

也就是说，阿塔罗斯的祝酒词并无不妥，问题出在亚历山大的反应上。为何阿塔罗斯的言语能让亚历山大当场勃然大怒？如今只能加以猜测，酗酒是诱因之一。众所周知，和其父腓力以及众多马其顿贵族一样，亚历山大也在宴会之上豪饮无度。而且亚历山大对于个人荣誉极其敏感，如果感到被人轻看，很容易大发雷霆。最臭名昭著的实例如下：公元前327年，亚历山大大帝在撒马尔罕大宴群臣，席间高级将领"黑人"克雷塔斯讲了一番话，大意是先王腓力比亚历山大更为伟大，亚历山大闻听此言，勃然变色，从身边侍卫手中夺过一柄长矛，当场刺死克雷塔斯，而在当年格拉尼卡斯大战中，克雷塔斯对亚历山大是有救命之恩的。毫无疑问，在腓力的第七次婚礼上，正当亚历山大豪饮之时，阿塔罗斯致祝酒词，其实并无出格之处，然而醉态难掩的亚历山大却感觉此话极其刺耳，随即扑向前者。腓力的反应毫无不妥，及时出手保护阿塔罗斯，阻止亚历山大行凶。后者对此怒不可遏，随即带着母亲奥林匹娅斯离开马其顿。过了几个星期，或许过了几个月，双方都冷静下来之后，亚历山大和奥林匹娅斯接到邀请，得以重返马其顿，前者的王储地位显然未受影响。

然而亚历山大仍是如此敏感。不久之后，父子关系因一联姻事件再度紧张。公元前337年，卡里亚统治家族首领皮克索达鲁斯，已获波斯国王认可，被封为卡里亚总督，此人得知腓力即将入侵西亚，主动提议将女儿嫁与腓力一子，暗示一旦时机成熟，自己愿意变换阵营，与腓力结盟。腓力打算让长子阿瑞戴伍斯迎娶皮克索达鲁斯之女，亚历山大闻听此事，再次感到被轻看，随即大发雷霆。他通过一些中间人告知皮克索达鲁斯，自己才是更好的人选，愿为女婿。然而腓力听说此事之后，当即终止联姻，他非常恼怒，告知亚历山大其中缘由，区区一个卡里亚统治家族首领，岂能做马其顿王储的岳父，并责令亚历山大以后采取任何行动之前要先想清楚。亚历山大的几个朋友，因充当中间人而被逐出马其顿，亚历山大羞愧得无地自容，只得接受父王的批评，而可能会大有用处的联姻机会就这样没了，皮克索达鲁斯随即将女儿嫁给一名波斯贵族。父子关系两度紧张，都是源于亚历山大敏感冲动的个性，以及两大强势人物之间不可避免的摩擦。一般说来，父亲和十几岁的儿子发生摩擦是一种普遍现象，即便父子二人不像腓力和亚历山大那样强势自负，摩擦也难以避免。两次摩擦事件虽然造成了一定混乱，却有极其深远的影响，直到最后，亚历山大还是腓力重点培养、当众承认的唯一王储。腓力的左膀右臂安提帕特和帕米尼奥，深知先王的计划和意图，在腓力驾崩之后，马上支持亚历山大登基，后者得以顺利登上马其顿王位。

腓力和亚历山大均在年轻时登上王位，前者登基时二十四岁，后者登基时二十岁。这里很有必要指出，二者即位之初的处境有天壤之别。腓力即位之时，马其顿军队主力刚刚全军覆没，灾难性失败余波未散，而且马其顿积弱多年，至少已有数十年四分五裂，现在又四面受敌，大军压境，王国已经处在彻底崩溃的边缘。相比之下，亚历山大继承了一个强大而统一的王国，贵族阶层和普通百姓对国王既忠诚又顺从，马其顿军队的兵力和战斗力在地中海东部首屈一指，由训练有素、极其出色的军官团指挥，过去二十年横行天下、胜仗不断、军事成就无与伦比。此外，腓力能登上王位完全出人意料，继位顺位排在两位兄长之后，由于不大可能登基，从未作为王储重点培养。而亚历山大却为将来统率军队和统治王国受过最好的训练，师从亚里士多德，又有腓力左膀右臂安提帕特和帕米尼奥指点提携，更重要的是有腓力本人亲自教导。

但这并不意味着亚历山大统治其父留下的帝国不会遇到困难。腓力还有一个侄子阿明塔斯，是腓力兄长兼前任国王帕迪卡斯三世之子，此时年约三十岁。腓力几乎将这个侄子视为己出，细心抚养长大，毕竟在腓力统治马其顿的前十到十二年，亚历山大尚未长大成人、显露才华，一旦腓力突然驾崩，阿明塔斯就是最合适的接班人。王妃伊利里亚女子奥妲塔，为腓力生长女库娜涅，腓力将库娜涅嫁给阿明塔斯之时，离他遇刺身死还有几年。这样一来，阿明塔斯的子女不但是腓力的侄孙，也是他的外孙。换言之，阿明塔斯还是有很大的可能继承王位。腓力死后，他作为前国王之子，显然不甘称臣，决定借机起事，叫板亚历山大，挑战王位继承权，然而马其顿贵族阶层却无人响应，显而易见，各大贵族按照腓力的意愿行事，和安提帕特一道拥立亚历山大为新任国王。阿明塔斯很快就被擒获，随即处决。

就亚历山大的王位而言，更严峻的挑战来自外部：周边非马其顿族群逢此剧变，皆起不臣之心。腓力几次对马其顿以北巴尔干各族群用兵，经过长年苦战才将其降伏。现在腓力已死，亚历山大能否稳住局面，还是未知之数。毫不奇怪，一些部族，像特里巴利人、部分伊利里亚人，都觉得机会来了，企图完全独立。亚历山大对此作出快速反应，亲率大军，全副武装，取道色雷斯向北进军，色雷斯人胆战心惊，再无战意，随后又进入多瑙河沿岸特里巴利地界，特里巴利人也被迫臣服。海军舰船早已从黑海沿多瑙河逆流而上，与亚历山大成功会师，后者随即渡过多瑙河，向大河北岸塞西亚各部落耀武扬威，军威尽显之后再次渡过多瑙河，返回南岸，他又快速向西进军，到达伊利里亚地界。马其顿军队的高效精悍在伊利里亚人面前显露无遗，几次小规模战斗就足以让伊利里亚人拥立新君，不再轻举妄动。

与此同时，希腊南部各城邦使节频繁互访，商讨就此反抗马其顿强权统治是否明智。底比斯人完全赞同叛乱，但尚有自知之明，并不愿单独行动，他们希望其他希腊城邦能和自己并肩作战，雅典人能否参与尤为重要。然而喀罗尼亚大战的惨痛教训刻骨铭心，甚至连反马其顿的德摩斯梯尼也呼吁谨慎行事，雅典人决定继续观望，静观其变。有人谣传马其顿军队在伊利里亚遭受挫败，亚历山大丧命，底比斯人信以为真，大受鼓舞，决定单独行动。公元前335年春，亚历山大亲率大军南下，一马当先，攻入彼奥提亚。底比斯人不愿与太过强大的对手正面交锋，将全部居民撤入城中，准备凭借高墙坚城固守不出。然而不幸的是，围城战持续时间并不长，底比斯很快就被攻破。底比斯军队轻率突围，大败而归，方阵长矛兵指挥官帕迪卡斯率领步兵紧追败兵，趁乱冲进城门，攻入城中，底比斯城陷落。亚历山大为确保将来东征期间，希腊南部城邦不再制造事端，决定杀一儆百，屠杀底比斯全部成年男子，妇女儿童被卖为奴，彻底摧毁底比斯城，土地由其他几个彼奥提亚城邦瓜分。作为希腊最古老、最著名的城市之一，底比斯城就此不复存在。如此暴行，足以使其他希腊南部城邦心胆俱裂，他们齐聚科林斯城，拥护亚历山大继承腓力、继续担任整个希腊的领袖，再次承诺将来派出联军，与马其顿军队同心协力，征讨波斯帝国。就亚历山大东征波斯帝国的经过而言，后人已经用尽各种方式加以描述，从冷静客观的叙述到玄幻离奇的描写，从歌功颂德到口诛笔伐，以及介于两个极端之间的各种写法。鉴于近年来也有很多此类书籍出版，已对这段历史做了深入探讨，本书不妨删繁就简。

2. 亚历山大的征服之旅

亚历山大作为史上最伟大的征服者之一被人铭记，更是因此名扬天下。从公元前336年登上王位，到前323年英年早逝，他不过在位短短十三年，却征服了整个西亚：西到地中海，东接兴都库什山脉和印度河河谷，北至黑海和里海南岸，南临印度洋和波斯湾，而且还曾进军北非，将埃及纳入版图。这样的成就足以令人惊叹不已，然而只要换另一种说法，给人的印象就没有如此深刻，此次东征耗费十年，阿契美尼德王室和波斯贵族阶层最终失去了祖宗基业，亚历山大和他的军队控制了整个波斯帝国，并将帝国边界稍作扩展，势力延伸到今日的巴基斯坦境内。笔者认为，后一种说法才是对亚历山大功业更确切的描述。如果没有从父王那里继承的无敌之师，或许他会一事无成，与其说亚历山大征服西亚，不如说他麾下的那支军队才是征服者。要想建立一个帝国，最简单的方法莫过于征服一个已经存在的帝国，帝国境内各个族群已被武力征服，愿意向君主俯首称臣、缴纳赋税（棘手的内部问题已经解决），只需击败帝国军队主力，便可得到整个帝国。总的来说，帝国境内的臣民能够接受改朝换代，因为对他们来说，只要赋税没有加重，政令不是太过苛刻，换另一位君主征收赋税、发号施令，似乎也没有什么不同。

公元前334年春，亚历山大离开欧洲海岸，渡过赫勒斯滂海峡，在亚洲海岸登陆，背后是庞大的远征部队，约有四万兵力。其中约有半数是马其顿士兵，另一半则由希腊南部城邦联军及雇佣兵、马其顿以北以东各部族军队组成。亚历山大麾下最重要的将领有以下几人：帕米尼奥为远征军副统帅，帕米尼奥二子菲洛塔斯和尼卡诺分别指挥马其顿重骑兵（约一千八百骑兵）和精锐步兵卫队（约三千兵力）。步兵卫队原名伙伴步兵（pezetairoi），现已改名为持盾步兵（hypaspistai）。在进入亚洲之前的某个时候，亚历山大给精锐部队改名，借此激发士气，提高士兵对自己的忠诚度。史学家兰普萨库斯的阿那克西米尼记载了此事，相关片段已在第四章引用过，在腓力的时代，伙伴骑兵指国王的贴身骑兵卫队，约有八百骑兵，亚历山大则将这一称谓扩展到整个马其顿重骑兵部队；伙伴步兵原指精锐王室步兵卫队，亚历山大将则这一称谓扩展到整个马其顿方阵长矛兵部队（据说后来还有一些精锐步兵营使用了神秘称谓asthetairoi）。正如阿那克西米尼所说，这一做法旨在让“骑兵队和步兵团都能分享王室hetaireia（伙伴资格），他们应该会精忠报国”。

征服波斯帝国的伟业主要通过三场伟大战役达成，时间跨度前后达四年之久：格拉尼卡斯战役（公元前334年夏初，战于小亚细亚西北部）、伊苏斯战役（公元前333年夏末，战于叙利亚西北部）和高加米拉战役［公元前331年夏，战于美索不达米亚北部（今伊拉克）］。除了这三大战役之外，亚历山大还数次进行攻城战，特别是公元前334年夏，围攻小亚细亚西南部的哈利卡尔那索斯；公元前333年底，进攻腓尼基（今黎巴嫩）城市推罗，史诗般的攻城战长达七个月之久。公元前332年，亚历山大入侵埃及，后者直接投降，因为埃及人憎恶波斯人；公元前343年，波斯帝国才再次征服埃及，后者之前已独立超过五十年；埃及人欢迎亚历山大的到来，视之为大救星。公元前331年之后，波斯帝国大部已经视亚历山大为新国王。东征大军又在巴克特里亚和索格狄亚那（今阿富汗）耗时数年，终于将波斯帝国东部纳入版图。公元前327年，亚历山大继续进军，穿过开伯尔山口，进入印度西北部（今巴基斯坦），击败当地各王公（尤其是波罗斯）的军队；击败印度国王波罗斯的海达斯佩斯战役，是亚历山大指挥的第四大战役。公元前325年，由于军队向自己施压，亚历山大被迫离开印度，率军西归；公元前324年，重返伊朗；公元前323年，重返美索不达米亚，是年仲夏，驾崩于巴比伦。

亚历山大大帝登基之后，为巩固马其顿国王之位，花费大量金银赏赐贵族阶层和王国军队，结果导致国库空虚，据说几乎无钱可用。

公元前334年，亚历山大远征亚洲，出发之时仅能携带一个月的军饷。这意味着他急需在小亚细亚抢占新领土，从而获得金钱和补给，以便继续进军，因为即便马其顿本土能够提供大量金钱和补给，也很难及时运到前线。在古代，大宗货物运输主要是通过海路，然而庞大的波斯舰队已经掌握了制海权，控制了海上航道，因此，亚历山大必须尽快与对手会战，并且战而胜之，才能获得能够提供军需的土地。东征首战对手是小亚细亚的波斯地方督抚，后者调集各自辖区驻军，组成联军。离赫勒斯滂海峡不远，有一条小河，名为格拉尼卡斯，波斯大军在此河东岸列阵。为帮助前线的总督们击退亚历山大，波斯国王大流士三世派遣一支庞大希腊重装步兵雇佣军前去助阵（据说有两万兵力，这个数字似乎有些夸大），这支雇佣军由希腊名将罗德岛人门农指挥，他也将担任前线波斯总督们的军事顾问。

马其顿军队需要尽快获取土地和战利品，必须速战速决。门农非常清楚亚历山大的处境，为波斯人提出以下策略：应当不惜一切代价避免会战，同时采取“焦土政策”。波斯军队应当离开格拉尼卡斯河，退往内陆，进入小亚细亚腹地，迫使亚历山大领兵追赶，从而诱敌深入。撤退之时，运走一切物资，烧毁所有农田和定居点，水井和泉源全部下毒，尽可能让亚历山大的远征军无粮可吃、无水可喝。与此同时，派出快速机动的轻骑兵和轻步兵，骚扰偷袭行进中的马其顿军队以及外出找粮的小股部队。门农建议：奉行如此策略一个月之后，马其顿远征军应该已经筋疲力尽、士气低落，此时可选择在有利地形与亚历山大正面交锋。然而波斯总督们却如此回应：波斯人没有临阵脱逃、消极避战、自毁家园的习惯。波斯骄横之师以征服者自居，决定迎击亚历山大，自信能克敌制胜。如此一来，正合亚历山大的心意，他率军西来，抵达格拉尼卡斯，发现波斯军队已在河对岸等候多时。由于这支敌军由小亚细亚各省守备部队组成，只要亚历山大能战而胜之，占领整个小亚细亚就如同探囊取物一般。

整个战斗过程可以说是直截了当。波斯军队颇为狡猾，在河东岸列阵，迫使亚历山大只能率军通过河床，才能发起进攻，所处地形相当不利。然而波斯人排兵布阵却犯了一个根本性的错误，从而大大降低了亚历山大取胜的难度。波斯人并不信任门农及其希腊雇佣兵，将这支军队作为预备队部署在阵线后方。按照波斯人的设想，亚历山大率军奋力过河之时，必会阵形大乱，可趁此机会发起攻击，因此将精锐部队（波斯骑兵）直接部署在东岸。然而重装步兵擅长坚守阵地，以静止状态攻击敌军；骑兵却在高速移动时才能发挥最大威力，全速冲锋陷阵或从侧翼包抄敌军。波斯军队的排兵布阵非但没有扬长避短，反而完全是以短击长，希腊重装步兵雇佣军应当部署在岸边，阻止敌军过河；骑兵应当部署在阵线后方，一旦有敌军突破步兵阵线或企图迂回包抄，可立即发起冲锋将其击退。亚历山大亲率右翼马其顿重骑兵，同时命令方阵长矛兵各营统领尽快率军过河，帕米尼奥则率领友军塞萨利骑兵护卫方阵左翼。与此同时，小股轻骑兵、弓箭手、投石兵为重骑兵开路，率先过河，骚扰敌军阵线。亚历山大审视战场地形，发现河对岸有一段碎石斜坡便于冲上河岸，随即命令骚扰部队集中火力攻击此处敌军。不久之后，该处敌阵出现了足够大的缺口，骑兵冲锋时机已到。亚历山大当即率重骑兵冲锋，全速过河，冲上碎石斜坡，突入敌阵，随后转向冲击敌军中军，准备席卷敌军阵线。

亚历山大就这样率军快速取得了压倒性胜利。在重骑兵猛攻之下，波斯阵线陷入混乱，各营方阵长矛兵和辅助部队塞萨利骑兵趁机过河，冲上河岸，加入战斗，助亚历山大和马其顿重骑兵一臂之力。激烈战斗出现了惊魂一刻，一名波斯骑兵攻击亚历山大，挥剑砍中其头部，亚历山大靠着头盔保住了性命，然而头盔的一部分也被重击砍落。当他杀死这名骑兵之时，又一波斯骑兵冲到近前，见其头部已失去防护，直接猛砍。亚历山大离死只差一步，千钧一发之时，重骑兵皇家中队统领“黑人”克雷塔斯抢先一步，砍中波斯骑兵手臂，后者的致命一击才未能奏效。侧翼亚历山大麾下马其顿重骑兵和正面长矛兵方阵双管齐下，波斯骑兵两面受敌，最终阵线崩溃，四散奔逃，波斯阵线后方希腊雇佣军随后陷入重围，大多数士兵做了刀下之鬼。门农和几名波斯将领率几千败兵脱离战场，向南逃窜，最终占据希腊殖民城市哈利卡尔那索斯，凭借坚城高墙负险固守，盼望波斯援军能及时赶到。整个小亚细亚已经门户大开，亚历山大沿爱琴海海岸追击门农，沿途派出小股部队前往周边希腊和非希腊城市村镇受降，最后他抵达哈利卡尔那索斯城下，随即展开围攻，激烈战斗之后攻陷该城。是年秋冬，亚历山大挺进小亚细亚南部，后又转向进入小亚细亚中部，整个进军路线呈一巨大弧形，其间只有一些零星战斗，却能不断收降沿途村镇，疆土不断扩大。公元前333年春，亚历山大抵达西里西亚，这一地区位于小亚细亚与叙利亚交界处。亚历山大留大将独眼安提柯驻守小亚细亚中部（佛里吉亚），命其彻底平定这一地区。

远征军尚在西里西亚之时，亚历山大得知消息，波斯国王大流士三世御驾亲征。后者麾下波斯禁卫军兵力庞大，经叙利亚北上，试图迎击马其顿军队，将后者赶出亚洲。大流士出征之时携带巨额财富和全部家眷，包括王后、公主和妃嫔，他抵达大马士革之后，将金银财宝和家眷安置在城中。大流士随即向北进军，迎击亚历山大，他成功绕过亚历山大远征军，切断其补给线，使得后者与小亚细亚后方联系中断。马其顿军队被迫掉头北上，在皮纳鲁斯河（很可能是今帕亚斯河，靠近土耳其南部港口伊斯肯德伦）河畔小城伊苏斯，亚历山大大军遭遇波斯大军，后者兵力要庞大得多。和格拉尼卡斯大战波斯将帅一样，大流士在河对岸列阵，迫使亚历山大发起进攻之前，必须率军通过河床，亚历山大再次直面挑战。正当长矛兵方阵奋力向前，激战敌军（尤其是大流士麾下希腊雇佣军），准备攻上河对岸之时，亚历山大一如既往，位居右翼，亲率马其顿重骑兵突击。他一马当先，冲入敌阵，随即转向，直指波斯中军大流士本人所在之处。大流士尚未登基之时，不过是时任波斯国王的远房堂兄，在巴克特里亚作战之时赢得猛士之名，以骁勇善战著称。然而他在亚历山大面前却威名丧尽、颜面扫地，他一看见亚历山大跃马冲杀，直奔自己而来，顿时大惊失色，随即仓皇而逃。“亚历山大马赛克”闻名天下，很可能描绘的就是这一场景。总的来说，波斯军队尚可一战，并非败局已定，然而国王逃离战场，使得形势急转直下，波斯阵线中军先行崩溃，跟随国王夺路而逃，整个会战以失败收场。

此战余波未散，两大后果相当惊人。亚历山大率领骑兵追击大流士，使得后者无法返回大马士革，他随后占领大马士革，俘虏波斯后宫女眷，缴获波斯王室巨额财富。而能够一举擒获大流士的全部家眷，包括太后、王后、公主、妃嫔，也让亚历山大大感意外。据说有这样一个引人注目的场景：亚历山大得知波斯后宫就在城中之后，前去拜访王室贵妇，由他的长期朋友和同性爱人赫费斯提翁陪同前往。此时亚历山大的穿着举止，依然遵循传统马其顿国王的日常风格，相当随意。因此大流士之母西绪甘碧丝面对这两名马其顿将领，未能马上认出亚历山大，如此错误也无可厚非，因为赫费斯提翁身材高大、相貌堂堂，而亚历山大则身材不高，看似年纪尚轻。这位年老贵妇错将前者当成亚历山大，俯伏下拜。亚历山大却毫无怒意，安抚尴尬难堪的波斯太后：自己的心腹和挚爱赫费斯提翁“也是亚历山大”。

更重要的是，两军在会战之前擦肩而过，结果作战之时却各自面向自己所控区域。波斯中军溃散之后，大部分军兵转身逃跑，退往刚被亚历山大征服的小亚细亚，并未进入波斯帝国腹地。大量败兵齐聚卡帕多西亚，亚历山大没有进入该地，尚未将其征服。波斯军队决定发动反攻，光复小亚细亚中西部地区，或许也想借此与爱琴海沿岸的波斯舰队恢复联系，与此同时，波斯舰队正在独自展开行动，试图从爱琴海反攻海岸。这样一来，小亚细亚总督独眼安提柯处境极其危险、困难重重，如果要想为亚历山大守住后方，就必须设法应对敌军反攻，而波斯军队兵力占据绝对优势。尽管兵力不足，安提柯仍能率军快速机动，逐个击破来犯之敌，连打三场胜仗，彻底粉碎波斯反攻计划。安提柯之所以能摆脱困境，或许还要感谢波斯人送上的大礼：波斯军队兵分三路，企图从不同方向夹击马其顿守军，却也因此让安提柯有机可乘，得以快速机动，将三路敌军各个击破。亚历山大知人善任，安提柯也不负所托。

爱琴海上的波斯舰队仍然是个大麻烦，亚历山大越向南推进，越依赖海路与马其顿本土保持联络。虽然亚历山大没有能与波斯舰队一决高下的海军，然而还是存在一种解决海上对手的可行方案，这也正是他的做法。波斯舰队的大多数舰船来自古腓尼基沿海各大港口城市（今黎巴嫩海岸）。亚历山大作出了以下判断：只要占领这些海港，波斯舰队就会失去基地，最终别无选择，只能投降。这一设想实际上变成了事实。腓尼基沿海各大海港之中，只有推罗进行了顽强抵抗，该城位于一个近岸海岛，居民显然认为亚历山大缺乏舰船，完全没有办法攻城。从公元前333年底到前332年初，亚历山大耗时七个月修通一道海堤，直达推罗城下，像攻打其他陆地城市一样，大军随后攻打推罗，将其攻陷。至此整个腓尼基尽属亚历山大，波斯舰队随后归顺。亚历山大似乎让这支舰队的多数舰船暂时退出现役，虽然他自己的马其顿舰队规模要小得多，加上希腊南部友军舰队，也足够巡航爱琴海，而且也更为可靠，能够确保前线与马其顿本土之间的海上航道畅通无阻。与此同时，亚历山大还有大事要做，他继续率军南下，包围加沙，攻陷该城，随后进入埃及，将其纳入帝国版图。波斯人在埃及很不受欢迎，亚历山大不费吹灰之力，接管埃及，埃及人视他为救星，欣然尊其为法老。亚历山大在当地选中一个希腊人出任埃及总督，负责从这块富庶之地征收赋税，此人名为克里奥门尼斯，来自古老希腊殖民河港城市瑙克拉提斯。

军队连续两次遭受惨败让波斯国王大为震惊，而且他也担心家眷和后宫的安危，当亚历山大率军重返叙利亚，大流士便遣使来此觐见。据说大流士向亚历山大求和，开出以下条件：只要亚历山大能送还波斯后宫女眷，确保她们安然无恙，大流士就会承认前者对幼发拉底河以西全部土地的统治权。换言之，为迎回女眷，他可以马上停战，保持现状，永久性失去已被亚历山大征服的土地。据相关文献记载，亚历山大的副统帅（腓力时代的老元帅）帕米尼奥，强烈建议亚历山大接受议和，他说如果他是亚历山大，他会接受这些议和条款。在此必须指出，小亚细亚、叙利亚／巴勒斯坦和埃及已经是一片非常辽阔的国土，而且人口众多、物产丰富，这些新征服的土地须先仔细打造统治体系、精心管理，才能整合成一个由马其顿人统治的帝国。这样一来，新占国土为希腊殖民打开了方便之门，希腊新城即便不会数以百计，也将会有几十个之多，可以大大缓解巴尔干南部地区的人口压力，这些地区的经济、文化、军事也可以融为一体，真正成为地中海东部拥有重要战略位置和有力后勤保障、财政收入充盈的大帝国。很多学者已经注意到这一点，很可能帕米尼奥的建议正合腓力的帝国构想，后者为此精心计划，准备征服西亚。然而亚历山大却以轻蔑的口吻回应，如果他是帕米尼奥，他也会接受这些议和条款，即便吞并整个波斯帝国，也不过能勉强满足亚历山大的征服欲望。亚历山大拒绝了大流士开出的求和条件，厉兵秣马，准备入侵美索不达米亚和伊朗。

大流士并不指望议和策略能够奏效，遂倾举国之力重整庞大军队。在美索不达米亚北部，底格里斯河东岸城市阿贝拉（今埃尔比勒）附近，两军相遇。高加米拉村庄附近有一宽阔盐碱荒原，地势平坦、尘土飞扬，距现代城市摩苏尔不远。大流士决定在此列阵，不再仰赖河床或其他天然屏障抵御亚历山大的进攻，他打算在宽阔战场展开绝对优势兵力，使得亚历山大没有机会施谋用计，从而以正面突击打垮马其顿远征军。大流士从波斯帝国东半部（伊朗和巴克特里亚）征召全部可用兵力，组建了以骑兵为主力的庞大军队。现存文献所载波斯军队兵力数字过于夸张，导致现在对参战兵力的估计只能完全基于假设，然而会战的过程清楚显明：波斯军队兵力明显占优，或许多出对手50%，甚至更多。大流士依旧遵照波斯传统，坐镇中军，四周围绕皇家卫队，希腊雇佣军所剩不多，排列两侧。左右两翼是一望无际的骑兵海，由来自不同地区的骑兵队构成：右翼骑兵有叙利亚人、美索不达米亚人、米底亚人和帕提亚人，左翼精锐骑兵有巴克特里亚人、索格狄亚那人、萨迦人、马萨格泰人和其他民族。波斯阵线之前部署有两百辆镰刀战车，大流士寄望这些战车能在亚历山大的阵线冲出缺口，以便大队骑兵发起冲锋，一举取得胜利。

亚历山大抵达高加米拉，审视战场，发现大流士军容庞大，他意识到战斗一旦打响，敌军必能从两翼迂回包抄，而波斯军队兵力优势太大，他只有将阵线纵深减少到危险的程度，才能摆出和敌军同样宽度的阵形。亚历山大并没有这样做，反而让精锐部队马其顿方阵长矛兵、持盾步兵、马其顿重骑兵和塞萨利骑兵照常列阵，马其顿方阵长矛兵居中，右有马其顿重骑兵，左有塞萨利骑兵。由于敌军可能侧翼迂回、从后方发起攻击，亚历山大未雨绸缪，在马其顿方阵之后又部署了一个重装步兵方阵（希腊南部联军及雇佣兵），同时命令这支部队在必要时面朝后方，迎击来犯之敌。两个步兵方阵之间部署辅助轻步兵，呈梯形排布，以填补二者之间的缺口，轻骑兵则部署在外围掩护两翼重骑兵，防止敌军迂回包抄。两军开始对垒之时，波斯阵线左翼巴克特里亚骑兵和其他骑兵，面对亚历山大阵线右翼右侧空地，使得马其顿重骑兵直接面对大流士中军。然而这并非亚历山大的计划，他想要面对波斯左翼，在后者和波斯中军之间打开一个缺口，随后突入敌阵，迂回包抄。亚历山大宁愿敌军迂回包抄自己左翼，在那有墨涅拉俄斯之子腓力所率塞萨利骑兵、克拉特鲁斯和西米亚斯所率多营方阵长矛兵部署，由帕米尼奥担任总指挥。因此亚历山大率重骑兵向右前方斜线前进，对面巴克特里亚骑兵和萨迦骑兵则向前推进，试图阻止亚历山大迂回包抄。与此同时，大量波斯骑兵正迂回包抄帕米尼奥麾下左翼军队，后者必须尽己所能坚守阵地，等待亚历山大突破敌阵。

大流士的镰刀战车率先冲锋，拉开了会战的序幕，然而这些战车并没有发挥任何作用。马其顿阵线前方部署有一排阿格里安尼亚标枪兵，使得大多数拉车战马死于标枪，导致镰刀战车动弹不得。马其顿阵线右翼轻骑兵发起冲锋，激战敌阵左翼最远端波斯骑兵。亚历山大不断增派轻骑兵投入战斗，导致对面巴克特里亚骑兵不断抽调兵力支援左翼远端。结果，波斯左翼和中军之间出现缺口，亚历山大随即率重骑兵发起冲锋，突入敌阵之后从侧翼攻击波斯中军，杀开一条血路，直奔大流士。和伊苏斯之战一样，亚历山大率马其顿重骑兵奋勇冲杀、势不可当，直扑大流士所在皇家战车。大流士见此战况，心胆俱裂，再次弃阵逃跑，波斯中军随之崩溃。亚历山大感觉胜局已定，急于和大流士本人单挑，亲手将其击毙或擒获，在后紧追不舍。然而与此同时，帕米尼奥正在马其顿阵线左翼苦苦支撑，波斯骑兵以绝对优势兵力迂回包抄，夹击马其顿军队。帕米尼奥麾下塞萨利骑兵和中坚部队方阵长矛兵，排出密集防守阵形，坚守阵地。波斯阵线右翼统帅马扎依派骑兵绕过帕米尼奥，兵分两路，一队直扑亚历山大后方大营，另一队从后方攻击中路马其顿方阵。第二队骑兵遭遇亚历山大的预备队希腊重装步兵方阵，后者迎击来袭波斯骑兵，使其无法前进。然而此时马其顿阵线左翼濒临绝境，帕米尼奥尽其所能，坚守阵地，早已不堪重负，他观察到波斯中军已经崩溃，派遣传令兵飞马传信，告知亚历山大战况危急，速来左翼增援。亚历山大随即放弃追赶大流士，回师从后方攻击波斯阵线右翼，打得敌军四散奔逃，确保整个会战全胜收场。

现存文献强调亚历山大有擒获大流士的强烈欲望（帕米尼奥送来

讯息，要他火速回救，这让他相当沮丧），暗示帕米尼奥过于谨慎，缺乏独自应对左翼战事的决心。显然这是对老帅帕米尼奥的污蔑，事实上，他和麾下军兵战场表现堪称神勇，肩负整个会战最困难、最凶险的战斗任务。如果他们无法顶住敌军进攻，马其顿阵线左翼溃败，完全可以抵消亚历山大击溃波斯中军之胜果，而波斯阵线左翼巴克特里亚骑兵毫无败象，胜利的天平甚至可能会向波斯军队倾斜。帕米尼奥已经率军支撑了足够长的时间，告急讯息传至亚历山大，及时提醒后者整个会战的胜败取决于能否击退波斯右翼，救出马其顿左翼，而非能否和大流士本人单打独斗。大流士因而得以逃离战场，在阿贝拉营地稍作停留，只为带上行囊，更换快马。巴克特里亚总督贝苏斯是大流士的同辈亲戚，率领左翼骑兵撤出战场，这支部队在会战当中并未输给自己的正面对手。巴克特里亚骑兵对大流士大为不满，认为后者只顾逃命，导致波斯军队战败，他们追上逃亡途中的大流士，将其拘押，由贝苏斯取而代之，自立为王。波斯阵线右翼统帅马扎依也率领不少人马逃离战场，毫发无损。他率这支部队绕过亚历山大远征军，南下相对安全的巴比伦。会战结束，亚历山大和他的远征军成为战场上的胜利者，在此不得不说，此战得胜，帕米尼奥功不可没，作用不在亚历山大之下。

此战之后，亚历山大继续率军南下。马扎依率领败兵据守巴比伦，对亚历山大构成直接威胁，接管美索不达米亚南部也能使其地位得到巩固。马扎依不战而降，尊亚历山大为新国王，愿效犬马之劳。此举导致投降成风，整个精英阶层，包括波斯贵族，都觉得波斯帝国气数已尽，而亚历山大及其马其顿军队已经掌控西亚，要想继续享受荣华富贵，唯一的出路就是接受现实。马扎依获准效命新君，公元前

331年秋，亚历山大离开巴比伦之时，马扎依继续出任巴比伦总督，不过留有马其顿将领对其进行协助和监督。亚历山大继续进军，前往波斯帝国首都大城苏萨，确保得到那里不计其数的金银财宝，一员名为费罗萨努斯的将领已被提前派往该城，和当地波斯总督达成合作。在前往苏萨城的途中，大量马其顿本土新兵与亚历山大会合，为远征军补充兵员，因为连番作战，远征军已减员不少。亚历山大随即向波斯本土进发，兵锋直指波斯旧都波斯波利斯。

正当亚历山大忙于前线战事之时，欧洲本土却后院起火。色雷斯总督门农发动叛乱，对抗“监国摄政王”安提帕特；在希腊南部，斯巴达国王阿吉斯三世纠集众多伯罗奔尼撒城邦，反抗马其顿人的统治。安提帕特牛刀小试，降伏门农；然而希腊南部的叛乱却要棘手得多，再加上他刚刚派出约一万五千士兵增援亚历山大，更是雪上加霜。然而他还是设法组建了一支军队，约有四万兵力。公元前330年，安提帕特率军进入伯罗奔尼撒，在梅格洛波利斯与阿吉斯进行会战。后者的兵力要少得多，只有两万余人。尽管斯巴达人浴血奋战，却无法改变会战的结果，安提帕特率军大获全胜，众多斯巴达人横尸沙场，斯巴达遭受毁灭性打击，之后一个世纪都未能恢复元气。马其顿远征军在波斯帝国获得了无数财富，亚历山大从中拨出金银约三千他连得，送回马其顿资助安提帕特。虽然这些金银在叛乱平定之后才送达本土，无疑还是大受欢迎，战后希腊人移居各地尚需要大笔金钱，多多益善。亚历山大得知安提帕特胜利平叛，却嗤之以鼻，认为后者不过赢得“鼠类之战”而已。马其顿国王亚历山大一向敏感，无法容忍任何将领与自己争辉，在他看来，就战场辉煌而言，无人能和自己相提并论。毫无疑问，亚历山大是在引用荷马的作品进行对比，他自己取得了史诗般的胜利，令人想起《伊利亚特》中的记载，而安提帕特赢得的战斗不过类似荷马名下讽刺史诗《蛙鼠之战》（*Batrachomyomachia*）所载战事，不值一提。

亚历山大统领大军，似乎取道堂埃·穆罕默德·雷扎山口进入波斯本土，一支庞大波斯军队正在此“恭候”远征军的到来。波斯人不愿将祖居之地拱手相让，没有不战而降的打算。然而有当地战俘告知亚历山大另有一条通道，后者遂率军从此路线侧翼包抄，前后夹击波斯军队。亚历山大取得压倒性胜利，波斯军队再无战意，波斯波利斯城门大开，不战而降。尽管波斯士兵骁勇善战，然而现实却是他们的装备和作战体系无法匹敌腓力打造的马其顿长矛兵方阵和重骑兵部队。远征军在波斯过冬，等待春季到来，山口积雪融化。就在这个冬天，一次宴会之上，亚历山大和一群将领狂欢暴饮，喝得大醉，随后借着酒意洗劫波斯波利斯王宫，将其焚毁。据说他在次日清晨酒醒之后，对此暴行感到后悔。波斯波利斯数目惊人的王室财富被装车运走，或送往别处保存，或分发各地，有各种用途。

大流士过冬之地在伊朗北部米底亚旧都埃克巴坦那，同在此处的还有贝苏斯，以及帝国东部几大总督辖地军队。公元前330年春，有消息传来称亚历山大正率军北上，大军不日兵临城下。波斯君臣随即弃城，向东逃往巴克特里亚。亚历山大尚在进军途中，得知贝苏斯和大流士已携带埃克巴坦那王室财富向东逃窜。他随即派帕米尼奥前去占领米底亚旧都，自己则率领机动性最强的部队（包括持盾步兵、阿格里安尼亚标枪兵）紧追敌军。波斯阵营内部出现纷争，帝国东部的几个总督拥立贝苏斯为新国王；另一派则继续效忠大流士，主要成员包括前帝国西部总督阿塔巴兹和一些希腊雇佣兵。亚历山大在后紧追，如影随形，已经人数不多的波斯军队有不少士兵叛变投降。大流士身负镣铐，随大队向东逃亡，随后传来亚历山大率大队骑兵已经逼近的消息。帝国东部几大总督猛刺前国王大流士，和新国王贝苏斯继续向东逃窜。阿塔巴兹和希腊雇佣兵则退向西北，前往厄尔布尔士地区。亚历山大追上大流士之时，后者刚刚断气，“大流士追逐战”就此结束。至此，整个波斯帝国只剩东部几个总督辖地尚未征服，其中以巴克特里亚最大，也最为重要。在米底亚，帕米尼奥的职位得以明确，他将出任米底亚总督，负责管辖伊朗地界，此后他再未见过亚历山大。老帅帕米尼奥曾事腓力，或许让亚历山大有压抑之感。老帅已不在眼前，亚历山大提拔克拉特鲁斯出任副统帅，决定继续东征，不吞并整个波斯帝国决不休息。尽管很多士兵已不愿继续远征，几乎哗变，亚历山大还是坚持已见，在征服巴克特里亚之前，东征绝不可停止。最终远征军继续东进。

事实证明，征服巴克特里亚以及周边总督辖地绝非易事。亚历山大征服波斯帝国中西部地区耗时四年，征服东部地区（今阿富汗）所用时间却几乎一样，从公元前330年至前327年。贝苏斯和其他东部总督认识到和亚历山大正面交锋、进行会战，绝非明智之举。因此他们改用一种全新战术，现在称之为“游击战术”。亚历山大要占领巴克特里亚的土地，只能不断分散兵力，逐个山谷清剿敌军，时常还要原路返回：在马其顿军队离开之后，先前征服的山谷地区马上反叛。如此作战，艰苦、危险，军兵疲惫不堪，而且伤亡相对较大，然而亚历山大却不达目的誓不罢休。正是在阿富汗作战期间，亚历山大变得越发残暴和专制，其两大暴行堪称臭名昭著。据称有少数将领密谋暗杀亚历山大，计划败露，帕米尼奥之子菲洛塔斯被控知情不报。帕米尼奥留守米底亚，远离远征军，其子菲洛塔斯已成新任副帅克拉特鲁斯的主要竞争对手。由于现存文献都有反菲洛塔斯的明显倾向，事件始末现已模糊不清。无论如何，克拉特鲁斯说服亚历山大拘押菲洛塔斯，施以酷刑。在几千马其顿士兵面前，经过一场“审判秀”之后，遍体鳞伤的菲洛塔斯被乱石砸死。亚历山大派出轻骑，火速前往米底亚，传令处死（实际上是谋杀）完全无辜的帕米尼奥，其子菲洛塔斯已被处决，为绝后患，必须斩尽杀绝。帕米尼奥的死讯传至马其顿，据说安提帕特喃喃自语：“如果连帕米尼奥都有不臣之心，那还有谁会忠君体国？如果他忠心不贰，反被处死，我们该何去何从？”马其顿高级将领人人自危。林库斯贵族三兄弟仅剩幼弟亚历山大，他两位兄长在亚历山大大帝登基之初已被处决。亚历山大大帝从不信任此人，借机将其处决，为此事盖棺论定。

另一暴行已在上文提到：击杀“黑人”克雷塔斯。此人为重骑兵皇家中队指挥官，在格拉尼卡斯之战对亚历山大有救命之恩。亚历山大在巴克特里亚东部城市马拉坎达（撒马尔罕）大宴群臣，再次狂饮美酒。酒宴之上，克雷塔斯辩称先王腓力比亚历山大更为伟大，言辞似有挑衅之意，随即血溅当场。或许醉酒可以作为残忍暴行的借口，然而事实却是，酒精固然能降低人的自制力，却也能使人卸下平时文明的伪装，显露出真实的品格。从此以后，亚历山大变得越发偏狭严苛。他穿戴波斯王室服饰，施行波斯宫廷礼仪，要求任何人觐见之时，必须行跪拜（proskynesis）之礼，而马其顿人和其他希腊人视此礼节为奇耻大辱。卡利斯提尼斯带头反对行跪拜礼，一呼百应。亚历山大最终被迫收回成命，然而此后他对前者一直心存芥蒂。后来“见习军官（paides）暗杀计划”之时，卡利斯提尼斯被捕入狱，下落不明。现存文献对其最后遭遇众说纷纭，普遍认为他遭受酷刑，死前受尽折磨。

当然，亚历山大最终肃清一切残敌，掌控巴克特里亚全境，活捉贝苏斯，之后以残忍手段将其处决。至此，亚历山大被尊为整个波斯帝国的国王。巴克特里亚大贵族阶层已被安抚，为巩固友好关系，亚历山大娶罗克珊娜为妻，后者父亲欧克西亚提斯为巴克特里亚最大贵族之一。公元前327年春，亚历山大决定拔营启程，然而他并未如军兵所愿率军西归。相反，他率军经开伯尔山口南下，越过波斯帝国边界，继续征服印度北部。显而易见，亚历山大的目标是征服大洋环绕的整个亚洲，他对广袤的亚洲腹地以及更远的中国大地知之甚少。在印度北部印度河流域，亚历山大发现当地多个小邦正相互混战，其中最强一邦位于海达斯佩斯河和海法西斯河流域，由国王波罗斯统治。较近开伯尔山口的一些印度小邦结成盟友，推举塔克西勒斯为盟主，此人觉得可以借亚历山大远征军之手推翻波罗斯的霸权。塔克西勒斯向亚历山大投降，同意在后者手下出任地方总督，他所提供的情报关乎波罗斯及其军队现状，至关重要。

波罗斯觉察到亚历山大已率军逼近，随即集结军队，在海达斯佩斯河东南岸列阵，此时正值雨季，河水暴涨。由于现存相关文献提供的兵力数字并不可靠，无法准确得知波罗斯军队的实际规模，然而这支军队肯定人数不少，而且还有八十五头战象，亚历山大此前从未与这一兵种交锋过。他必须解决两大难题，如何让军队安全渡河？如何对付这些战象？对岸有敌军驻守，水位暴涨的海达斯佩斯河绝无可能涉水而过。如果亚历山大再等上几个月，就可在干季到来之后涉水过河，然而等待不是他的风格。亚历山大将大军分成几队，一连一两个星期，每晚都有部队沿河向不同地点行进，一路上人欢马叫，此举使得波罗斯派出军队沿河跟进，防止对面远征军过河。然而马其顿军队从无过河之举，连续多日毫无意义的半夜行军让波罗斯的军队疲惫不堪。亚历山大觉得敌军已经麻痹大意，时机已到，随即将大军一分为三。主力部队由持盾步兵、几个方阵长矛兵营和重骑兵组成，亚历山大亲率这支主力，悄无声息，来到预定渡河地点。此处河心有几个小岛，可为渡河提供掩护，大军得以登船，安全过河。另有大队雇佣兵在河岸另一地点大张声势，尽量分散敌军注意力。克拉特鲁斯则率方阵长矛兵和骑兵组成的混合部队驻守大营，依令行事，只要对面波罗斯军队向别处移动，又听见战斗打响，就马上渡河。这一策略完全奏效，亚历山大率主力在夜幕的掩护下顺利渡河，而后继续前进，与波罗斯大军交锋；克拉特鲁斯则在战斗打响之后火速过河，从后夹击敌军。

就战象而言，亚历山大已对这种巨兽有所了解，得知这一兵种的弱点。战象和战马完全不同：一匹战马可由任何擅长骑术者乘骑驾驭，而一头战象却只听命于一人，此人与大象朝夕相处、关系紧密，北印度语称之为象夫（mahout）。只要击杀或重伤象夫，战象就会失控。因此，亚历山大远征军已提前预备好应对之法，免得被战象吓得手足无措，用超长矛向上猛刺骑在象颈上的象夫，或者猛刺战象面部，标枪兵和弓箭手也朝同样目标猛烈射击。战象害怕战场的噪声和气味，又有超长矛猛刺其面部和眼睛，一旦象夫殒命，战象就会转头逃跑、慌不择路，践踏己方士兵。波罗斯的战象军团就这样被轻易破解。事实证明，印度军队对阵腓力打造的马其顿军队，无论是装备，还是作战方式，都无法匹敌，表现并不比波斯军队更好。亚历山大所率主力已足以取得胜利，克拉特鲁斯从后夹攻不过是锦上添花而已。

波罗斯被活捉，并且得到亚历山大善待，他在马其顿将领监督之下，以分封王的身份继续统治原有领地。

亚历山大此时获悉，印度还有一条大河恒河，大小堪比印度河，沿岸文明繁盛、王国众多。亚历山大推断此河最终流入环绕亚洲的大洋。因此，他的目标是向恒河流域进军，征服此地，从而完成整个东征，在他看来，那已经是整个世界的最东部。然而在海法西斯河畔，远征军发生哗变，拒绝渡河。由于印度雨季湿热难耐，马其顿士兵苦不堪言，士气极其低落，再无兴趣继续远征。他们已经征服整个波斯帝国，甚至连更远的印度河流域也收入囊中，东征战果已经足够辉煌，大军盼望向西进发，踏上归家之路。他们已经战功赫赫，所获战利品足够一生享用，而且极其想念地中海沿岸以及家乡那熟悉的气候和生活方式。亚历山大在哗变军兵面前咆哮震怒，呵斥他们违背军令之举，然而后者却不为所动，他又躲进大帐连生几天闷气，盼望部下能回心转意，结果还是无济于事。他只得面对大军再也不愿继续远征这一残酷的现实，别无选择，只能踏上归程。亚历山大无法平心静气地接受这一现实，相比选择便捷的行军路线西归，他反而坚决要求亲率全军挑战一条更难的路线。按照计划，内河舰队跟随岸上东征大军，沿印度河南下，直达大洋，这样亚历山大可以宣称自己毕竟到过“地极”。然后他率军从印度河口沿海岸西进，经波斯湾沿岸返回美索不达米亚，一路之上有庞大辎重舰队沿岸随行，携带足够给养。从理论上讲，这一计划听起来相当简单，然而事实却证明，将其付诸实践绝非易事。

起初，亚历山大坚称要征服沿途印度河流域一切土地和族群。当然，有些族群不愿接受被征服的命运，进行顽强抵抗，远征军也无甚兴趣征服可获战利品甚少的对手。当地有一族群，希腊人称之为马里（Malli）人。大军行至一座马里小城，矛盾终于激化到顶点。亚历山大执意要求攻陷该城，全军将士却觉得攻占此城毫无必要，不愿冒生命危险做无谓的牺牲。亚历山大怒不可遏、一意孤行，决定亲身示范如何攻城，他仅率几名卫兵冲上云梯，率先登城，呼唤大队军兵随后跟上。当然，率先攻上敌方城头并非统帅当做之事，全军将士担忧主帅安危，涌上云梯，结果云梯不堪重负，当场被压断。亚历山大只能在城头孤军奋战，身边只有三名卫兵，他随即跳入敌城之中，三名卫兵紧随其后，四人背靠城墙殊死搏斗，一名卫兵当场战死，亚历山大也身负重伤，利箭穿胸，正中肺部，当场瘫倒在地。另一卫兵莱昂纳图斯也身负重伤，只剩朴塞斯塔斯一人举盾保护亚历山大，奋力击退敌军，令人惊奇的是，此人居然能以一当百。最终，已经发狂的马其顿士兵冲破城门，蜂拥而入，发现朴塞斯塔斯仍未倒下，正力战大群敌军，举盾保护身旁似乎早已奄奄一息的亚历山大。马其顿军队狂性大发，见人就杀，野蛮屠城。

入城军兵将亚历山大放上一面盾牌，抬回大帐，发现他尚未断气，不过情况非常不妙。随军医官为亚历山大会诊伤情，一致同意须先从其胸口拔出箭头，然而无人愿意担此重任，显然此举风险极大，一旦拔出箭头，伤口鲜血喷涌，可能致命，没有哪个医官愿意背负治死亚历山大的罪名。最终由在场高级将领帕迪卡斯动手拔出箭头，亚历山大因为失血过多，当场昏厥，不过医官为他成功止血，亚历山大得以保全性命。亚历山大刚刚苏醒，却必须马上处理军队乱局，全军上下已陷入恐慌，谣言四起：盛传亚历山大已经殒命，他们觉得自己被遗弃在地极，却没有统帅掌控大局，带领他们返回家乡。虽然上面有消息称亚历山大仍然活着，却无人相信，因此无法平息恐慌，消除沮丧。最后亚历山大不得不亲自现身，叫人将自己抬上一艘航船，置于一张大床之上，尽量保持坐姿，坐船沿河岸行驶，途经沿岸军营。亚历山大在全军官兵面前现身，挥手致意，使得后者相信自己尚在人间，而且伤势正在好转。全体将士随后平静下来，然而远征军高级将领却怒斥亚历山大（此举毫无不妥），作为全军统帅，竟然如此以身犯险，致使整个远征计划陷入困境，所作所为不像统兵大将，倒像普通士兵。

亚历山大率远征军抵达印度河口，兵分三路，踏上西归之路。第一路人数众多，包括辎重部队和百战老兵，由克拉特鲁斯率领，沿一条内陆路线西进，沿途人口稠密、较为安全。另有一路为庞大舰队和补给船队，由尼阿库斯率领，向波斯湾进发，每隔一段时间在指定地点与沿海岸西归的第三路大军会合。这最后一路由亚历山大亲自率领，计划沿海岸线横穿马克兰沙漠（古称格德罗西亚），定期与舰队会合，以获得补给。此前应该还未曾有征服者能率军横穿马克兰沙漠，亚历山大欲凭此壮举超越古人。然而计划赶不上变化，亚历山大麾下人马很快就和舰队失去联系，此后从未与后者定期会合，更别说获得补给。大军横穿马克兰沙漠，艰苦程度骇人听闻。亚历山大还算幸运，直到公元前325年秋，大军抵达古卡尔马尼亚地区，超过半数军兵依然毫发无损。失散舰队也在几个星期之后抵达波斯湾顶端，沿途遭受狂风暴雨、导航问题、邂逅鲸鱼等各种困难。亚历山大本以为已经永远失去了这支舰队，后者平安归来让他相当高兴。仅仅为了达成前无古人的帝王功业（或者正如一些人所说，仅仅是为了满足自己病态的征服欲望），为了炫耀自己能做成伟业，亚历山大再次平白无故地让成千上万的士兵和水手以身犯险。果不其然，远征军上下对亚历山大的领导方式越来越厌烦，他越是刚愎自用、刻薄寡恩，他们越是受苦。

克拉特鲁斯的西归之路堪称绝对安全，亚历山大与他会师之后，取道波斯本土前往波斯旧都大城苏萨。他将该城总督处死（罪名据说是越权行事），随后开始对帝国西部地方总督进行名副其实的大清洗。亚历山大在苏萨举行极其盛大的结婚典礼，迎娶两名波斯公主，同时强制波斯和米底亚贵族阶层交出约八十名未婚年轻贵族女子，分别嫁给他挑选出来的马其顿将领，以此举作为马其顿人在新帝国支配地位的微妙象征。在东征的这些年间，不少士兵已经娶了亚洲妻子，生儿育女。现在亚历山大亲自让这些异族通婚合法化，又送给他们结婚礼物，为他们还清一切债务，而且许诺负责他们所生混血子女的教育。毫无疑问，亚历山大此举是为挽回声望，他一定察觉到之前所作所为已使自己在军中威望大损。

如果他目的在此，那他并未达成所愿。公元前324年春，亚历山大离开苏萨，迁往欧皮斯，军队再次哗变，这已经是他不得不面对的第二次大哗变。一直以来，马其顿士兵都非常恼怒亚历山大的以下行为：日益波斯化，遵循波斯习俗，穿戴波斯服饰（让人感觉矫揉造作），任命波斯人担任军政要职。据说还有三万亚洲新兵抵达欧皮斯，这些青年已经接受训练，武器装备和作战方式与马其顿军队一般无二，与此同时，亚历山大决定将数以千计的马其顿老兵送回本土，这让马其顿士兵觉得他已不再需要他们。结果，全军上下都要求返回家乡，讥讽亚历山大没有他们也照样可以继续征服大业。亚历山大狂怒不已，将他认为激起哗变的十三名“罪魁祸首”即刻处决，统帅和士兵之间的关系陷入僵局达数天之久，最终后者前来请求宽恕，亚历山大欣然应允。克拉特鲁斯奉命率领一万方阵长矛兵和一千五百骑兵返回马其顿，这些士兵都是百战老兵，按照军令，安提帕特应当率领同样数目的马其顿新兵前来亚洲换防。看来亚历山大已不再放心让他继续留在马其顿监国摄政。安提帕特得知换防消息，考虑到帕米尼奥无辜惨死，前车之鉴犹然在目，拒绝亲自带兵前往亚洲，改派其子卡山德前去觐见亚历山大，一探虚实。

亚历山大又迁往伊朗北部米底亚旧都埃克巴坦那，终日奢华宴乐，纵酒狂欢。在此期间，亚历山大的一生挚爱赫费斯提翁病倒了，然而后者不遵医嘱，拒不休息，更不戒酒，最终因酗酒而死。按其一贯作风，亚历山大连哀伤也没有节制，连续几日不见任何人，悲恸欲绝、不吃不喝。当他现身之时，下令为赫费斯提翁举行极其奢华的葬礼，并且要求以后要将死者当作英雄来敬奉。而亚历山大本人也快要走完其人生旅程。一旦忧伤渐退，他又开始了无休止的狂饮宴乐。亚历山大又将王宫和军队从埃克巴坦那迁往巴比伦城，整个地中海世界遣使到此，万国来朝。他又开始谋划远征，去征服阿拉伯半岛。据说他通令全国（帝国各地，尤其是希腊本土），必须将他当作神明来敬奉，然而他并不是神，连续几天彻夜狂欢、暴饮无度，结果导致高烧，终于病倒。病了几天之后，他觉得好多了，足以参加另一场通宵饮宴，这次宴会由其塞萨利朋友米迪乌斯做东。亚历山大又一次开怀畅饮，更甚以往，他再次病倒，被抬上床榻。这一次亚历山大一病不起、高烧不退。显而易见，马其顿国王亚历山大死期将至。在场的高级将领围在床前，试图询问遗嘱，全军上下也要求面见国王，列队觐见。亚历山大在病床上强撑病体，连续几个小时接见部下，其实是见最后一面。如此耗费残存精力，亚历山大变得更加虚弱。据说他最后的举动是取下自己的王室印戒，递给在场的高级将领帕迪卡斯。当帕迪卡斯问亚历山大：传位于何人？据说后者轻声说道：传给最强者。他随后陷入昏迷，再也没有醒来。公元前323年6月13日，距他三十三岁生日已不剩几天的时候，亚历山大气绝身亡。

他的英年早逝使得谣言四起，盛传他被毒杀或被其他恶行暗害。暗杀流言最详尽的版本如下：亚里士多德为给甥外孙卡利斯提尼斯报仇，前往阳间和阴间的边界冥河，以中空驴蹄（唯一可盛冥河水的容器）取回强腐蚀性的剧毒河水，随后交给安提帕特。后者托其子卡山德将剧毒河水带往巴比伦城，安提帕特另一子伊俄拉俄斯为国王斟酒侍官，偷偷将毒水混入亚历山大所饮之酒。这种彻头彻尾的无稽之谈显示了一个基本事实，那就是并没有证据能表明亚历山大是死于暗杀。他虽年轻，却在成年之后一直大肆挥霍自己的健康，不顾后果，经常过度劳累、置身险地、豪饮无度。他在马里小城几乎伤重不治，然后又横穿马克兰沙漠，几乎丧命。死里逃生之后，他非但不好好照顾自己的身体，反而放纵自己，终日豪饮无度，就算赫费斯提翁因酗酒而死，也不能改变亚历山大的生活方式。学界就亚历山大死于何病，长期以来争论不休。最有可能的疾病是疟疾，此病在古代世界大多地区极为常见。战伤累累、过度劳累、过量饮酒，使得亚历山大的身体状况大不如前，实在无法战胜病魔的无情攻击。换言之，他死的方式和他活的方式别无二致：毫无节制，并不为将来多做考虑。

3. 亚历山大的个性和思想

关于亚历山大本人，有一点可以完全肯定：他个性非常强势、极其自负。亚历山大貌不惊人（身材不高，外表好像一个少年），然而却以超强的意志力和个人魅力弥补了外貌的不足。虽然身边这群马其顿高级将领精明强干、个性强势，而且身材高大、孔武有力（例如塞琉古、利西马科斯、赫费斯提翁等人），然而亚历山大却能在这些人当中立足，并且能驾驭他们。腓力对他的悉心培养无疑对他最后掌权大有好处，当然他的天资也不容忽视。就像关乎他的任何其他事情一样，亚历山大的个性也吸引学界的注意，不同学者对他所下的评语差别甚大。威廉・塔恩看他集各种美德于一身，试图驳倒一切暗示其个性阴暗面的证据，而恩斯特・巴迪安则强调那些暗示亚历山大个性阴暗、自私、残暴的证据。总的来说，史学家近年来更倾向于巴迪安的观点，而且能找到充分的理由。

毋庸置疑，亚历山大为人慷慨，征服得来的巨额财富有不少分给了好友和部下，而且他也能够（甚至乐于）展现“骑士风范”，有时几乎到了异想天开的地步。他对大流士的家眷非常慷慨和尊重，极力确保她们出入平安、生活舒适。据说大流士的母亲西绪甘碧丝，几乎已将亚历山大当成了另一个儿子；大流士的王后极其美貌，亚历山大却以礼相待，仍把她看作敌国王后。不知怎的，有个名为普罗蒂斯的酒伴激怒了亚历山大，然而后者却因密友劝说很快息怒，即刻重赏普罗蒂斯五他连得金银，显示自己已经心无芥蒂。众所周知，马其顿军队洗劫底比斯城之时，有一贵妇名为提莫克丽娅，此女因杀死一名士兵被带到亚历山大面前受审。她告诉后者，被杀士兵之前将她奸污。

亚历山大认为此女捍卫荣誉之举毫无不妥，将她和儿女当场释放。这些风度之举当然看起来不错，也常被用来引证亚历山大心地良善、个人荣誉准则极其严格。然而马其顿洗劫底比斯之时，超过一万当地妇女被俘，随后被卖为奴，她们不再有任何拒绝的权利，难道其间再无一人惨遭强奸？亚历山大根本不在乎被俘女性是否遭受强奸，而那名底比斯贵妇让他印象深刻，仅仅是享受为她一展骑士风范的乐趣而已。普罗蒂斯获得了亚历山大的宽恕，卡利斯提尼斯的遭遇则形成了鲜明对比，他因拒绝跪拜触怒亚历山大，结果在后者授意之下遭受酷刑，受尽折磨而死。据传亚历山大和波斯贵妇巴西妮有染，二人生有一子赫拉克勒斯，而巴西妮乃罗德岛人门农之妻。如果这一传闻属实，那他尊重神圣婚姻的美名必然受损。

尽管普鲁塔克为亚历山大辩解，称他流连杯盏之间，只是意在与人交谈，非为痛饮美酒（普鲁塔克《亚历山大》23）。然而毫无疑问，亚历山大酒瘾甚大，经常酗酒，而且他暴饮无度的故事多到无法忽视。据记载，他在掌权的最后几年，经常彻夜酗酒，次日白天卧床醒酒。一旦酒醉，亚历山大就变得极其暴力，例如：公元前327年，他在撒马尔罕大宴群臣之时醉酒狂怒，击杀将领“黑人”克雷塔斯。然而比醉酒之时的暴力倾向更糟的是，他清醒之时常常疑心太重、极其残忍，最恶名昭彰的案例就是他对帕米尼奥、菲洛塔斯父子的残酷无情。菲洛塔斯也确实常有不明智的举动，他显然有夸功自大的习惯，宣称他们父子二人战功赫赫，对马其顿的贡献即便不多于亚历山大，也不在后者之下。尤其是这种言论基本符合事实，因此不难理解亚历山大的反应，他闻听此言，怒火中烧。有一无关紧要的人物名为狄姆努斯，据说此人试图谋害亚历山大，另一名叫希巴利努斯之人将此阴谋向菲洛塔斯报告，然而后者却两次无视这一情报。尽管亚历山大从未真正有过被暗杀的危险，但显然菲洛塔斯将此事上报更为妥当。尽管酷刑通常并不用来对付自由民，更少用来对付像菲洛塔斯这样的高级将领，然而他还是因知情不报被捕，受尽折磨。据说菲洛塔斯因受刑不过，供出一些“谋逆实情”，然而他在马其顿军兵面前受审之时，却又当场翻供。虽然如此，亚历山大还是将他处死，即刻派出刺客前去击杀帕米尼奥，其罪仅仅是身为菲洛塔斯之父。

众所周知，大多数人若遭受酷刑逼供，为少受皮肉之苦，会尽量迎合审讯者，说出任何供词，这就是大多数群体并不认可刑讯逼供的原因，不是因为人类神经过于脆弱，而是由于刑讯逼供得来的供词极不可靠，于获知真相无益。即便亚历山大能找到借口（顶多是极其牵强的理由）处决菲洛塔斯，谋害帕米尼奥也完全是为了谨慎起见，因为一旦得知其子被杀，老帅恐怕会采取行动。然而没有任何迹象表明帕米尼奥有不臣之心，图谋不轨。马其顿东征之时，亚历山大麾下有几大将帅（约三四人），帕米尼奥父子位列其中。二人身为马其顿贵族，位高权重，却如此惨死，让整个马其顿统治阶层为之心寒。如果帕米尼奥、菲洛塔斯、克雷塔斯都能有如此遭遇，那还有谁能在亚历山大手下全身而退？因亚历山大是“偏执狂”（巴迪安对亚历山大所下断语，或许对其偏执多疑略有夸大），还有很多人深受其害，例如：宫廷史官卡利斯提尼斯、以赫莫劳斯为首的一群王室见习军官、奉亚历山大之命击杀帕米尼奥的克林德和西塔尔西斯。正如巴迪安所说，在掌权的最后几年，亚历山大日益暴躁多疑，他的统治实际上已成“恐怖统治”。马其顿军队确实对亚历山大有不满情绪。波斯末代国王大流士和贝苏斯死后，亚历山大喜欢上了波斯王室服饰及宫廷礼仪，尤以强制推行跪拜（proskynesis）之礼最为臭名昭著，行如此大礼需俯伏在地，以示对君王的威仪毕恭毕敬。然而大多数马其顿人和其他希腊人视向人行此大礼为奇耻大辱，他们只向神明俯伏下拜。部下对亚历山大的暴政倾向心怀怒意，又对跪拜之礼强烈抵触，使得亚历山大更加怀疑身边重臣有不臣之心，如此一来，只会形成恶性循环。

亚历山大娶了两名波斯公主，使得学界对关乎他的另一话题讨论不休，据说他有推进文化、民族融合的思想，或者有所谓“人类大团结：四海之内皆兄弟”的构想。用来支持这一观点的证据包括：公元前331年之后，亚历山大在宫廷和政界任用多名波斯贵族；据说他又选拔三万亚洲少年，让后者接受教育和训练，成为马其顿战士，为军队补充兵员；公元前324年，他在苏萨举行盛大婚礼，迎娶两位波斯公主，同时还有超过八十名马其顿将领各自迎娶波斯贵族女子。先来看最后一条证据，很难从这样的婚礼看出马其顿贵族和波斯贵族有任何形式的民族融合，若真有民族融合，应当有同等数量的马其顿贵族女子前来苏萨，嫁给波斯贵族。纵观历史，征服者展示统治地位的惯常方法之一，就是占有被征服者中的女子，其中强奸最为常见，当然也可强娶。波斯精英阶层被迫交出掌上明珠，任其嫁给马其顿将领，他们恐怕很难忽略这一做法的象征意味，此举绝非展现文化或民族融合，而是展现马其顿人的统治地位。

将波斯或其他亚洲少年训练成马其顿士兵，从本质上来讲也是如此，按波斯习俗训练的马其顿少年在哪里？敬请发挥想象：这些少年的父亲被迫将儿子交给外族人，以便接受训练，学习陌生的语言、习俗、生活方式（换句话说，眼睁睁看着自己的儿子变成外族人），这些父亲的心情可想而知。和强制通婚如出一辙，这种征兵之法绝非展现文化或民族融合，而是展现马其顿人的统治地位。亚历山大的未来征服计划需要大量新兵，照他的判断，父王所创建的兵种（马其顿方阵长矛兵和重骑兵）是最好的，因此亚历山大选拔波斯和其他亚洲少年，将其训练成马其顿士兵。此举并非为了追求达成某种文化融合，不过是一种明智选择，为马其顿军队增加兵源而已。亚历山大死后，其继业者麾下军队存在大队潘托达波伊（来自不同民族的士兵），这些士兵的装备和训练与马其顿士兵别无二致，作为马其顿方阵长矛兵和重骑兵参加战斗：在帕莱塔西奈之战，安提柯麾下有八千潘托达波伊方阵长矛兵和五百此类重骑兵，其战场对手欧迈尼斯则拥有五千潘托达波伊方阵长矛兵（狄奥多罗斯19.28—29）。这场大战总计有一万三千五百潘托达波伊，可想而知，这些兵力来自亚历山大选拔大量亚洲少年的兵源扩充计划，按马其顿的方式进行装备和训练，在战场之上遵循马其顿作战体系。亚历山大又任命多名波斯贵族出任帝国各地总督和行政官员，此举不过是因为波斯帝国已统治西亚两百余年，波斯贵族势必具备一定治国才能，亚历山大加以利用而已。同样，从此举措中也看不出文化融合的迹象。

对亚历山大民族融合构想最为推崇的论述来自威廉·塔恩，其中包含吹捧亚历山大戎马生涯所需的大多要素，他将亚历山大描述成“人类大团结：四海之内皆兄弟”这一构想的倡议者。大概上文已能让读者清楚知道，这种见解很难站得住脚，亚历山大根本就不是那种理想主义者。就在亚历山大死后，确实有历代斯多葛派哲学家提出这一思想，“四海之内皆兄弟”，然而这仅仅是构想而已，并未对政治和社会产生任何实际影响。较晚时期的文人极力书写亚历山大的传奇故事，借用了这一想法，把打造“世界王国”的构想归功于亚历山大，他先统一世界，然后在他统治之下，“世界王国”各地居民迁移融合，从而切实有效地实现“人类大团结”。巴迪安在很久以前就对此类观点的所谓证据进行解析，显示出塔恩的做法是何等荒谬，塔恩将这些证据过度发挥，打造出一种亚历山大极力追求的明确思想体系。如果亚历山大真的有过任何建立“世界王国”的想法，这种想法充其量也不过体现他的狂妄自大，而非体现他为达成“四海之内皆兄弟”构想作出的努力。

4. 亚历山大真的是“大帝”吗？

亚历山大被公认为“大帝”已有两千余年，这一称号也不大可能更改。人们不假思索就会在他名字之后加上尊称，这就很难对他能否配得上“大帝”之名进行任何严肃探讨。如果他配得上此名，那是凭着什么？“大帝”的评判标准又是什么？西方历史上有“大帝”称号的君主不在少数：罗马皇帝君士坦丁大帝、撒克逊国王阿尔弗雷德大帝、法兰克—德意志皇帝查理大帝（常用名“查理曼”，“大帝”一词已成他实际名字的一部分）、俄国沙皇彼得大帝和女皇凯瑟琳大帝、普鲁士君主腓特烈大帝，在此仅举这几例。另一方面，有些君主功业不容置疑，位居伟大（甚至最伟大）统治者之列，然而却无“大帝”称号：罗马皇帝中的恺撒、奥古斯都、图拉真，近代欧洲君主中的英国女王伊丽莎白一世、法国国王路易十四、拿破仑。可以说，奥斯曼帝国历代苏丹以苏莱曼一世最为伟大，他也并无“大帝”称号

（其称号为“the Magnificent”，而非“the Great”）。或许有些君主已足够出色并不需要“大帝”称号来彰显其伟大，像恺撒、奥古斯都、拿破仑等人，难道有无“大帝”称号能增减他们的声望？大多数有“大帝”称号的君主至少在某种程度上以辉煌军事成就著称。尽管彼得大帝和凯瑟琳大帝在这方面并不太突出，君士坦丁大帝、阿尔弗雷德大帝、查理大帝等人无疑在军事领域之外还有其他伟大成就，然而通常在赋予君主“大帝”称号之时，似乎其辉煌军事成就是必不可少的前提之一。就亚历山大而言，可以说军事成就是他被称为“大帝”的唯一原因。

亚历山大实际上都做过些什么？他百战百胜，征服天下。尽管有些学者试图将他看成深刻的思想家，认为亚历山大具备超越自己所在时代的思想——“四海之内皆兄弟”，然而他在其他方面确实是乏善可陈。正如上文所述，这些学者的看法既异想天开又误入歧途。更为可信的观点是将亚历山大看作帝国缔造者，他不但军事才干超群，而且行政和组织才能出众。然是事实却是，支持这种观点的证据少得可怜。亚历山大征服波斯帝国之时，一路征伐、不断进军，并不在任何一地多作停留以构建行政组织体系。在东征早期，他的做法不过是废黜、驱逐或杀死波斯地方总督，任命一名马其顿将领取而代之，让此人尽其所能统管所在省份。似乎亚历山大在意之事不过就是，税金是否如期收缴，并及时送往前线。高加米拉大战之后，波斯精英阶层向亚历山大投降，愿意效劳，后者开始让已经臣服的波斯总督继续任职，为自己掌管波斯各省。亚历山大显然认识到，波斯精英阶层已经统治帝国两百余年，积累了不少管理经验，具备一定治国才能。他决定对此加以利用。由此可以断定，他自己并没有打造行政组织体系的特别构想，完全满足于按照波斯帝国的旧有模式进行统治。他也确实作出了一些改变，施行军政分离：留任波斯总督通常被剥夺兵权，由一名马其顿或其他地方的希腊将领（strategos）出任总督副手（实际上负责监视波斯上司）。换言之，亚历山大并不完全信任大多数波斯贵族，不过利用他们的管理才能而已。

亚历山大的确为自己的帝国打造了一套全新中央集权财政体系，旨在确保各地税金列入帝国预算，并且预备妥当，以便为将来的各种计划和军事行动提供经费。然而这一财政体系很难算得上非常成功。亚历山大任命哈帕拉斯掌管巴比伦城帝国中央国库，此人是他儿时密友，为马卡塔斯之子，来自艾利梅阿原有统治家族。哈帕拉斯利用职务之便，损公肥私，其生活奢侈程度令人难以置信，而且挪用国库金银谋取私利。公元前325年，哈帕拉斯听闻亚历山大即将返回巴比伦城，畏罪潜逃，逃走时从国库卷走巨额财富，高达五千他连得金银，数目惊人。他前往雅典避难，结果被捕入狱，财产充公。雅典人最终释放哈帕拉斯，声称要将这些金银还给亚历山大。然而直到公元前323年亚历山大驾崩，这笔巨款还留在雅典人手中，最终大多充作军费，用于反抗亚历山大的继业者们。全新中央集权财政体系并不成功，除此之外，几乎没有迹象表明亚历山大创建过任何全新行政体系，他不断扩张征服，过于忙碌，根本无暇顾及此类事务。有一文献记载了亚历山大的终极计划，如果所言属实，那他还打算继续扩张、征伐不休。亚历山大驾崩之时，正准备征服阿拉伯半岛。据说他还要从埃及西进，征服迦太基帝国，控制整个北非海岸，直抵大西洋。然后渡海前往欧洲，一路征服西班牙、法国南部、意大利，最后返回马其顿本土。虽然“终极计划”构想了一些宏大昂贵的建筑工程（包括建立新城），但是显然亚历山大并不会亲自监督这些工程的进度，埃及亚历山大城的建造过程便是一例。他自己忙于征服他国，仅仅下令开始建筑计划，由其他人负责监督工程进度。亚历山大也未指明应当如何支付相关费用，当然他会将波斯帝国储备的大量金银铸造成钱币，为各种建筑计划提供资金，鉴于“终极计划”所载工程规模过于宏大，波斯帝国国库所藏金银也必会耗尽。

最后，亚历山大以建立许多城市闻名于世，他是否盛名难副？据说亚历山大建立了许多城市，现存文献对城市数目意见不一（有些记载多达七十，甚至更多），然而均认为他是伟大的城市建立者。能为此提供证据的重要范例是埃及大城亚历山大港（希腊人称之为“埃及边上的亚历山大城”）。公元前3世纪晚期，建城约一百年后，亚历山大城已经成为古代最大的城市之一，在其鼎盛时期居民超过一百万，尼罗河谷盛产谷物，每年有大量余粮供应该城居民。毋庸置疑，对于这座将以自己名字命名的大城，亚历山大大帝选址非常精妙，城市位于尼罗河三角洲西部边缘，拥有天然良港（进行人工改良相当容易），所在狭长陆地两面临水（北有地中海，南有大淡水湖马雷奥蒂斯湖），面积却也相当可观，此地是兴建港口的绝佳位置。亚历山大港很快就成为埃及主要港口，也是地中海最大的港口之一。由于该城南北两面均有大片水域作为天然屏障，也是个易守难攻之地。然而亚历山大并未建造亚历山大城，仅仅下令建造这座城市，随即就离开了。其实是由托勒密一世和其子托勒密二世建成大城亚历山大港，使之成为整个希腊化世界最重要的商业和文化中心。亚历山大行事一贯如此，下令达成某项计划，然后由其他人自行规划，完成实际工作。

虽然有不同文献声称亚历山大在西亚建立或重建了其他城市，

然而所提供的证据却大多年代较晚，而且颇为可疑。公元前3世纪，亚历山大的传奇故事开始流传，因此有不少城市尽其所能，宣称亚历山大为其奠基人。最为可靠的文献只提及亚历山大在以下地区另外建立了一些“城市”：底格里斯河以东的亚洲内陆，主要是在巴克特里亚、索格狄亚那（今阿富汗）和印度北部（今巴基斯坦）。然而审视这些记载，便会发现用“城市”一词描述这些定居点有些不当，它们其实不过是一些卫戍部队驻地，即老兵（特别是希腊雇佣兵）定居点，由于帝国东部征服过程极为艰难，亚历山大在各地留有驻军，以确保对这些地区的掌控。有可靠文献称有十几个此类卫戍部队驻地，每个似乎拥有约两千老兵。亚历山大死后不久，这些卫戍部队纷纷遗弃驻地，集结成一支军队，决定一路西进，杀回希腊，因为他们从来没有任何兴趣在亚洲内陆定居。有文献记载，这支军队总兵力为两万五千人，由遗弃驻地的老兵组成。如此一来，那十几个卫戍部队驻地平均兵力约为两千。在西进路上，一支马其顿军队奉命前来阻止他们，后者无法抵挡，被迫各自返回驻地。这些卫戍部队留在当地繁衍生息，作为希腊化文明在印度—巴克特里亚的前哨基地兴盛近两百年。有些卫戍部队驻地后来确实变成了城市，20世纪70年代，法国考古学家在阿富汗境内的阿伊·哈努姆发掘一座希腊人古城，发现了这些城市的渊源由来。因此，或许亚历山大确实作出了一些贡献，使以下事实成为可能：巴克特里亚和印度北部有了希腊化城市，在公元前300年至前100年文明兴盛。然而亚历山大的这些贡献，与他作为城市奠基人所享有的盛誉相去甚远，事实上，西亚这些希腊化城市的建造，由他的继业者安提柯、塞琉古及塞琉古之子安条克一世实际完成。

这样一来，亚历山大赖以成名的唯一可靠原因就是其征伐功业，他既是战场勇士，又是统兵将领和征服之王。由此看来，很有必要再次指出，亚历山大既不是他麾下军队的创建者，也不是他所用军事体系的发明人，这些都来自其父腓力，后者才是那个创建者和发明人。此外，亚历山大有多位顶级名将鼎力相助：安提柯在小亚细亚粉碎了波斯军队的反攻；安提帕特在希腊南部平定了斯巴达人主导的叛乱；帕米尼奥在高加米拉之战率左翼军兵力抗强敌、屹立不倒；克拉特鲁斯、托勒密、帕迪卡斯等将领也以各种方式付出了大量努力。如果没有这些名将为他效命，亚历山大东征又能取得多少成就？当然亚历山大本人在一定程度上也配得赞誉，因为驾驭和统领这些骄兵悍将并非易事，如果他软弱无能、优柔寡断，恐怕会有一名或多名将领以下犯上，甚至会将其玩弄于股掌之间。但是要牢记这一点：腓力早已在马其顿全军上下成功灌输了对王室近乎狂热的忠诚（绝对忠于腓力和他的子嗣）。正因如此，军兵才会在亚历山大驾崩之后坚持拥立其兄阿瑞戴伍斯继位，并且让他改用父王之名腓力。马其顿诸位将领之所以听命于亚历山大，不单是因为他能赢得部下的尊敬，更是因为他们别无选择。如果亚历山大的任何部下发动叛乱，恐怕很难得到普通士兵的支持，当然帕米尼奥恐怕是个例外，这也是亚历山大将其击杀的原因。

作为军队统帅，亚历山大的声望主要靠（或应当靠）高加米拉战役和海达斯佩斯战役确立。格拉尼卡斯战役和伊苏斯战役完全是其父腓力生前所打胜仗的翻版：亚历山大麾下大军由腓力创建，诸位将领由腓力培养，所用战术也由腓力设计。而在高加米拉战役中，亚历山大必须进行战术创新、一展谋略，才能获得最后胜利。同样在海达斯佩斯战役中，他必须找到有效办法来解决新难题，即如何对付战象。在高加米拉，他让左翼按兵不动、坚守阵地，又在后方部署一个预备队方阵，命令这支部队随时面朝后方，迎击任何迂回包抄从后来犯之敌。这些巧妙方案行之有效，使得敌军明显兵力优势未能化为胜势。在海达斯佩斯河畔，他让军队进行频繁机动，麻痹敌军，从而在渡河之时畅通无阻，这一策略显示出他高超的战术智慧。他又预先习得对付战象之法，优先攻击象夫，只要将其击杀，战象就会失控，可见他善于利用军事情报。总而言之，亚历山大无疑是一名极其悍勇、擅长领兵、（必要时）战术颇有创意的沙场猛将。就整体战略而言，亚历山大一直在遵循其父腓力设计的“剑盾战术”，当然他也能够根据战场的实际需要随时调整战略战术。

另一方面，亚历山大作为全军统帅并非没有弱点。他的战略大局观很成问题，考虑到他的兵源地是在希腊和巴尔干地区，远征巴克特里亚和印度北部简直毫无意义，此举既不合逻辑，又难以获得后勤补给。亚历山大驾崩之后，继业者们在二十年之内就放弃了印度北部领土，而且在最初的二十年之后，基本上就将巴克特里亚视为鸡肋，如此举动绝非偶然。这些领土实在是离地中海太远了，很难由地中海强权牢牢掌控。公元前333年，帕米尼奥非常明智，建议亚历山大将其野心限制在叙利亚／巴勒斯坦和小亚细亚（或许还包括埃及），这些地区土地肥沃、人口众多，可以和巴尔干南部地区有效整合，形成一个能正常运转的大帝国。此外，正如他麾下将领的抱怨之词，亚历山大太容易逞匹夫之勇，身为统帅，却表现得像普通士兵，经常在疆场之上和攻城之时毫无必要地以身犯险（在印度攻打马里小城时最为“勇猛”），让远征军遭受失去统帅的巨大风险。毫无疑问，亚历山大非常享受搏杀带来的紧张刺激，尤其喜欢纵马追歼敌军，高加米拉大战之时，幸亏在紧要关头被及时劝阻，才没有率骑兵追出太远，从而避免了整个战役的失利。由于一旦战死，并无子嗣能够继位，亚历山大应当在战斗中更为沉稳，只在绝对必要之时才以身犯险。当然，亚历山大执政能力备受诟病还因以下事实，直到去世前几年，他都一直拒绝考虑一件至关重要的大事——娶妻生子，产生一名王储。

总的来说，“大帝”称号似乎是对亚历山大实际能力及重要性的夸大评价。他用父王的军队完成了后者的计划，然后更进一步，继续东征，虽然一路得胜，所获战果却几乎没有任何战略意义。亚历山大总能设法克服困难，然而有很多困难从一开始就应该避免。他对将所征服之地整合成正常运转的帝国毫无兴趣，仅仅为了方便起见，沿用波斯帝国的统治体系。他亲自征伐四方，却将帝国建设重任丢给他的继业者们，给后者留下了棘手的难题。如何确定继位人选？如何管理马其顿军队所征服的土地？亚历山大完全是个统兵将领，似乎纯粹为了享受搏杀和征服带来的紧张刺激而生。在亚历山大之后，有“大帝”称号的西方君主之中，纯粹军事领袖首推普鲁士国王腓特烈大帝，他在军事之外颇有建树。那么为什么亚历山大死后两千多年来，后人一直对他不吝溢美之词，有时甚至到了崇拜吹捧的地步？

5. 亚历山大的传奇故事

对亚历山大的强烈兴趣和盲目崇拜可在小说、电影、其他大众媒体，甚至一些学术性的历史类书籍中找到踪迹，这种狂热在很大程度上源于对他充满传奇色彩征伐功业的敬仰。亚历山大成就霸业之时如此年轻，又很快英年早逝（不到三十三岁）。正如上文所述，他有时又能一展“骑士风范”，这也为他增添了几分传奇色彩。在他死后至多一百余年，已有一部小说体文献描写了他传奇般的生平和功业，将他彻底变成了一个传奇人物，堪称西方文明史上首个“超级英雄”。此书名为《亚历山大大帝传奇》，由亚历山大手下宫廷史官卡利斯提尼斯执笔，通常称作者为伪卡利斯提尼斯。该书最初是用希腊文写成，后来翻译或改写成多种文字：拉丁语、古叙利亚语、亚美尼亚语、古斯拉夫语和许多其他语种，从而广泛影响了人们对亚历山大的印象和评价（尤以中世纪时期为甚）。事实上，对亚历山大的传奇性描写并非始于这部彻头彻尾的小说体文献，归在亚历山大名下的许多传奇性甚至神话般的壮举，其实可以追溯到一些较为严肃的同时代历史文献上所载的故事。

将亚历山大传奇化的过程，始于首部记载其作为的历史文献，该书出自他御用史官卡利斯提尼斯的手笔。此人是哲学家亚里士多德的甥外孙，而亚里士多德是亚历山大少年时的家庭教师。他因写成《希腊志》（一部综合性史书，涵盖公元前386年至前357年的希腊历史）而获誉甚多，一跃成为以记载可靠著称的历史学家。作为亚历山大的宫廷史官，专职工作是尽可能地美化亚历山大的作为，加以记录，卡利斯提尼斯改变了自己的著史风格，他要成为亚历山大的“荷马”，为亚历山大写成一部专属“《伊利亚特》”。因此从一开始，他就没有太多客观真实的历史记载，反而将亚历山大描述成一个众神所喜爱的英雄，例如，亚历山大率军沿潘菲利亚海岸进军之时，途经一地，位于悬崖和大海之间的道路极其狭窄。按照卡利斯提尼斯的记载，亚历山大一到此处，海水自动退去，向这位伟大君王致敬，使后者率军通行变得容易。亚历山大远征埃及之时，决定前往位于锡瓦（位于利比亚沙漠的一处绿洲）的阿蒙神庙，他和随从因“西蒙风”（挟带飞沙的热风）掩埋道路迷失方向，按照卡利斯提尼斯的记载，有乌鸦现身，为亚历山大引路，将其带往绿洲，乌鸦甚至还费力找回掉队的士兵，将他们带回亚历山大身边。这些素材是传奇故事，而不是历史。然而与亚历山大死后不久出现的相关历史记载和回忆录相比，卡利斯提尼斯对他的传奇化描写还不算夸张。

亚历山大少年时代的不少朋友后来成为其心腹将领，拉古斯之子托勒密是其中之一，后来在“继业者战争”中发挥主导作用，最终在埃及建立了托勒密王朝。托勒密在晚年撰写了一部史书，记载亚历山大统治马其顿帝国始末，刻意强调了自己在亚历山大手下所建之功。罗马时代的史学家阿里安利用这些史料，写成一部现存最好的亚历山大征伐史，阿里安相信托勒密所言非虚，因为后者是这段历史的见证人，后来又成为一国之君，想必不会撒谎。按照卡利斯提尼斯的记载，有神奇乌鸦将亚历山大引到锡瓦，而托勒密并不赞成这一说法，按照他的记载，是能说人言之蛇现身沙漠，将亚历山大引到目的地。学界通常认为，在记载过亚历山大经历的史学家当中，托勒密还算严肃史家，较为尊重事实，然而读者真的可以相信蛇类能口吐人言吗？事实很简单，托勒密确实在所著史书中加入了谎言，他笔下的亚历山大已非常人。

从此以后，对亚历山大的记载传奇色彩变得更浓。历史学家欧奈西克瑞塔斯，曾在亚历山大军中效力，在其印度河舰队里担任一名船长（或至少担任舵手），此人著有一部史书，记载亚历山大的传奇经历。他从亚历山大麾下大将和继业者利西马科斯手中获得了丰厚资助。普鲁塔克记载了以下场景：在利西马科斯的王宫里，欧奈西克瑞塔斯为他大声朗读一段文章，取自所著史书的第4卷。这段文章描述了亚马逊女王拜会亚历山大的场景，前者携带由亚马逊女战士组成的卫队，前往赫卡尼亚（位于里海南岸）马其顿营地觐见亚历山大。据说她想和亚历山大生儿育女，全世界最强的男女战士必会产生不同凡响的后代。普鲁塔克记下了利西马科斯对这段文章的幽默回应："我想知道那时我在哪里？"（普鲁塔克《亚历山大》46）在此澄清一下，亚马逊女战士的传闻源于希腊神话，而非历史。然而亚历山大幽会亚马逊女王的传说却留存下来，成为亚历山大传奇故事的固定组成部分。

这样的例子还有很多，但有一点已经很清楚，从一开始，甚至在他生前，就有文人将亚历山大描写成传奇般的英雄人物，对他高唱赞歌，用来描写他的故事再荒诞不经也不算过分。这一现象在某种程度上要归因于亚历山大本人和他对自身形象的塑造。亚历山大身为腓力之子，只是复制父王的成就已不能满足他的野心，他是赫拉克勒斯和阿喀琉斯的后裔！他的成就必须以史诗中英雄的标准来衡量！亚历山大横渡赫勒斯滂海峡，开始远征亚洲之前，据说先在海峡欧洲一侧普罗忒西拉奥斯墓献祭，在特洛伊战争（希腊神话）中，此人为首个踏上特洛伊（亚洲）土地的希腊勇士。亚历山大随后登上战船（当然是"排头舰"）率先渡海，其间屹立船头、遥望亚洲，战船快要靠岸之时，他将一支长矛投向亚洲土地，此举旨在彰显英雄气概，也有象征意味。登上亚洲土地之后，他让当地人指明传说中的阿喀琉斯之墓，随后在墓前祭拜他的所谓祖先阿喀琉斯，而他的挚爱赫费斯提翁，则找到传说中的阿喀琉斯挚爱帕特洛克罗斯之墓，进行祭拜。亚历山大如此举动是在暗示，他是新阿喀琉斯，即将横扫亚洲，是战无不胜的大英雄。早在这个时候，亚历山大就已在自己身边收拢了一小群著名文人，诸如诗人科艾利勒斯、阿尔戈斯人阿吉斯、西西里人克里昂等人，他们的职责就是将亚历山大与希腊神话中的一些神明（半神半人血统之人最后成神）相提并论，诸如赫拉克勒斯、迪奥尼索司、狄俄斯库里（宙斯双子卡斯托耳和波吕丢刻斯）等。同时代的文献足以证明，在他统治末期，亚历山大是不是神，已变成一个广为流传的疑问。历史学家就以下观点产生了分歧：亚历山大认为他自己就是神，要求臣民敬拜自己，或者只是谄媚者提议为他加上神明的荣耀。前一观点似乎和许多文献所证实的亚历山大自我形象相符，在他统治快要结束之前，亚历山大确实要求臣民将自己当作神来敬拜，或许以下极具代表性的简短评语可支持这一观点："既然亚历山大想要做神，那就让他做神好了。"此话出自斯巴达人达米斯之口（普鲁塔克《掌故清谈录》219E），这句话的意思是说，如果他是神，他就应该展示神的能力，例如长生不朽，诸如此类。

换言之，从统治早期开始，亚历山大就已经在打造自己作为超人英雄的传奇故事，而且不遗余力，并借由以下人物广为传播：他的宫廷史官卡利斯提尼斯、亲历东征过程的其他史学家（在他死后为他作传）、刻意将他英雄化的宫廷诗人（负责创作他的传奇故事）。亚历山大甚至着力塑造自己的外在形象。亚历山大时代最伟大的画家阿佩利斯，成为获准为他绘制官方肖像的唯一一人，他笔下的亚历山大手中挥舞宙斯的"雷电剑"。亚历山大也为此铸造钱币，上有他手持雷电的形象。亚历山大塑造自我形象（超人般的形象）如此不遗余力，笔者很难想到还有哪位君主能在这方面与他一决高下，或许“太阳王”路易十四（法国国王）最为接近。考虑到古代文献对征伐功业的过度钦佩，就不难理解以下现象了，亚历山大对自己的宣传吹捧能影响在他之后的文献，又由后者原样照搬和进一步夸大，而且这种惯性几乎延续至今。然而现在已经是21世纪，早已无须遵循这一传统，亚历山大作为将领令人钦佩，作为征服者影响深远，但也就仅限于此，他的传奇故事早已风光不再。

第六章
继业者战争

公元前323年6月，亚历山大英年早逝，在他身后留下了巨大的权力真空。这在很大程度上并不是因为他是如此伟大和不可或缺（尽管他生前的确是一位非凡卓越、成就非凡的统帅和君主），而是因为没有王储可以继位，进而统治马其顿臣民和庞大的帝国。这就给马其顿精英阶层制造了一个极其棘手的难题。从公元前336年亚历山大登上王位的那一刻开始，安提帕特和帕米尼奥就一直督促他尽早娶妻生子。如果他从速纳谏、当即照做，那他驾崩之时，长子应该有十到十二岁了，可被拥立登基，或许由股肱重臣共同摄政，同时悉心培养少主，在六到八年之后便可让其亲政。亚历山大却拒不纳谏达十年之久，公元前327年才首次娶妻。亚历山大驾崩之时，没有子嗣，不过他的第一位王妃罗克珊娜已怀有六个月的身孕。然而没有人可以保证她将来能足月顺利生产，即便母子平安，也无法保证所生婴孩是个能继承大统的男孩。就算一切顺利，罗克珊娜生下王子，他也要再等大约十八年才能亲政，其间难道不会再生变故？由于腓力和亚历山大为防止马其顿陷入分裂，已经彻底铲除阿吉德王室内部一切潜在竞争对手，阿吉德家族所剩唯一男丁就是亚历山大异母兄长阿瑞戴伍斯，此人有智力缺陷，只因不具备执政能力才得以存活。亚历山大还有一个同母妹妹克利欧佩特拉和两个异母姐妹库娜涅和塞萨洛尼卡，库娜涅和堂兄阿明塔斯育有一女，时年十几岁。这些就是阿吉德王室硕果仅存的全部血脉，而马其顿是彻底的男权社会，从来没有让女子继承王位的传统。因此，亚历山大驾崩之后，一群忧心忡忡的马其顿将领齐聚巴比伦城王宫，共商将来如何统治帝国。

1. 巴比伦协议的达成及瓦解

这些马其顿精英将领在巴比伦城聚集开会，面临的难题之一就是，最重要的将领和“权力玩家”没有全部到场。帕米尼奥死后，资格最老的马其顿高级将领当数安提帕特和独眼安提柯，然而二者均未参加巴比伦会议。安提帕特此时已接近八十高龄，但依然身体强壮、精力充沛。正如上文所述，腓力在位之时，安提帕特一直是最受信任的两大重臣之一，他和帕米尼奥堪称腓力的左膀右臂；亚历山大在位之时，他又一直留守马其顿本土监国摄政。马其顿本土军队已在安提帕特麾下效力十三年之久，实际上已经成了他的军队，他率领这支军队独当一面，接连取得胜利，先是击败企图造反的色雷斯总督门农，又在公元前330年取得更关键的胜利，打垮以斯巴达为首的希腊南部城邦联军。手握马其顿本土驻军，安提帕特在各大将领当中，不但最受尊重，而且实力最强。安提柯几乎与腓力同年，亚历山大驾崩之时，他年约六十岁，已经实际统治卡帕多西亚以西的小亚细亚（小亚细亚由马其顿人控制的地区）十二年之久。安提柯的官方总督辖地是佛里吉亚，但他又同时掌控皮西迪亚西部、利西亚、潘菲利亚，公元前331年，他亲自率军在小亚细亚挫败波斯军队反攻，进而又征服了利考尼亚。赫勒斯滂佛里吉亚（位于达达尼尔海峡沿岸，与安提柯总督辖地佛里吉亚同名）、吕底亚、卡里亚等地总督无论是辖地面积还是地位资历都远不如安提柯。安提柯在小亚细亚苦心经营多年，统治区域又非常辽阔、战略位置极其重要，并且手中拥有一支亲手招募的地方守备部队，又亲自率领这支部队独力取得重要胜利，因此他绝对是不容忽视的封疆大吏。

克拉特鲁斯的地位不在两位元老之下，不过要年轻得多。帕米尼奥死后，他（连同赫费斯提翁）是亚历山大最为信任的将领，实际上已是后者的副统帅。亚历山大驾崩之时，克拉特鲁斯远在小亚细亚南部的西里西亚，统领一支由百战老兵组成的军队：一万马其顿长矛兵和一千五百骑兵。公元前324年，亚历山大命他率这些老兵返回马其顿换防，作为新驻军留守本土，而克拉特鲁斯本人则留在马其顿监国摄政。与此同时，安提帕特应率领马其顿本土原有驻军前往巴比伦城，与亚历山大会合。克拉特鲁斯在西里西亚逗留了一段时间，原因不明，或许是因为他需在赛印达城为亚历山大设立王室金库，正忙于此事。然而由于有帕米尼奥前车之鉴，安提帕特并不信任亚历山大，怀疑后者居心叵测，不愿率军离开马其顿，前去与亚历山大会合。安提帕特派其子卡山德前往巴比伦城，对亚历山大如此安排提出抗议。安提帕特位高权重、备受尊崇，估计克拉特鲁斯也无意和他及马其顿本土驻军起正面冲突，故而在西里西亚徘徊不前，期待亚历山大能另下旨意（收回成命）。如果克拉特鲁斯身在巴比伦城，无疑会出席高级将领会议，而且充当主角，即便他远在西里西亚，仍然是一员实力雄厚、广受爱戴的大将，据说他在马其顿军中声望仅次于亚历山大本人，而且手下这支军队兵力雄厚、身经百战。克拉特鲁斯堪称马其顿人中的马其顿人，严格遵循马其顿传统，甚至披挂上阵之时也要头戴标志性的kausia（马其顿式圆帽），全军上下对他尊崇有加，一看到他头戴kausia纵横疆场的场景便士气大振。克拉特鲁斯也是不容忽视的一员猛将。

这样一来，在巴比伦城出席会议的这群将领，并不能完全代表马其顿“最高统帅部”。在场资深将领只有帕迪卡斯，由于克拉特鲁斯已率老兵离开，赫费斯提翁也撒手人寰，他得以出任亚历山大的副统帅。在他之下的将领分为三类：较为年轻的后起之秀，如托勒密、莱昂纳图斯、塞琉古、克拉居阿斯之子培松、利西马科斯；较为年长却从未晋升成高级将领的中级军官，如亚里斯托诺斯，方阵长矛兵各营统领波利伯孔、阿塔罗斯、梅利埃格；非马其顿希腊将领，如卡迪亚人欧迈尼斯（随军秘书长）、海军元帅尼阿库斯、拉里萨人米迪乌斯。亚历山大驾崩后，少则几周，多则几个月，形势已经非常明朗。尽管帕迪卡斯觉得自己将是马其顿帝国的未来元首，然而他却对自己的能力和地位没有多少把握，他既不能牢牢控制局势，又不愿接受真正的权力共享。如此一来，冲突已经不可避免。亚历山大英年早逝，在执政末年，由帕迪卡斯出任代理副统帅（chiliarch），除此之外，后者还有一大优势：亚历山大弥留之际最后举动之一，便是将王室印戒递于他手，此举可被视作移交权力。然而诸位重要将领聚集开会之时，帕迪卡斯却没有戴上王室印戒发号施令，顺势要求执掌王权，反而将它置于桌面之上，在某种程度上，这似乎是在暗示：群雄逐鹿，更待何时?

与会各方意见不一，很快出现分歧。一些人（尤其是亚里斯托诺斯）认为帕迪卡斯是亚历山大的指定接班人，应当执政掌权；其他人则主张成立“摄政委员会”，托勒密是这一派的带头人之一。这两种提议均未解决王位问题，按照传统，只有阿吉德王室亚历山大一世的子孙才能继承大统。帕迪卡斯建议等罗克珊娜顺利生产之后再解决这一问题，如果她能生下王子，就会有王位继承人。地位较低的步兵统领当中，有一些人觉得自己在这场讨论当中被完全无视。其中一人为方阵步兵营统领梅利埃格，他突然想起亚历山大还有异母兄长阿瑞戴伍斯，随即离开会场找寻后者。阿瑞戴伍斯此时年约三十四五岁，看上去就像个正常成年男子，而且颇为强健英俊，然而他有某种程度的智力缺陷已是不争的事实。但是弟弟的死将他推上了历史的前台，之后七年，直到他惨死之前，阿瑞戴伍斯就一直是这个或那个高级将领的掌中傀儡，从来不曾独立行事，更无能力掌控大局。梅利埃格快速训练阿瑞戴伍斯熟悉他必须扮演的角色，随后将他带到王宫外面，马其顿军兵正聚集在宫门之外，翘首以待，盼望王位继承人早日敲定。梅利埃格将阿瑞戴伍斯介绍给全军官兵，阿瑞戴伍斯是腓力之子，理应登上王位。阿瑞戴伍斯显然与其伟大父王形貌相似，看上去颇有帝王之相。马其顿士兵无非是想有个强力新国王统领他们，随即向阿瑞戴伍斯欢呼，拥立后者为国王，并让他改用其父之名腓力，以示对王位的继承权。新“腓力”外貌出众，却能力低下、易受他人摆布，毫无疑问，梅利埃格企图借阿瑞戴伍斯之手统治马其顿帝国。

宫门外突生剧变，消息传来，整个会场气氛当即改变。面对梅利埃格的夺权之举，各个派系迅速结成两大阵营，内乱一触即发：一方为高级将领，以帕迪卡斯为首，有骑兵部队和大多数马其顿将领的支持；另一方为梅利埃格，有大多数步兵的支持。最终理智战胜了冲动，非马其顿希腊将领卡迪亚人欧迈尼斯从中斡旋（此人曾是腓力和亚历山大的随军秘书长，也在后者手下担任骑兵统领）。调停的结果是各方达成妥协，协议认可每个人的要求，却没有一人能够满意。各方承认阿瑞戴伍斯为新国王“腓力”，史称腓力三世，然而罗克珊娜所生婴孩（如果她能生下男婴，事实证明确实如此），也将出任“共治国王”，成年之后立即亲政，掌管整个帝国，幼主沿用其父之名亚历山大，史称亚历山大四世。在此期间，帕迪卡斯将以副统帅的头衔替两位国王管理整个帝国的实际事务，由梅利埃格出任他的第一副手。安提帕特继续出任马其顿总督，掌管帝国欧洲部分，人人都得承认，此人雄踞一方，根本不可能将其罢黜。克拉特鲁斯获得一个职权不清却有无上荣誉的头衔，二位国王的保护者（prostates），在必要时可行使特殊权力。其他高级将领大多获得各重要省份总督职位：安提柯获得批准，继续担任他小亚细亚超大辖地总督；托勒密出任埃及总督；莱昂纳图斯获得赫勒斯滂佛里吉亚；利西马科斯分得色雷斯，由于该地刚刚叛乱自立，他需亲自将其征服才能出任该省总督，其他各省也以类似方法瓜分完毕。卡迪亚人欧迈尼斯由于成功调停冲突各方，获得卡帕多西亚总督职位，然而该地此时并非由马其顿统治。安提柯和莱昂纳图斯接到命令，出兵赶出卡帕多西亚残存波斯总督阿里阿拉特，协助欧迈尼斯取而代之。此举绝非易事，因为阿里阿拉特已在卡帕多西亚统治多年，打造了一支非常强大的军队，据说兵力多达两万。

帕迪卡斯企图执掌整个帝国，纠集一批心腹，环绕左右作为后盾，其中包括其弟阿尔塞塔斯、妹夫阿塔罗斯、亚里斯托诺斯。塞琉古是另一较为年轻的重要将领，负责统领马其顿骑兵，按照传统，这一职位权力很大。帕迪卡斯就任正式副统帅之后，最早采取的行动之一就是假借一场典礼，对刚刚爆发冲突的军队进行大清洗。典礼达到高潮之时，梅利埃格以及几个心腹被突然拿下，随后受战象践踏之刑，死状甚惨。帕迪卡斯以此方式将自己的意图完全挑明，尽管一开始犹豫不决，现在他已不满足于成为帝国名义上的统治者。梅利埃格费尽心机、图谋大位，然而地位不高、能力不足，似乎其他马其顿将领没有一个对他的死感到惋惜，然而他落得如此下场无疑让其他将领担心，自己恐怕也会遭此毒手。托勒密火速启程，前往埃及；从走马上任的那一刻开始，他再无心思执行“中央政令”，反而直接将埃及据为己有。安提柯完全无视帕迪卡斯所下命令，拒绝出兵卡帕多西亚，显然对资历尚浅的年轻小子居然身居高位，向自己发号施令颇为恼火！克拉特鲁斯也很难对自己职权不清的角色感到满意。莱昂纳图斯则野心勃勃，胃口远远超出他那相对较小的总督辖地。换言之，“巴比伦协议”实际上并未解决任何问题。

亚历山大驾崩的消息很快传遍帝国各地，马其顿统治阶层不得不面对随之而来的两大难题。帝国各亚洲民族已臣服波斯两个世纪之久，习以为常，并无异动，而波斯人对阵马其顿军队之时一败涂地，惨痛记忆尚未抹去，根本无心反叛，然而亚历山大大帝国境内的非马其顿希腊人却趁机而动。希腊南部的雅典人觉得天赐良机不可错过，正是重获独立之时。由于亚历山大的财务官哈帕拉斯背信弃义，雅典人得以从亚历山大国库获取约五千他连得金银，可以充作军费。而且亚历山大并不信任各省地方总督，下令他们解散先前招募来维持治安的雇佣兵守备部队：伯罗奔尼撒南部的泰纳伦海角有巨大雇佣兵集市，成千上万的失业雇佣兵聚集于此，等候雇主上门。雅典人动员公民士兵，重组陆海军，同时呼吁各盟友城邦出兵相助，以发动“解放战争”，共抗马其顿人的压迫，又派遣雅典将军利奥斯提尼携带充足军费，前往泰纳伦海角招募雇佣兵。此人曾经担任过雇佣军指挥官，认识这些老兵，因而招募一支训练有素的庞大军队毫不费力，这支雇佣军使得雅典人军力大增。许多希腊城邦响应雅典人的呼吁，愿意出兵，其中以埃托利亚和塞萨利各邦最为重要，埃托利亚提供数以千计战意高昂、训练有素的轻步兵，塞萨利骑兵战斗力则不在马其顿骑兵之下。马其顿总督安提帕特突然发现自己要应对如此强敌，一场恶战在所难免。

与此同时，帝国的另一端（今阿富汗）局势也动荡不安。正如上文所述，亚历山大在这一地区设置了十几个卫戍部队驻地，许多（大多数？）居民是希腊雇佣兵。无论这些士兵愿意与否，他们还是奉亚历山大之命在这些地方定居驻守。得知亚历山大驾崩之后，这些卫戍部队开始互相联络，不久之后成千上万的老兵离开定居点，集结成一支庞大军队，兵力约有两万五千。他们并不适应亚洲腹地的生活，盼望早日回到家乡，重返地中海沿岸和希腊本土。选出领兵将领之后，这些士兵开始西进。这一举动给帕迪卡斯制造了一大难题：如果就这样放任大队士兵自行决定该做何事、前往何处，由马其顿精英阶层执掌的帝国就会权威尽丧。如果帝国东部卫戍部队驻地就这样被遗弃，东部领土也会随之失去。帕迪卡斯委派高级将领培松（克拉居阿斯之子）前去应对这一突发事件。培松率领大队人马，奉命拦截这些卫戍部队老兵，迫使他们返回驻地。两支军队在伊朗中部相遇，培松兵强马壮，“以力服人”。现存文献声称培松将“叛乱”士兵尽数屠戮，然而这绝非史实。事实上，这些卫戍部队被迫各自返回驻地，以下史实可以提供证据：此后希腊化文明在当地兴盛繁荣达两百年之久，这肯定是希腊戍边老兵及其子孙之功。现存文献对此仅有少量记载，不过此地希腊君主所铸钱币（堪称最精美的古希腊钱币）足以告诉今人当年的辉煌；20世纪70年代，法国考古学家在阿富汗境内的阿伊·哈努姆发掘一座希腊人古城，发现之物也能证实这一点。

帝国东部的危机就这样解决了，而且相当快速，培松及其后台帕迪卡斯功不可没。然而事实证明，希腊的情形却要棘手得多。安提帕特率领马其顿本土驻军南下，试图平定叛乱，在中希腊北部遭遇了利奥斯提尼率领的由雅典人和雇佣兵组成的联军。安提帕特首战失利，勉强带领败军全身而退，躲进附近城市拉米亚，凭借城防获得喘息之机，被迫在此坚守不出，顶住围攻。现代史学家因而称这一战事为拉米亚战争。安提帕特火速差人将告急文书送往小亚细亚，向这一地区的马其顿将领求救。有两位将领愿意出兵相救：赫勒斯滂佛里吉亚总督莱昂纳图斯无视帕迪卡斯之命，没有出兵卡帕多西亚为欧迈尼斯夺取总督之位（帕迪卡斯正是为此才给他一支军队），反而率军渡过赫勒斯滂海峡（达达尼尔海峡）进入欧洲，随即前往马其顿本土。他在此处招兵买马，扩充军队，准备南下救援安提帕特。莱昂纳图斯还和亚历山大的亲妹妹克利欧佩特拉（摩罗西亚人亚历山大的遗孀）取得联系，进而向她求婚，他本人出自权贵家族，企图迎娶克利欧佩特拉，以此为资本图谋大位。莱昂纳图斯率军南下，在塞萨利遭遇雅典军队，兵败将亡，一切构想烟消云散。莱昂纳图斯伤重不治，安提帕特却因前者参战得以解围脱困，又设法收聚莱昂纳图斯的残兵败将，率领他们及本部人马撤回马其顿本土安全地带。

还有一名马其顿将领愿意出兵救援安提帕特：滞留西里西亚的克拉特鲁斯。后者由于忌惮雅典海军，并没有马上发兵，他先从腓尼基、塞浦路斯、西里西亚招募一支庞大舰队，由手下将领“白人”克雷塔斯指挥。克雷塔斯先后在阿莫尔戈斯岛和赫勒斯滂海峡大战雅典舰队，接连取胜，彻底终结了雅典的海上霸权。克拉特鲁斯得以率百战老兵安全渡海，在马其顿本土登陆，随后和安提帕特会师。安提帕特和克拉特鲁斯合兵一处，再加上莱昂纳图斯残余部队，兵力可谓非常雄厚。两大名将积极备战，打算次年（公元前322年）春天与雅典及其盟友进行决战。两军在塞萨利的克拉农城附近展开会战。由于塞萨利骑兵和其他南部城邦军队表现出众，参战双方平分秋色。然而对安提帕特和克拉特鲁斯来说，平局和胜利也无甚分别。这场战役之后，南希腊联军各个盟友要么率领各自部队返回家乡，要么情愿以有利条款向马其顿军队求和。雅典反马其顿联盟土崩瓦解，两大名将率马其顿军队继续南进，势如破竹，一路平定希腊各邦。公元前322年10月，大军抵达雅典。雅典民主制度彻底终结，被亲马其顿寡头政权取而代之。

虽然仍须肃清残敌（尤其是埃托利亚人），然而安提帕特和克拉特鲁斯却胜局已定，而且合作非常愉快。二者的关系通过联姻进一步强化，克拉特鲁斯娶安提帕特长女菲拉为妻。这两大名将随后开始考虑与帕迪卡斯的关系，后者在战场上连续取得属于自己的胜利，声威大震。安提柯和莱昂纳图斯拒不执行将令，没有出兵征服卡帕多西亚，这让帕迪卡斯颇为懊丧，后者随即亲率禁卫军前往小亚细亚，他攻入卡帕多西亚，击败阿里阿拉特的守备部队，按原计划任命欧迈尼斯为这一地区的新总督。帕迪卡斯随后继续南进，攻入皮西迪亚东部，这一地区和先前的卡帕多西亚一样，尚未纳入马其顿的势力范围，在那里，他再次取得一场大胜。公元前322年秋，身在皮西迪亚过冬营地的帕迪卡斯已经声望暴涨。安提帕特派出代表面见帕迪卡斯，提议双方联姻，由帕迪卡斯娶安提帕特二女儿尼西娅为妻。此事若能成真，他和克拉特鲁斯就成了连襟：三大名将通过联姻结成铁杆盟友，将来可以作为“三巨头”代表两位国王统治马其顿。毫无疑问，这一构想非常不错，可以为整个帝国带来稳定，没有任何其他马其顿将领有实力抵挡这三人及其庞大军队。帕迪卡斯立即同意联姻，然而很快就后悔作出如此承诺，他同意联姻的话音刚落，奥林匹娅斯（亚历山大的母亲）和克利欧佩特拉（亚历山大的亲妹妹）就发来信件：母女二人提议帕迪卡斯娶克利欧佩特拉为妻。由于奥林匹娅斯非常厌恶安提帕特，帕迪卡斯若迎娶克利欧佩特拉，就是和安提帕特彻底决裂，然而此举也给了他统治马其顿帝国的可能，他身为幼主亚历山大四世的姑父，有奥林匹娅斯和克利欧佩特拉鼎力相助，能以年幼内侄的名义实际掌控整个帝国。

帕迪卡斯的优柔寡断再次展露无遗。他的好友欧迈尼斯也是奥林匹娅斯的老朋友，此人力劝帕迪卡斯接受克利欧佩特拉的“求婚”，娶她为妻。然而其弟阿尔塞塔斯生性更为谨慎，强烈建议帕迪卡斯信守对安提帕特和克拉特鲁斯所作承诺，迎娶尼西娅。帕迪卡斯左右为难，给两位贵族女子的回复均无拒绝之意，结果她们都在公元前321年初抵达小亚细亚，准备嫁给帕迪卡斯。大约在同一时间，又有两位马其顿王室女子抵达小亚细亚港口城市以弗所，试图成就另一桩婚事，使得事态进一步复杂化：腓力长女库娜涅携带自己的年轻女儿阿狄亚前来此地，企图把她嫁给年长国王“腓力”阿瑞戴伍斯，无疑期待阿狄亚能成为王后，进而掌控易受摆布的国王，以后者之名统治帝国。帕迪卡斯派其弟阿尔塞塔斯带兵前去拘押公主母女，很可能是想把她们送回马其顿。然而库娜涅反抗激烈，随后在暴力冲突中被杀。伟大先王腓力之女就这样殒命，阿尔塞塔斯手下马其顿士兵惊骇万分，当场哗变。阿尔塞塔斯和帕迪卡斯为安抚哗变士兵，被迫同意让阿狄亚嫁给“腓力”阿瑞戴伍斯，像她的新婚丈夫一样，阿狄亚随即改用王室名字“欧律狄刻”。帕迪卡斯暂时还能掌控年轻的“欧律狄刻”阿狄亚，然而局势却越发让人担忧，他仍然没有决定何去何从，一方面把克利欧佩特拉妥善安置在萨迪斯，派好友欧迈尼斯前去哄她开心；另一方面又正式迎娶尼西娅为妻。然而帕迪卡斯的随从却清楚他的真正意图，帕迪卡斯意图得到克利欧佩特拉以及随之而来独揽大权的机会。一场危机已经不可避免。

安提柯和托勒密的随后举动致使危机爆发。帕迪卡斯对安提柯拒绝出兵卡帕多西亚仍然余怒未消，召后者前来作出解释。安提柯既无意在后辈面前为自己辩护，又因梅利埃格前车之鉴心存忌惮，随即召集亲友，携带金银细软，乘坐几艘雅典船只逃往马其顿，投靠自己的多年好友安提帕特。安提柯一方面大肆抱怨帕迪卡斯的所作所为，另一方面向好友吕底亚总督米南德打探消息，密切关注帕迪卡斯和克利欧佩特拉的关系进展，随时将最新动向报告给安提帕特和克拉特鲁斯。托勒密则企图在埃及拥兵自立，打造自己的独立王国，为达此目的，他刻意强调自己与亚历山大关系密切，修建亚历山大城，将自己描绘成亚历山大在埃及的合法继承人。亚历山大大帝曾为该城正式奠基，然而未等开工建造便率军离开。亚历山大的棺椁和灵车极尽奢华，耗时一年多才准备妥当，当送葬队伍取道叙利亚返回马其顿之时，托勒密突然出兵截获亚历山大灵柩，带往埃及。他先将亚历山大葬在埃及旧都孟斐斯，后来又在亚历山大城特意修建宏伟陵墓，最终将亚历山大棺椁迁往该处安葬。托勒密此举是对帕迪卡斯权威的直接挑战，后者本打算让亚历山大落叶归根，将其遗体运回故乡，安葬在马其顿旧都埃迦伊阿吉德王室家族墓地。帕迪卡斯最终一改往日的犹豫不决，迅速作出以下应对：他休掉尼西娅，再次派遣欧迈尼斯面见克利欧佩特拉，表明自己迎娶后者之意。这意味着他要与安提帕特、克拉特鲁斯、安提柯、托勒密四人同时开战。“巴比伦协议”就此以破裂收场。

第一次继业者战争持续时间并不长，分为三条战线：虽然各条战线结局不同，然而整个战争的赢家无疑是安提帕特及其盟友安提柯和托勒密。安提帕特和克拉特鲁斯集结兵力，进军赫勒斯滂海峡，准备渡海进入小亚细亚对垒帕迪卡斯。安提柯则率领一支舰队，向爱奥尼亚海岸进发，登陆后与好友米南德会合，随后获悉帕迪卡斯已决意迎娶克利欧佩特拉，当即派人转告安提帕特，催促后者尽快出兵小亚细亚。托勒密在尼罗河三角洲最东端支河佩罗锡克沿河构筑埃及防线，静候帕迪卡斯率军到来。后者仍像往常一样犹豫不决，召集心腹幕僚商议确定行动方案，是向南进军惩罚托勒密，还是前往赫勒斯滂海峡对垒安提帕特和克拉特鲁斯？和往常一样，他选择了看似容易的方案，选择南下对付托勒密。帕迪卡斯在小亚细亚留下一支庞大军队，由其好友欧迈尼斯指挥，旨在守住赫勒斯滂海峡，阻止安提帕特率军渡海；阿尔塞塔斯和另一马其顿将领尼奥普托列墨斯，奉命率领各自人马配合欧迈尼斯。亚里斯托诺斯另率一军渡海占领塞浦路斯岛，控制当地资源，免得为敌军所用，将该岛变成帕迪卡斯进军埃及的前线补给站。帕迪卡斯率禁卫军取道叙利亚和巴勒斯坦向埃及进军，同时他的妹夫阿塔罗斯率领一支舰队沿海岸线齐头并进。

帕迪卡斯率军抵达埃及，与托勒密守军正面交锋，结果堪称一场灾难，几次强渡尼罗河都被守军击退，损失惨重；大量尼罗鳄聚集交战河段，尽情吞吃战死者尸体；南征军兵目睹如此惨况，士气一落千丈。意识到帕迪卡斯已经一筹莫展之后，以培松、塞琉古、银盾步兵（腓力的伙伴步兵，亚历山大的持盾步兵）统领安提贞尼斯为首的一群马其顿将领，在夜间前往中军大帐，对峙帕迪卡斯，随后将其杀死。托勒密闻听这一消息，当即渡河，在一次集会上向禁卫军士兵慷慨陈词，表示对被迫跟禁卫军发生冲突感到非常抱歉，也极其后悔让他们蒙受如此损失；许诺为他们提供给养和其他帮助。禁卫军士兵随即向托勒密欢呼喝彩，鉴于帕迪卡斯已死，提议由前者为两位国王监国摄政。托勒密意识到一旦接替帕迪卡斯的职位，必会和安提帕特及安提柯产生冲突，因此婉言谢绝禁卫军士兵的好意。暂且提名另外两名高级将领接替帕迪卡斯：阿瑞戴伍斯（并非腓力三世阿瑞戴伍斯，而是另一同名马其顿将领）和克拉居阿斯之子培松。禁卫军大营之中帕迪卡斯余党全部被抓，当场处决，其中包括帕迪卡斯的倒霉妹妹；另有三十余人被缺席审判，定为死罪，其中包括欧迈尼斯、舰队司令阿塔罗斯和帕迪卡斯的弟弟阿尔塞塔斯。禁卫军随后拔营北归，取道巴勒斯坦前往叙利亚，与安提帕特会师。

在此期间，安提帕特和克拉特鲁斯未遇任何阻挠，顺利渡过赫勒斯滂海峡。这里本应构筑防线，然而阻击他们渡海的三支军队已经陷入内斗。阿尔塞塔斯对于位居非马其顿将领欧迈尼斯之下非常恼怒，拒绝与后者配合，径直率领本部人马前往小亚细亚南部的皮西迪亚。尼奥普托列墨斯也不甘听命于欧迈尼斯，竟与克拉特鲁斯取得联络，准备率手下军兵投靠后者。因此，欧迈尼斯根本无暇顾及赫勒斯滂海峡防务，没有阻击安提帕特和克拉特鲁斯，反而先与本应是盟友的尼奥普托列墨斯作战，随后彻底打垮后者，将其残余部队纳入麾下。尼奥普托列墨斯仅率卫队几十名骑兵飞马逃入安提帕特大营，宣告作战失利。安提帕特和克拉特鲁斯随即召开军事会议，决定兵分两路。克拉特鲁斯率领本部马其顿老兵，以尼奥普托列墨斯为向导，前去与欧迈尼斯正面交锋，为本方赢得小亚细亚的控制权。与此同时，安提帕特则率军全速南进，增援托勒密。安提柯率领舰队从海路进发，搭载一支小部队，前去攻占塞浦路斯岛。

现实与预期完全不同，克拉特鲁斯与欧迈尼斯的对垒进展并不顺利，后者之前两年已经在卡帕多西亚招募训练了一支庞大骑兵。两军会战之时，欧迈尼斯命令阵线一侧卡帕多西亚骑兵正对克拉特鲁斯亲率骑兵拼命冲锋、全速突击，让后者完全无法选择适合冲锋时机。欧迈尼斯并不信任麾下步兵当中的马其顿人，如果让他们知道对手是自己敬爱的克拉特鲁斯，恐怕不会继续效忠自己。欧迈尼斯向他们保证，对手不过是尼奥普托列墨斯，外加一些新到援军。他又让步兵原地待命，决心单靠两翼骑兵取得战斗胜利。在阵线一侧，欧迈尼斯率领部分卡帕多西亚骑兵，向对面尼奥普托列墨斯麾下骑兵发起冲锋。两位将领战场碰面，一番恶斗之后，欧迈尼斯亲手击杀尼奥普托列墨斯，胜利在望。在阵线另外一侧，另一部分卡帕多西亚骑兵向克拉特鲁斯及其马其顿骑兵发起冲锋。两军混战之时，克拉特鲁斯胯下坐骑马失前蹄，他不幸被甩落马下，任由对面卡帕多西亚战马践踏。战斗结束之后，欧迈尼斯找到克拉特鲁斯之时，后者已经奄奄一息了，亚历山大麾下最受人尊重的一代名将竟然死得如此窝囊。克拉特鲁斯的残余部队向欧迈尼斯投降，暂且原地扎营，然而当晚半夜，这支军队就拔营启程，全速追赶安提帕特，与欧迈尼斯会合。在此期间，安提柯赶出亚里斯托诺斯及其军队，成功抢占塞浦路斯岛，随后渡海前往叙利亚北部与安提帕特会师。这样一来，安提帕特的本部人马、克拉特鲁斯的残余部队、安提柯的麾下军兵合兵一处。安提帕特随后率大队人马抵达叙利亚北部度假胜地特里帕拉迪苏斯（字面意思“三座花园”），培松和阿瑞戴伍斯率禁卫军正在此恭候大驾。马其顿高级将领是时候重启会议，以便尽快达成新的“协议”。

2. 特里帕拉迪苏斯协议的达成及瓦解

帕迪卡斯和克拉特鲁斯是亚历山大最信任的较年轻将领，现在二者均已殒命，马其顿帝国需要对权力进行重新分配。监国摄政王的人选只剩下了一个：安提帕特。他是迄今为止资历最深的将领，曾是腓力的得力助手，亚历山大在位期间一直担任马其顿总督，堪称人人敬仰，没有人能和他竞争。年轻的“欧律狄刻”坚称她有权以丈夫“腓力”之名统治帝国，很多士兵钦佩她的勇气，仰慕她的王室血统，她的言论导致了短暂的混乱。当安提帕特试图控制局势之时，骚乱突然爆发，然而安提柯和塞琉古当即介入，秩序很快恢复，这两员大将均是身材高大、极其强壮。安提柯派一队骑兵将年迈的安提帕特护送到安全之地，最重要的马其顿将领随后齐聚安提帕特大营，共商大事。欧律狄刻被迫认识到，作为一个女子，她必须保持沉默，学会顺从。会议正式确认安提帕特替两位国王监国摄政，成为帝国的实际统治者，同时对帝国的权力重新进行分配。

无须再费心确定埃及的归属，木已成舟，眼下这块土地属于托勒密。他已经成功统治埃及数年时间，打造了自己的军队，而且面对帕迪卡斯的进攻坚如磐石。毫无疑问，再去打扰托勒密已不明智。安提帕特从一开始就澄清了一点，他无意留在亚洲，他会尽快回到马其顿，坐镇本土掌管整个帝国，这意味着他需要在亚洲留下一名实力派将领作为副手，负责监管各省总督，确保帝国正常运转，政事得到妥善处理。安提帕特副手的人选也几乎没有争议，安提柯的资历仅次于安提帕特，屡次独当一面，名下胜仗数不胜数，又是安提帕特密友，而且绝对无法容忍位居另外一人之下。因此，他被任命为“亚洲将军”，负责监督亚洲各省，以及完成特别任务：领兵清剿帕迪卡斯余党阿尔塞塔斯和欧迈尼斯，此二人必须对克拉特鲁斯之死负责，罪不可恕。因为要完成这一任务，履行其他职责，安提柯获得了禁卫军的指挥权（上一任指挥官为帕迪卡斯），安提帕特又任命其子卡山德出任安提柯的副手，对后者进行监视。身为禁卫军统领，安提柯可以亲自照看两位国王，这意味着他实际上已是年迈摄政王安提帕特的指定传人，只要两位国王在安提柯手中，一旦安提帕特去世，他就是监国摄政王的不二人选。

而后各省总督名额也分配完毕。许多在任总督职位得到确认，然而还需给一些将领分封总督辖地，同时将帕迪卡斯所剩余党革职，剥夺其总督辖地。两位临时摄政王培松和阿瑞戴伍斯分别出任米底亚总督和赫勒斯滂佛里吉亚总督。培松已经有统治帝国东部的经验，曾领兵成功平定“叛乱”希腊雇佣兵卫戍部队，而且米底亚总督辖地实力雄厚，其总督可监控帝国最东部各省，自从莱昂纳图斯死后，赫勒斯滂佛里吉亚总督职位也一直空缺。另外两名参与暗杀帕迪卡斯的将领塞琉古和安提贞尼斯，分别出任巴比伦总督和苏西亚纳总督。不过安提贞尼斯暂时继续留任银盾步兵统领，执行一项特别任务：护送一批金银财宝到西里西亚的赛印达城，存于帝国金库；其间通过一名代理人统治苏西亚纳。各省总督职位瓜分完毕之后，安提帕特率麾下军队启程，返回马其顿，安提柯则率领禁卫军与他同行，前往小亚细亚征讨欧迈尼斯和阿尔塞塔斯。在行军途中，安提柯和卡山德产生摩擦，导致一些重要决定面目全非。卡山德显然不适合出任安提柯的副手，又说服其父安提帕特，使后者相信将两位国王置于安提柯之手并不明智。因此，安提帕特决定将两位国王和大部分禁卫军带在身旁，从本部人马中拨出八千较为年轻的马其顿士兵交给安提柯指挥。最终，安提帕特携两位国王和其子卡山德渡海来到欧洲，随后重返马其顿，而留给安提柯的军队规模更小，然而更易指挥，也更为可靠。安提柯即将率领这支部队与欧迈尼斯一决雌雄。

安提柯本人身材高大、声若洪钟，面部伤痕累累（公元前340年围攻佩林托斯一役因伤失去一目），且精力非常充沛。安提柯生于公元前383／382年，公元前320年就任“亚洲将军”之时，年约六十三岁，他已经为叱咤风云的机会等了太久。安提柯决意充分利用这迟来的机会。公元前320年秋至前319年，他整个秋冬都在厉兵秣马，制订作战方略。公元前319年春，他率领麾下约一万五千军兵前去征讨欧迈尼斯。后者在卡帕多西亚以逸待劳，聚集了一支庞大军队，兵力远远超过两万，这支军队以帕迪卡斯原先分给欧迈尼斯的军队为班底，又有尼奥普托列墨斯和克拉特鲁斯的残余部队补充兵力，但主力却是欧迈尼斯亲自招募训练的卡帕多西亚精锐骑兵。在卡帕多西亚南部的奥赛尼亚，两军相遇。此役安提柯运筹帷幄，统兵才能完胜欧迈尼斯。在会战之前，安提柯以巧妙计谋蒙蔽敌军，使得对方误以为安提柯有大批援军刚刚赶到战场，使他们相信兵力占优一方不再是欧迈尼斯，而是安提柯，结果士气大跌。安提柯又设法与欧迈尼斯麾下一名重要骑兵统领取得联络，说服此人在会战之时率本部人马反戈一击。此战以欧迈尼斯的灾难性失败告终，他仅率数百军兵逃入小城诺拉，凭其坚固城防抵挡安提柯的围攻。然而欧迈尼斯悟性颇高，很快从失败中吸取教训，事实证明，在接下来的几年里，他都是个非常难缠的对手。

安提柯留一支小部队在诺拉城下继续围攻欧迈尼斯，自己则率领主力部队（已收编欧迈尼斯大多数残兵败将）以令人震惊的速度强行军，快速穿过小亚细亚南部，从卡帕多西亚挺进皮西迪亚南部。阿尔塞塔斯及其军队正在皮西迪亚城市克瑞托波利斯附近安营扎寨，对悄然临近的危险浑然不觉，深信安提柯此时远在几百英里之外的卡帕多西亚。安提柯战象推进时的嘶吼才让他们如梦方醒，敌军已经杀到眼前，即将发起冲锋！阿尔塞塔斯麾下军队被打得措手不及，一触即溃，多数兵将投降安提柯。阿尔塞塔斯逃往附近的友好城市特美苏斯避难，然而该城居民试图讨好安提柯，最终将他杀死。安提柯此次用兵速战速决，仅耗时两三个月，将过人胆魄、惊人进军速度、高超临场指挥能力展现得淋漓尽致，连续击败两支敌军，进而将其残部收编以扩充兵力，征讨帕迪卡斯余党之战就此结束。公元前319年夏末，安提柯率大军启程，准备重返卡帕多西亚，一举结果欧迈尼斯。行军途中，传来重大消息：安提帕特年纪老迈，一病不起，临终前指定前方阵长矛兵营统领波利伯孔接任监国摄政王。然而安提柯和很多马其顿将领一样，并不打算服从资历平平的波利伯孔。特里帕拉迪苏斯协议开始瓦解，第二次继业者战争爆发。

继业者战争烽烟再起，基本上分两线作战。尽管反波利伯孔阵营名义上也包含托勒密和利西马科斯，然而这两名将领完全忙于巩固各自领地：前者是埃及和周边区域，后者是色雷斯。安提柯（及其不同盟友）和欧迈尼斯（及其难以驾驭的各方盟友）在东线的对决堪称精彩；在西线的希腊和马其顿，则由安提柯的盟友卡山德对抗波利伯孔。安提帕特为何选择波利伯孔继任监国摄政王？这一直是一个谜，因为波利伯孔已在腓力和亚历山大麾下效力多年，然而职位却从未高过方阵长矛兵营统领，而且似乎对晋升高位兴趣不大。安提帕特前往亚洲进攻帕迪卡斯之时，曾委派波利伯孔镇守马其顿和希腊，后者也有能力不负所托。然而安提帕特看中的可能正是波利伯孔的平庸，或许安提帕特有意选择无篡位野心者接任监国摄政王，确保两位正统国王地位稳固，将来军国大权能平稳交接，以便亚历山大四世在合适的时间亲政掌权。然而这一选择激怒了卡山德，他本以为会接替父亲监国摄政，而安提柯、托勒密等人则对此任命置若罔闻。卡山德随后迅速逃离马其顿，自行招兵买马，准备叛乱；安提柯和托勒密则认为波利伯孔无足轻重，完全无视后者。

波利伯孔意识到自己实力单薄，当即采取三大应急对策，以求扭转局面。他致信亚历山大的母亲奥林匹娅斯，邀请后者从自我流放之地伊庇鲁斯重返马其顿，以便照看孙子亚历山大四世，并负责他的教育。波利伯孔同时通知希腊南部各城邦：安提帕特所立寡头政治宣告废除，各城可照喜好自行建立统治体系。他实际上是在担心各城邦掌权寡头更忠于安提帕特之子卡山德，而非自己这个新任监国摄政王，事实也正是如此。波利伯孔又致信身在亚洲的欧迈尼斯，任命后者为“亚洲皇家上将”，授权他可在必要时随意动用亚洲各王室金库所藏金银，又给亚洲所有忠于王室的将领和地方总督以下指示，让他们听从欧迈尼斯调遣并全力配合。这三大举措的实际作用差别很大。

奥林匹娅斯对波利伯孔信心不足，暂且留在自我流放之地，不过她致信欧迈尼斯，力劝其接受波利伯孔的任命，并且向他征求意见。不出所料，希腊南部各城邦掌权寡头并没有放弃权力，反而转向卡山德寻求帮助，鼎力支持此人对抗波利伯孔。后者恐怕只有出兵希腊南部武装干涉，才能推行政令，带来真正改变。欧迈尼斯收到的这些来信作用最大，他在亚洲大战安提柯，使得安提柯分身乏术，无法带兵杀回本土武装干涉，和波利伯孔直接作对，而欧迈尼斯本人已然脱困，并不需要在卡帕多西亚小城诺拉凭险据守。

公元前319年下半年，安提柯已经从卡迪亚人希罗尼穆斯口中得知安提帕特的死讯；希罗尼穆斯是欧迈尼斯的密友，很可能也是后者的亲戚，后来成为这一时期最伟大的历史学家。安提柯评估自己的处境，权衡利弊之后，作出决定，他将无视新任监国摄政王波利伯孔，不再听从“中央政府”的任何命令，从此以后拥兵自立。他觉得欧迈尼斯可以成为非常有用的盟友，毕竟后者也算自己的多年老友，从腓力的时代开始，就和自己同在先王手下效命。安提柯随即派希罗尼穆斯面见欧迈尼斯，许诺让后者在自己手下身居高位，成为主要将领和幕僚。欧迈尼斯假装同意这一条件，借机解围脱困。然而他却没有投靠安提柯，反而接受波利伯孔的任命，出任“亚洲皇家上将”，这意味着他成了安提柯的死对头。他前往西里西亚的赛印达城，可从该城王室金库获得充足资金用于各项计划，而金库守卫是闻名天下的银盾步兵，兵力约有三千。正如上文所述，银盾步兵曾是两位先王的卫队：腓力的伙伴步兵和亚历山大的持盾步兵。这支军队是马其顿帝国战斗经验最丰富，也是最令人畏惧的精锐部队，堪称军事史上最强的步兵军团之一，纪律之严明、作战之勇猛、地位之尊贵，堪比恺撒的第十军团和拿破仑的“老近卫军”。银盾步兵还有一支“镜像部队”，时称持盾步兵，编制同样为三千人，士兵较为年轻，经过严格训练，可为银盾步兵补充兵员。这两支部队决定听命于欧迈尼斯，服从了他手上波利伯孔和奥林匹娅斯来信中所载命令。欧迈尼斯手握精锐之师，又掌控赛印达城王室金库，有足够的实力给安提柯制造麻烦。

然而在设法对付欧迈尼斯之前，安提柯必须先应对另一棘手难题：克拉特鲁斯的前部下，现为波利伯孔盟友的舰队司令“白人”克雷塔斯，已率领一支庞大舰队现身普罗庞提斯（马尔马拉海）。波利伯孔在希腊推行政令并不顺利。安提帕特曾在许多希腊南部城邦扶植寡头政权，派驻卫戍部队，其子卡山德在希腊南部举足轻重。波利伯孔为消除后者对当地实权人物的影响力，宣布所有希腊城邦可照喜好自行建立统治体系（实际上就是民主政治），然而他只有出兵武装干涉，才能实际推行这一政令。在此期间，卡山德借各方盟友之手控制了希腊南部大多数城邦，又从安提柯和托勒密那里获得增援友军，兵力得到扩充。雅典大型外港比雷埃夫斯驻有马其顿卫戍部队，卡山德好友尼卡诺为该处驻军统领。卡山德得以控制比雷埃夫斯港，调集雅典舰队残余舰船和希腊南部各地战船，企图夺取制海权。尼卡诺率领这支舰队前往赫勒斯滂海峡及普罗庞提斯，和该海域听命于安提柯的一支小舰队会合。波利伯孔已经说服克雷塔斯与自己联手，共抗卡山德和安提柯；克雷塔斯随即率领麾下舰队追踪尼卡诺。安提柯匆忙赶往普罗庞提斯，以接过尼卡诺舰队的指挥权，然而来迟一步。公元前318年夏，两支舰队在博斯普鲁斯海峡入口附近展开大战，克雷塔斯大获全胜。尼卡诺舰队多数舰船得以逃离战场，停靠亚洲一侧海岸，虽然主力尚在，士气却非常低落。克雷塔斯及其得胜舰队则在欧洲一侧海岸扎营，庆祝辉煌胜利。当天晚上，安提柯率援军赶到，当即接过尼卡诺舰队的指挥权，着手扭转颓势。

安提柯觉察到因海军新败，各舰官兵水手均士气低落，随即命令舰队搭载援军主力渡过博斯普鲁斯海峡，在欧洲海岸登陆，又在各舰派驻督战队，确保海军官兵服从将令，加入战斗。舰队悄无声息靠近敌军，埋伏在克雷塔斯大营外等待时机；安提柯则率援军主力沿海岸线进军，趁夜发动突袭。克雷塔斯的部下大肆庆祝辉煌胜利之后，正呼呼大睡，对悄然逼近的危险完全没有防备，喊杀之声突然响彻夜空，安提柯的舰队随即从海上发起攻击。克雷塔斯赢得“决定性胜利”才刚过几个小时，安提柯便不费吹灰之力俘获了他的舰队。克雷塔斯本人设法带着几艘舰船逃离，之后被迫登陆，又遭遇安提柯盟友的士兵，被俘后殒命。尼卡诺率舰队返回雅典，各舰船头装饰象征胜利的花环，以宣扬卡山德海上军事行动大功告成。事实证明，波利伯孔并不是卡山德的对手，成了无力胜任高位的典型人物。他试图掌控希腊各城邦的尝试宣告失败，而对梅格洛波利斯的围攻战又堪称一场灾难性失败。公元前317年，波利伯孔一事无成，被迫撤回马其顿。卡山德在希腊南部的统治地位则更加稳固，又制订作战方略，准备攻入马其顿。

与此同时，安提柯在博斯普鲁斯海峡附近的大捷，解除了他的后顾之忧，从而可以腾出手来对付欧迈尼斯。安提柯派出信使前往赛印达城，试图挑拨离间，让银盾步兵不再忠于欧迈尼斯，同时他又分兵行动。安提柯此时可用兵力约为六万，他从中选出两万精锐，随自己前去讨伐欧迈尼斯，其余部队由亲信将领指挥，确保对小亚细亚的完全支配。安提柯先前所派信使和托勒密所差信使一样，均无法说服银盾步兵脱离欧迈尼斯，然而欧迈尼斯确实要面对部下的不忠倾向，军中资深马其顿将领对于位居非马其顿希腊人之下深感不满，银盾步兵统领安提贞尼斯及“镜像部队”持盾步兵统领透塔穆斯尤其如此。欧迈尼斯为克服这一困难，自称做了一场梦：梦中亚历山大本人向他显现，指示他在前者大帐召开高级将领会议。欧迈尼斯将亚历山大生前所用大帐支好，照原样布置完毕，又举行仪式向亚历山大献祭，随后以亚历山大的名义主持会议，结果发现不难说服部下认同自己的看法。欧迈尼斯得知安提柯正以绝对优势兵力不断逼近，却没有留守原地与后者决战。他率军南下，进入叙利亚北部和腓尼基，随后帝国东部传来消息，让他备受鼓舞。

卡山德和波利伯孔在欧洲一决雌雄，欧迈尼斯和安提柯在西亚明争暗斗。与此同时，帝国东部各总督辖地（或“上”总督辖地）也出现动荡，克拉居阿斯之子培松是实力最强的东部总督，曾于公元前322年奉帕迪卡斯之命，在帝国东部击败发动“叛乱”的希腊雇佣兵卫戍部队。现在他身为米底亚总督，试图支配帝国东部各总督辖地（或省）。其他总督非常明智地组成联军，以波斯本土总督朴塞斯塔斯为首，共抗培松。双方之后进行决战，朴塞斯塔斯和各省总督率联军一举击败培松，培松被迫率领残部逃亡，投靠老友巴比伦总督塞琉古。正当二人谋划如何击败东部各总督辖地联军之时，欧迈尼斯现身，率军经美索不达米亚东进。欧迈尼斯兵力虽少，却极其强悍，并且早就盘算好了，若这两位东部总督至少能有一人和自己联手，兵力便足以对抗安提柯，而且胜算颇大。然而欧迈尼斯与塞琉古及培松的谈判却以失败告终，这两位总督均系暗杀前监国摄政王帕迪卡斯的主谋，而帕迪卡斯是欧迈尼斯的好友和保护人，因此他们既不信任也不喜欢欧迈尼斯。另一方面，后者派往朴塞斯塔斯和其他东部总督的使者却颇受欢迎，这些总督正在寻求支援，以应对培松及其盟友塞琉古的再次进攻，因此非常愿意和欧迈尼斯联手。欧迈尼斯随即迅速东进，在苏萨附近与东部各总督辖地联军会师。双方合兵一处之后，欧迈尼斯麾下兵力至少有四万五千人，除了他那无与伦比的银盾步兵，还包括强大骑兵部队和多头战象。

安提柯一路追赶欧迈尼斯，现身美索不达米亚之时，正遇见塞琉古和培松所派信使，获知欧迈尼斯的实力已经今非昔比。他意识到自己两万人的兵力已然不够，随即在美索不达米亚扎营过冬，在此期间，他派人回大本营调兵前来增援，又和培松及塞琉古结成同盟。公元前316年初，安提柯率军渡过底格里斯河，向伊朗推进；麾下兵力超过五万，其中包括强悍的精锐骑兵部队和近两万马其顿步兵（或以马其顿方式训练装备的步兵）。对战双方势均力敌，兵种构成和作战方式近乎相同，精彩大战持续时间超过一年。两位统帅才华横溢、极富创造力，使出浑身解数，试图运用奇谋妙计智取对手，二者之间的绝妙对抗，足以让人想起国际象棋大师之间的巅峰对决。

起初，欧迈尼斯面临困境，麾下军队派系庞杂，马其顿将领及总督各有本部人马，而且野心勃勃。为驾驭这些实权人物，欧迈尼斯可谓煞费苦心，采用各种策略树立和维持自己的权威，例如：“亚历山大中军大帐”再次现身，并且由于监国摄政王和国王签署信件授权使用苏萨王室金库，他可以发放丰厚军饷，花费巨资犒赏三军；另一方面，他向一些东部总督借款，许诺一旦获胜，必将加倍偿还；他还曾伪造波利伯孔和奥林匹娅斯来信，谎称卡山德已经兵败身死，波利伯孔亲率大批援军，日夜兼程，即将赶来助阵。通过这些策略以及其他手段，欧迈尼斯确实掌握了军队的指挥权，当然以下事实帮助甚大：相比任何其他将领，普通士兵更信任他。然而欧迈尼斯觉得决战时机未到，在与安提柯会战之前，仍需花费时间厉兵秣马，他派一心腹将领固守苏萨和城中王室金库，自己率军南下，进入波斯本土。安提柯抵达苏萨城下，却发现城门紧闭，欧迈尼斯已率主力离去。前者留塞琉古带几千兵马继续攻城，自己则率主力南下，继续追踪欧迈尼斯大军。

在奥赛尼亚之战中，欧迈尼斯无论是战场谋略还是临场指挥，均完败给安提柯，现在他已有两年的时间反思原因何在，即将展示自己已从上次惨败中吸取足够教训。安提柯率军抵达波斯本土北部科普拉塔斯河，此河水深流急，所有可用渡船一次只能搭载几千士兵过河，如此方式过河风险极大，不过由于河对岸看似空寂无人，安提柯决定冒险渡河。他命令首批渡河部队过河后就地扎营，构筑防御工事，同时其余部队陆续渡河。然而欧迈尼斯有一支庞大军队隐藏在附近，在安提柯首批渡河部队刚刚登岸之时突然现身，导致这支先头部队在河南岸顿成孤军，陷入重围，背后深水大河将主力部队挡在对岸。此战安提柯损失兵力多达四千余人，要么战死，要么被俘。主力部队被迫在河对岸眼睁睁看着战友横遭屠戮，却无能为力，遭此重创，安提柯全军士气一落千丈。现在轮到安提柯主动撤退，以获得时间和空间来恢复士气。由于军兵在波斯本土饱受盛夏酷暑之煎熬，苦不堪言，安提柯决定北上进入米底亚（培松的总督辖地）休整部队，以恢复元气。他在米底亚旧都埃克巴坦那王室金库发现大量金银，得以充足供应官兵一切所需，其中包括精力充沛的新战马。安提柯的北上举动带有一定风险，因为欧迈尼斯可趁机率军西进，攻打安提柯在叙利亚和小亚细亚的大本营。然而安提柯正确作出以下判断，只要自己率军留在帝国东部，东部各省总督绝对不敢让本部人马远离辖地西征。因此，欧迈尼斯在波斯本土继续率军南下。公元前316年的盛夏时节，两支大军分别在米底亚和波斯本土休整部队、厉兵秣马，准备再次决战。

是年夏末，安提柯率先发难，统军南下，进入伊朗南部地区帕莱塔西奈。得知安提柯已经出兵，欧迈尼斯随即率军北上，迎击前者。两军相遇之后，均在有利地形列阵：二者隔一条陡峭深谷对峙，相距约半英里，均试图挑动对方率先下到深谷，从极其不利的地形发起攻击。双方都无冒险之意，连续对峙几天，由于这一地区的补给品即将耗尽，安提柯决定当晚趁夜拔营，前往囤有大量物资的邻近地区伽比埃奈。欧迈尼斯从敌方逃兵口中获知安提柯这一计划，随即派人假扮己方逃兵，前往安提柯大营谎称欧迈尼斯当晚将发动夜袭。安提柯命令军兵全副武装，彻夜警戒，等待敌军来攻。在此期间，欧迈尼斯趁夜偷偷拔营，前往伽比埃奈。次日清晨，安提柯发觉上当受骗，当即率精锐骑兵出动，全速追赶欧迈尼斯，又命令步兵原地休息片刻，随后尽快赶来。欧迈尼斯率领大军翻过一列山丘，刚刚下到山脚开阔平原，背后山丘顶上就出现了安提柯骑兵部队。前者担心后者全部人马已经杀到，随即停止进军，列好阵势，准备迎敌。在此期间，安提柯仅仅让骑兵出现在欧迈尼斯视野之内，使得后者不敢轻举妄动，自己则耐心等待其余部队赶到战场。后续部队一到，安提柯命全军摆出战斗队形，推进下山，来到山脚平原，对垒欧迈尼斯。据狄奥多罗斯（19.27）记载，安提柯大军沿山坡推进，下山进入平原的宏大场景令人生畏。显然狄奥多罗斯在引用一位现场目击者的评论，此人无疑就是欧迈尼斯麾下将领、历史学家卡迪亚人希罗尼穆斯。

交战双方实力非常接近：兵力均不少于四万一千人；核心主力均是马其顿（或马其顿式）重步兵，不少于两万人；此外还有雇佣兵和轻步兵。安提柯骑兵占据优势，兵力远超过一万，而对手只有六千余骑兵；然而欧迈尼斯却拥有无与伦比的银盾步兵作为步兵中坚。会战完全以腓力和亚历山大的方式进行，两位统帅均将精锐骑兵部署在右翼，亲自指挥，又命令左翼按兵不动，中路步兵军团则稳步推进，试图击退对面敌军。双方均在等候时机出现，以便右翼精锐骑兵发起冲锋，决定会战的胜败。然而此战并没有完全按计划进行，培松率大队轻骑兵部署在安提柯左翼，决定以一己之力赢得战斗，不但没有按兵不动，反而率先向欧迈尼斯右翼发起冲锋，结果他不敌对面精锐骑兵，被迫退往安提柯阵线后方丘陵地带避难。在此期间，银盾步兵也发起快速冲锋，猛攻对面安提柯步兵方阵；后者无法抵挡如此凶猛的冲击，苦战得脱，退后和培松会合。安提柯似乎即将承受一场灾难性的失败，然而他的冷静和果断一如既往，拒绝撤退和其余败退部队会合，当即率领右翼骑兵发起冲锋，击退对面欧迈尼斯左翼骑兵。安提柯依然非常冷静，随即率军向左迂回，从欧迈尼斯步兵军团后方发起攻击，迫使后者放弃追赶自己的败退步兵。如此一来，安提柯派往败退部队的将领可以重整旗鼓，中路步兵和左翼骑兵整编之后重新投入战场，和安提柯右翼骑兵并肩战斗。安提柯重整败退部队，使其继续作战，而对面欧迈尼斯所行之事也别无二致。两军最终相隔几百米互相对峙，然而等双方准备就绪，可再次发起进攻之时，时间已近午夜。

两支军队彻夜行军（或整夜警戒未眠，随后急行军），又激战一天，均已精疲力竭，两位统帅决定暂且打消再战之念。欧迈尼斯率军前去占领战场，此举通常是获胜的标志，然而士兵却拒绝留在战场，坚持一路返回舒适的营地。安提柯对部下的掌控力更强，他一看见欧迈尼斯业已全军撤退，便率军前往战场扎营，收殓阵亡士兵，找回伤兵。大多数伤亡士兵都是安提柯的部下，据说几乎有八千人，而欧迈尼斯的部下则死伤不到一千五百人。虽然交战双方均宣称取得胜利，这场会战却未分出胜负，当然欧迈尼斯一方占了上风。安提柯在拂晓时分埋葬了阵亡士兵，派人照料伤兵，其余部队就地休整，同时告知欧迈尼斯的传令兵，他将于次日移交后者的死伤士兵。然而在当晚夜色掩护之下，安提柯拔营启程，率军前往米底亚南部，全军留在过冬营地休整。欧迈尼斯埋葬阵亡士兵，照顾好伤者之后，继续率军前往伽比埃奈，也停留在这一地区过冬营地休整部队。

公元前316年即将进入尾声，双方却仍未分出胜负。安提柯耐心日减，急于速战速决，尽快西归。他通过侦察兵和其他线人获悉欧迈尼斯将军队分散在不同营地过冬，相互之间距离甚远。安提柯觉得这是发动奇袭的好机会。从安提柯过冬营地到欧迈尼斯过冬营地所在区域，若取道常规路线进军，需耗时三个多星期，然而二者之间的直线距离却短得多，若取道无路无水的沙漠地带行军，则仅需九天即可到达伽比埃奈。这片沙漠四面有小山环绕，容易暴露行踪，若想起到奇袭效果，部队穿越沙漠之时，在夜间必须避免生火。公元前316年冬至刚过，即将进入公元前315年之时，安提柯宣布他打算向西北方向进军，入侵亚美尼亚，命令全军准备十天的饮用水和口粮，以便快速行军。然而他启程之后，却率军进入沙漠，朝伽比埃奈挺进，打算以优势兵力将欧迈尼斯分散过冬的军队各个击破。可惜的是沙漠里的冬夜实在是太冷，安提柯麾下军兵违抗军令，生火取暖，周围小山上的哨兵发现沙漠中有多处营火，随即通知欧迈尼斯。欧迈尼斯意识到安提柯此计甚妙，后者一旦穿越沙漠，发动攻击，将给自己带来毁灭性打击。欧迈尼斯将计就计，集结距离沙漠最近的部队（约有几千兵力），命令他们在沙漠边的小山上生起足够篝火，从远处看去，似乎有数万士兵在山上扎营。现在轮到有人报告安提柯，在山上发现大量不明营火。安提柯故而认为欧迈尼斯大军已经集结完毕，随即改变行军路线，前往有人居住的地区休整部队，等恢复元气之后再战欧迈尼斯。当然此举给了欧迈尼斯集结军队的时间，不久之后，两军即将在伽比埃奈再次进行会战。

公元前315年初，双方再次交锋，战场是一片开阔盐碱平原，尘土飞扬。和帕莱塔西奈一役一样，安提柯将精锐骑兵部署在右翼；左翼轻骑兵后置列阵，按兵不动；中路步兵军团奉命坚守阵地，等待右翼骑兵突破敌阵，赢得会战。欧迈尼斯此战则亲率精锐骑兵在左翼列阵，与安提柯右翼精锐骑兵针锋相对，指望步兵军团（中坚力量为身经百战的银盾步兵）为他赢得战斗。两军阵线前方均部署一排轻步兵，其间夹杂战象，以进行小规模试探性进攻。双方轻步兵及战象率先交手，掀起滚滚烟尘，战场能见度骤降，参战部队难以做到兵随将走。不过欧迈尼斯麾下银盾步兵还是冲锋在前，对面安提柯步兵军团心存畏惧，很快便被击溃。正当银盾步兵追击对面逃遁步兵之时，安提柯率骑兵猛冲欧迈尼斯左翼，尽管后者贴身卫队拼死抵抗，安提柯精锐骑兵还是突破敌阵，击溃对面左翼骑兵。欧迈尼斯勉强率卫队杀出，飞马奔赴右翼轻骑兵阵线，而轻骑兵部队此时尚未参战。安提柯麾下重骑兵随后朝对手轻骑兵阵线全速冲击，卷起阵阵烟尘，遮天蔽日，尽管欧迈尼斯使出浑身解数鼓舞士气，然而右翼轻骑兵一见对面如此阵势，当即转身撤退。如此一来，安提柯麾下重骑兵可以腾出手来，从后方攻击欧迈尼斯胜券在握的步兵军团，迫使其放弃追歼己方步兵。银盾步兵训练有素、纪律极其严明，率领欧迈尼斯步兵军团摆出方形阵形，反向进军，和欧迈尼斯及朴塞斯塔斯麾下右翼轻骑兵部队会合。如此一来，安提柯和他的骑兵控制了战场。

战至此刻，似乎双方又会不分胜负，和去年帕莱塔西奈之战别无二致。然而此战却出现了足以决定胜败的新变数。欧迈尼斯麾下军队撤出战场一段距离，重新会合；他坚称安提柯步兵已被打垮，本方胜券在握，力劝部下重整队形，再次投入战斗。朴塞斯塔斯及其轻骑兵部队却拒绝对抗安提柯麾下重骑兵，执意要求返回营地休息，之后再做打算；然而事实证明，这已没有可能。会战开始之时，双方阵线前排小股轻步兵部队及战象率先接战，掀起滚滚烟尘，遮蔽视线。安提柯注意到战场能见度骤降，当即派出一支骑兵，悄悄迂回，绕过战场，突袭欧迈尼斯大营，一举将其占领。大营之中有欧迈尼斯军中士兵的妻子儿女和毕生积蓄。消息传来，银盾步兵觉得自己所拥有的已经够多，当即派出代表和安提柯谈判，要求返还家眷财产。安提柯当然愿意照做，只要银盾步兵投靠自己，反戈一击，交出欧迈尼斯即可。欧迈尼斯毫无防备，手下精锐步兵突然发难，将其拿下，随即押往安提柯大营交给后者，会战就此结束。毫无疑问，安提柯是最后的赢家。其他东部总督要么尽量争取有利条件与安提柯讲和，要么率领愿意追随自己的任何部队逃回各自总督辖地。又有一些将领遭到拘押，随后处决，其中以银盾步兵统领安提贞尼斯最为显赫。

安提柯考虑再三，断定欧迈尼斯必不甘居人之下，留在世上终究是个祸患。因此，尽管二人是多年故交，安提柯还是下令处决欧迈尼斯，不过后者的许多朋友下属，像希罗尼穆斯和朴塞斯塔斯，都成了安提柯的随行幕僚。公元前315年春夏，安提柯整顿帝国东部各省，消除一切后患，在此之后，其首要目标便是尽快西归。一些东部省份总督已经殒命，安提柯派遣心腹将领取而代之。安全逃回各自辖地的总督则心胆俱裂，再也无法构成任何威胁。安提柯为掌控东部各省，决定派一员大将率重兵驻守米底亚，他断定培松也非甘居人下之人，不是合适人选，随即抓捕后者，以怀有异心之罪名将其处决，之后任命心腹好友尼卡诺担此重任。安提柯随后携带埃克巴坦那王室金库金银，向西南方向进军，前往苏萨；此次前来，坚固城堡各门大开，该城王室金库大量金银同样尽归他手。安提柯将波斯帝国各大王室金库所剩金银席卷一空，随后率领大军携巨款西归，数目极其惊人，约三万他连得金银。这些金银使得安提柯有足够财力发放军饷及行政官员薪俸，组建舰队，修建城市和堡垒，照自己意愿迁移大量居民，派驻卫戍部队，因而巨额财富以及庞大军队是安提柯权势的两大根基。安提柯抵达巴比伦之后，判定塞琉古和培松一样，太有主见，必不甘久居人下，他准备将其废黜。塞琉古却比培松更为机警，在安提柯展开行动之前带领亲随逃离，前往埃及投奔托勒密。

公元前315年底，安提柯重返叙利亚，马其顿帝国整个亚洲部分（前波斯帝国）完全置于他的掌控之下。他堪称继业者战争开战以来的最大赢家，也是亚历山大众继业者中的最强者，兵力暴涨，多达八万余人，拥有极其优秀的骑兵和全军中坚马其顿步兵，除了掌控巨额财富，据说他还能从统治之地获取多达一万一千他连得金银的年收入。然而新挑战即将来临。在帝国西部，卡山德已经击败波利伯孔，确立了自己对马其顿及希腊南部大部分地区的统治地位。公元前317年底，波利伯孔率军离开马其顿，前去对垒卡山德。他没有带国王“腓力”阿瑞戴伍斯随军出征，结果却铸成大错。王后欧律狄刻虽然年轻，却很快将丈夫和“中央政府”牢牢控制，免去波利伯孔监国摄政王职位，转而支持卡山德和安提柯。突生如此剧变，亚历山大的母亲奥林匹娅斯，担心其孙亚历山大四世的安危，率军离开自我流放之地伊庇鲁斯，进入马其顿。欧律狄刻集结部队前去迎击，结果在马其顿西部出现了难得一见的战场奇观：参战双方均由女性出任统帅。两军对垒之时，欧律狄刻麾下马其顿士兵拒绝与亚历山大的母亲交锋，年轻的王后和丈夫一起战败被俘。最终，奥林匹娅斯控制了马其顿本土，随后施行恐怖统治，将之前积累的声望消耗殆尽，她残忍地处决了欧律狄刻及其“倒霉蛋”丈夫“腓力”阿瑞戴伍斯，追捕卡山德亲属及追随者，随即将其处决，甚至挖开卡山德已故亲属坟墓，抛出遗骨，亵渎墓地。

卡山德最终亲率一支庞大军队重返马其顿。因为奥林匹娅斯血腥残暴，马其顿本土驻军已不愿为她而战，她只好躲进坚城皮德纳避难，困守断粮之后，被迫投降。卡山德安排奥林匹娅斯暴政受害者的亲属亲手复仇，将年老的太皇太后杀死，他又找回欧律狄刻和“腓力”阿瑞戴伍斯的遗体，按王室礼仪安葬。所葬之处很可能就是著名的维尔吉纳二号坟墓，如今在墓地原址之上建有博物馆，陈列着墓中精美绝伦的随葬品。卡山德接管了硕果仅存的年幼国王亚历山大四世，将他和其母罗克珊娜一起安置在安菲波利斯，进行“保护性监护”，并且昭告天下。公元前315年，卡山德完全掌控了整个马其顿，成为令人生畏的强大诸侯。波利伯孔则率领残余部队前往埃托利亚和伯罗奔尼撒西部，沦落为地方小诸侯兼雇佣兵统帅。

安提柯在帝国东部逗留数年之久，托勒密趁此机会巩固自己在埃及的统治，修建新都亚历山大城，夺得利比亚的昔兰尼加地区，又将巴勒斯坦（包括腓尼基）和塞浦路斯纳入势力范围，以作为缓冲地带。在安提柯返回西亚之后，托勒密本人重返埃及，此时他已在腓尼基和巴勒斯坦各城建立坚固要塞，派兵驻守，又将腓尼基各城舰队全部调往埃及，此举非常明智，可让他牢牢掌控这些舰队。托勒密、卡山德和另一独立诸侯色雷斯总督利西马科斯相互取得联系，深感安提柯实力过强，若想大家平安无事，必须削弱安提柯。以上三人，连同在埃及避难的塞琉古，共同准备了一份最后通牒，专等安提柯赶到叙利亚南部。这份最后通牒预示着将来必将冲突不断、战火连绵。

3. 打造希腊化的帝国

波利伯孔短暂且失败的摄政统治宣告结束，亚历山大部将之间的战争导致马其顿帝国分成了三大主要“帝国”：安提柯统治西亚（基本上是前波斯帝国）；托勒密掌控埃及，坐拥巨额财富和无与伦比的产粮区；卡山德拥有马其顿本土及周边地区，这里是马其顿和希腊的兵源地，也是整个马其顿帝国的根基。尽管各方之间战事不断，西亚和马其顿更是一直在王朝更迭，直到公元前272年才尘埃落定；不过事实证明，如此疆域划分持续多年，直到公元前2世纪和前1世纪罗马人的到来改变一切。从公元前315年到公元前3世纪七八十年代，各大“帝国”及统治体系的组织结构才是最为关键的特色。这几十年正是所谓“希腊化世界”统治结构成形的关键时期：安提柯和塞琉古在西亚，托勒密父子在埃及，卡山德和安提柯·贡那塔斯在马其顿分别打造各自统治体系。

虽然战事不断，安提柯、塞琉古和托勒密还是在战争间歇花费大量精力，以希腊文明为根基构建统治体系，将亚洲和埃及征服之地打造成根基稳固的帝国，他们调整旧有行政区划，常将原有总督辖地细分为更小、更易管理的省份，设军事总督将军（strategos）进行统治；改进赋税制度，将各省分成若干个“千夫长辖地”（安提柯时期）或州（塞琉古接管之后），设“千夫长”或州长负责地方治安、征收赋税；将数以万计的老兵安置在不同的军事殖民地，很多以马其顿和希腊城市名字命名，像佩拉、西尔胡斯、优罗配斯、拉里萨，诸如此类（这些老兵充当地方安全部队，其子孙最终会应召入伍，加入帝国军队）；将大量希腊（或至少讲希腊语的）移民迁到亚洲和埃及，定居于全新希腊式城市（移民数量即便不是数以十万计，也是成千上万）。最后一项举措尤为重要，这些新城以各大王朝王室成员（国王及其他成员，包括女性）名字命名，到公元前2世纪，整个希腊化世界最重要的城市不再是雅典、斯巴达和科林斯，而是埃及的亚历山大城、叙利亚的安条克城（前安提戈涅亚）、底格里斯河畔的塞琉西亚；此外还有许多城市以王室成员名字命名，像托勒密城、阿尔西诺伊亚、劳迪西亚、斯持拉托尼西亚、阿帕米亚，诸如此类。这一全新城市文明成为古代近东的主流文明形态，前后延续约六个世纪，也即是所谓的“希腊化文明”——希腊古典文化与亚洲和埃及本土文化成分融合之后的产物。这一规模宏大的殖民计划起先由安提柯、塞琉古、托勒密筹划推行，后又由他们的早期继承人子承父业，继续发扬光大，然而毫无疑问，这才是亚历山大继业者们做成的最重要的功业，应当对其进行深入探讨。

必须得承认，亚历山大几大继业者推行的殖民计划，堪称一项浩大工程。超过十万人离开希腊和其他巴尔干地区，渡过爱琴海和地中海东部，前往西亚和埃及寻找新的家园。如此一来，西亚和埃及的人文地理、政治地理以及文化发生了根本性改变。由于安提柯、塞琉古和托勒密掀起兴建新城热潮，希腊文化及城市生活方式成为主流，希腊语成为通用语言。完成这一过程需要极其出色的组织能力和巨额财政支出。大规模移民并不是仅仅告诉本土居民移民计划，成千上万的百姓（男人、女人、孩童）就会离开祖居之地，迁往远方，随后在陌生的土地自行建造新城，完全自生自灭、各听天命。相反，移民计划的推行者必须负责将这些新移民运到目的地，提供一路所需的食物，照顾他们的其他需要，到达目的地之后还要协助他们在新的家园安顿好自己的生活，更要提供各种各样的援助，帮助新移民建造新家和城市基础设施。新城的建造过程无疑会经年累月，仍然需要继续为新移民提供食物和各种物资，以及负责施工的技术人员和建筑工人。

不幸的是，现存古代文献很少提及这一殖民计划的过程，只是描述其结果而已。不过还是有少量文献提供了一些细节，可以借此还原当年的殖民过程。现以奥龙特斯河畔的安提戈涅亚为例，独眼安提柯于公元前307年前后建造该城，后来（公元前301年之后）塞琉古将该城迁往下游几英里外的新址，重建为安条克城。较晚时期的古编年史家约翰·马拉拉斯是安条克城本地人，在其《编年史》卷8.15中记载安提戈涅亚城居民主要是雅典人，此外还有一些马其顿人，全城成年男子总数为五千三百人。该城马其顿人的来源非常清楚：安提柯军中有成千上万的马其顿士兵，这些士兵年纪较大之后，奉命分散在西亚各地众多城市和卫戍部队驻地定居。然而该城四千余雅典人（甚至可能多达五千）如何来到叙利亚奥龙特斯河畔？这还只是成年男子的数量，有一点可以确定，许多（如果不是大多数）雅典成年男性新移民都有妻子儿女。即便是进行最保守的估计，从雅典迁往叙利亚创建这座新城市的移民也不会少于一万人。以上述问题作为开始，有助于理解以下记载：公元前307年初，安提柯派其子德米特里厄斯率领一支庞大远征军，将雅典从卡山德的统治之下"解救"出来，并恢复当地的传统民主制度。如此一来，安提柯既有实力，又有声望，足以要求雅典人派出居民迁往远方新城，而且这一军事行动也让他获得了交通工具，可以用来运送新移民。

像安提柯这样的将领，最擅长远距离迁移大批人口，堪称专家：毕竟作为军队统帅，这是必备素质。德米特里厄斯的运兵船（超过两百艘）将士兵、战马、给养运到希腊，大军上岸远征；毫无疑问，空船不会闲置在比雷埃夫斯港。这些运兵船必定搭载雅典新移民及其家眷财产，渡海前往奥龙特斯河口，除此以外绝无其他可能，因为古代客船实际上仍是商船，不过在货舱中留一些空间，用于搭载少量旅客而已。只有运兵船队能够运送建造新城所需的大批人口。安提柯、托勒密和后来的塞琉古，拥有大量可用运兵船，来自希腊和巴尔干地区的新移民乘坐这些船只前往西亚和埃及，费用由这些君主负担。因此，巴尔干地区居民大规模移民亚洲和埃及，在一开始其实是军事行动，先由运兵船运送新移民渡海，他们登陆后再由军队护送前往定居点所在地，一路使用军队的后勤保障体系（原本用来为军队提供补给）。然而在运送大批新移民之前，需在定居点所在地进行大量准备工作，因为仅仅将上万成年男女和孩童丢在一片空地，指望他们自力更生、挺过难关是不现实的。

显而易见，最必不可少的前期准备工作就是，在定居点所在地提前储备足够吃几个月的粮食，以便为新移民提供口粮。此外还需制订计划，至少一两年之内，继续给正在成形的定居点供应粮食，直到新移民开始自给自足为止。关键举措是将定居点周边大片土地（连同从事农业的本地居民）划给新城，作为城市自有耕地（古希腊原文ge politike），负责新城初步成形之后的粮食供应。而且也不可将新移民留在定居点所在地不管，让其自谋生路。新城的奠基人需在现场留一名城市规划师，负责对城市建设进行初步规划，确定以下设施的位置：街道、住宅区、公共空间、神庙、剧院、竞技场和其他必备基础设施，以营造希腊城市生活方式。还需配备水利工程师，为新城找到清洁的饮用水源，并铺设管道，将清水引入新城。新移民需要修建新家，便需为其提供各种各样的建筑材料，诸如石料、木材、屋瓦。训练有素的建筑师也必不可少，以协助新移民建造新家，并且负责修建神庙以及其他公共建筑。施工过程要持续好几个月，其间必须为新移民提供某种临时住所，免得他们缺少遮蔽物，因生存环境恶劣而死。最显而易见的解决方案无疑又是利用军事经验，士兵（及其依附者）战时所用帐篷及临时营地可照搬过来安置新移民，直到新家建成宜居为止。

上述物资供应及城市规划，为新定居点的形成提供必不可少的物质基础。除此之外，新城的政治体系和法律制度也不可忽视。有一段古代铭文记载了以下内容：安提柯打算将两座较老希腊城市提奥斯和勒比都合并，兴建一座新城；按照计划，两座城市原有居民应当在安提柯的全面监督之下，共同为新城制定法律和政治制度。在这项工作完成之前，暂借双方均认可的第三城法典（包括政治制度）作为临时法律和政治制度。至于安提戈涅亚，由于其大多数新移民来自雅典，可以合理猜测该城所采用的法典和政治制度，应当是以雅典原有版本为蓝本，新移民很可能也带来了一份雅典法律的副本。众所周知，安提柯在安提戈涅亚建造了一座王宫（basileion），打算在此坐镇，统治他的整个帝国，然而雅典的政治体系并无国王的容身之地。因此，安提戈涅亚所用法典必定进行了适当调整，这就需要各方进行协商，安提柯"中央政府"里的法律顾问也要提供专家意见。

综上所述，从别处迁来成千上万新移民建造一座城市，绝对是一项艰巨的任务，不仅工程巨大、代价高昂、费时费力，而且需要进行详细规划，投入各种各样的资源，提供多种行业的专业技能，而这一切都需耗费金钱。据相关文献记载，公元前306年年中，安提戈涅亚已经初具规模，拥有一个城市广场，安提柯的王宫就在近旁；公元前302年，安提柯打算举办"国际盛会"，为该城举行落成典礼，可见主要工程已经基本完工。这意味着最初的移民安置工作耗时大约一年，而城市主要建筑花费了大约五年时间才全部建成。公元前314年至前302年，安提柯建造的城市和殖民地有二十多个，安提戈涅亚不过只是其中之一，当然规模毫无疑问排在首位。这些年来，安提柯及其文臣武将在各地兴建新城，仅凭上述一例便可试着推测全部工程的总规模。

从公元前301年到前281年，在这二十年间，塞琉古继续在西亚推进定居点和城市建设，迁入讲希腊语的新移民，建造希腊风格的城市型定居点，许多大大小小的城市和殖民地得以兴建或重建。与此同时，托勒密在埃及忙于同样的工作，兴建宏伟的亚历山大城，此外又建造两座新城，以自己和爱妻之名分别命名为托勒密城和贝蕾妮斯城。塞琉古之子安条克一世和托勒密之子托勒密二世继续推进父辈的工作，到公元前3世纪中叶，西亚和埃及已经遍布繁荣兴旺的希腊城市及城镇，前后主导近东六个世纪的“希腊化”文化正蓬勃发展。然而毫无疑问，最重要的工作却是由第一代人完成，亚历山大的继业者们在他驾崩之后四十年间大力推行殖民运动，为“希腊化”奠定了稳固的根基。波斯帝国被马其顿征服，向希腊人打开了大门，任由后者择地而居；希腊和巴尔干人口稠密，却缺少资源，大量人口愿意前往远方，寻求更好的生活；波斯帝国延续两百余年，所累积的巨额金银，被征服者用来铸造钱币，为移民计划提供资金；腓力二世在位期间所培养的将领，领导能力和组织才能出众非凡。以上这一切使得大规模移民成为可能。亚历山大继业者们的殖民计划，规模之宏大绝对不容低估，的的确确给古代近东带来了彻底改变。

今古无别，这一殖民和建城运动的绝大部分功劳，被归给了亚历山大。然而正如上一章所述，仔细探讨之后，就会发现亚历山大所做建城之工相当有限。事实上是他的三大继业者安提柯、塞琉古、托勒密，完成了大多数工作，当然利西马科斯、安条克一世、托勒密二世也值得称道。相关文献记载安提柯建造了大约二十座城市，然而毫无疑问，这些记载残缺不全，并未涵盖所有新城。塞琉古接管安提柯的帝国之后，继续大兴土木，重建了许多安提柯时代的城市，赋予新的名称，例如：奥龙特斯河畔的安提戈涅亚变成了安条克城，佩拉变成了奥龙特斯河畔的阿帕米亚。除此之外，他又兴建了几十座新城市。虽然亚历山大城名义上由亚历山大大帝奠基，它的实际建造者却是托勒密，后者在埃及还建造了另外几座城市。波斯帝国和埃及累世积攒的大量财富，被用来大规模殖民，而非闲置在金库里，毫无用武之地，因此殖民行动也为经济带来了正面影响，让生产性行业（各种各样的建筑活动）和相关贸易得到刺激，进而产生了更多财富。现存相关文献，几乎将全部笔墨用来描写继业者之间的战事，结果给读者留下深刻印象的，是安提柯、塞琉古、托勒密等人都是纯粹的统兵将领，将全部时间和精力用来谋划战役、征战沙场，如此描写遮蔽了这些伟大将领（以及利西马科斯、卡山德等人）在这几十年所从事的另一工作（更有实际意义、也重要得多）。他们的大规模殖民和建城计划，在西方历史上堪称最大之一，也从根本上改变了他们所处的世界。

4. 继业者战争的延续（至公元前301年）

公元前315年，尽管全新希腊化世界的政治地理格局已经基本成型，亚历山大继业者之间的战争却远远没有结束。安提柯脱颖而出，成为继业者中实力超强者。正如上文所述，其他拥兵自立的将领有马其顿的卡山德、埃及的托勒密，以及塞琉古和利西马科斯，这些人精明强干、才能出众，决定携手对抗安提柯，以削弱后者的实力。他们共同商议之后，派出使节面见安提柯，要求后者割地分财，因为大伙联手击败帕迪卡斯、波利伯孔、欧迈尼斯，好处应当人人有份。条款如下：历代波斯国王累积的财富应该由五大诸侯共享；割让赫勒斯滂佛里吉亚给利西马科斯，利西亚（很可能还有卡里亚）给卡山德，叙利亚给托勒密，巴比伦给塞琉古。一旦如此割地分财，安提柯的实力即便不比其他诸侯更弱，也不会比他们更强。很难想象安提柯会乖乖接受这些条款，事实上，他当场拒绝了。几路诸侯派遣使节警告安提柯，如果他拒不割地分财，那就只能兵戎相见。安提柯当即作出回应，他率先发难，统兵进攻腓尼基，开始驱逐托勒密的卫戍部队。

战争从公元前315年延续到前311年，前后历时四年，安提柯主要分三线作战：在西亚与托勒密争夺腓尼基和巴勒斯坦，在希腊南部力图驱逐卡山德的卫戍部队及盟友，在爱琴海和托勒密竞争海上霸权。这个时期的一大特征是安提柯逐渐退出一线战场，减少挂帅出征的次数，而由众侄子及其子德米特里厄斯代劳。公元前314年初，安提柯已经年近七十，在过去十年甲不离身，戎马倥偬。从公元前323年至前314年，安提柯征伐四方，战果辉煌至极，其充沛精力、卓越才能、过人勇气展露无遗，堪称古代世界最伟大的统帅之一。战绩如下：公元前320年，攻占塞浦路斯；公元前319年，在奥赛尼亚和克瑞托波利斯接连取得压倒性胜利；公元前318年，在博斯普鲁斯海峡附近再次大获全胜；公元前317年至前315年，与欧迈尼斯进行史诗般的对抗，两场决战（帕莱塔西奈之战和伽比埃奈之战）尤为精彩。如此征伐功业，只有像亚历山大、恺撒这样的史上最强统帅才能匹敌或胜过。安提柯已然功成名就，七十多岁时作出以下改变完全不足为奇，他渐渐退居二线，尽量让后辈领军出战，自己则越来越专注于完善帝国统治体系和行政管理。

正如上文所述，公元前314年初，安提柯并未等敌方先行动手，而是自己率先发难，亲率大军攻入腓尼基和巴勒斯坦，占领了这一地区。托勒密相当明智，先走一步，返回埃及，只留下了卫戍部队驻防各地。这些军队很难挡住安提柯，只有推罗进行了顽强抵抗。和亚历山大时的情形一样，推罗遭到长期围攻，守军顶住巨大压力，坚守一年多后才献城投降。围攻推罗期间，安提柯并未闲着，而是忙于调兵遣将，应对各路敌军。在获悉卡山德派出军队侵扰小亚细亚后，安提柯随即派其侄波利米厄斯率领约一万军兵出发，前往赫勒斯滂海峡沿岸和爱奥尼亚，驱逐这支敌军，确保小亚细亚海岸的安全，防范来犯之敌。为让卡山德留守马其顿本土，无暇他顾，安提柯派密友阿里斯托得摩斯携带一千他连得金银，前往希腊南部招募雇佣军，攻打卡山德各卫戍部队驻地。此外，阿里斯托得摩斯奉命与波利伯孔取得联络，希望与后者成为盟友，在共抗卡山德之时，或许会大有用处。此时波利伯孔躲在伯罗奔尼撒西部，虽早已不是监国摄政王，然而手下兵力却不容小视。

托勒密掌控腓尼基之时曾将各城舰队全部调往埃及，现在他并不愿与安提柯及其大军正面交锋，决定好好利用这些舰船。托勒密派塞琉古指挥这支“联合舰队”，让后者从海上骚扰安提柯。塞琉古从西、南两个方向袭扰小亚细亚海岸，攻势持续了一整个夏天，随后率领舰队撤往塞浦路斯，准备过冬。然而安提柯早已在该岛有所行动，他派遣使节，向各城城主许以好处，设法让以下城市脱离托勒密：马里恩、基提翁、拉皮索斯、塞瑞尼亚、阿马萨斯。安提柯为应对塞琉古的强大舰队，开始大规模建造舰船，以逐步缩小海军实力的差距，他在黎巴嫩、西里西亚、黑海南岸砍伐树木，为腓尼基各城、西里西亚沿岸、黑海各港口、罗德岛（此时正与安提柯结盟）各造船厂供应木材。在两年之内，安提柯海军舰队战船数量就超过了二百四十艘：其中五十艘由安提柯侄子特勒思弗洛斯指挥，前往希腊南部协助对抗卡山德；其余战船由安提柯另一侄子狄奥斯库里得斯率领，巡航爱琴海，驱逐托勒密的战船和军兵，同时将爱琴海各岛屿居民结成“岛民联盟”，以助安提柯一臂之力。

为进一步削弱卡山德在希腊的势力，并且赢得希腊人的好感，安提柯发布震撼公告，确立对希腊本土各城的政策。公元前314年，“推罗宣言”发布，明确规定所有希腊城市必须自由、自治，确保既无外族驻军，也无须向外族纳税。安提柯大力推行及维护这一新规，呼吁所有希腊城市和其他对希腊有此善意的诸侯与他共同努力，确保希腊各城享有“宣言”所承诺的自由和自治。安提柯派遣使节前往各地，到处宣扬“推罗宣言”。他深知若想确保帝国安稳、统治高效，就必须获得大量希腊本土人力资源，即成千上万的士兵、行政官员和新移民。身为“希腊自由”的伟大保护人，安提柯期望自己可以在整个希腊世界扎下牢固根基（此举毫无不妥），能够按照实际需要，随时将希腊本土的大量人口迁往西亚，以确保马其顿人对这一地区的长期统治。他的主要对手托勒密，同样也需要大量希腊本土人力资源，以稳固在埃及的长期统治。托勒密对此很快作出反应，他发布宣言，内容与安提柯先前所发“宣言”几乎雷同，宣告拥护希腊自治。而卡山德拥有大量马其顿本土及其他希腊人力资源，需要完全掌控希腊南部，因而坚决抵制上述宣言，然而越来越有心无力。

公元前314年至前311年，希腊战场一片混乱，在此无须赘述。由于“推罗宣言”在希腊大受欢迎，安提柯麾下大将阿里斯托得摩斯和波利米厄斯（后者于公元前312年前往希腊），得以就地组建军队，进而率军“解放”希腊南部及中部大多数城市，使其不再向卡山德效忠，大大削弱后者在希腊南部的势力。安提柯又以最小的代价，在色雷斯及黑海西岸各希腊殖民城市到处煽风点火。利西马科斯焦头烂额、自顾不暇，再无精力出兵西亚或爱琴海，与安提柯一争高下。如此一来，以上两大诸侯的威胁已经消除净尽，但其间还是出了一点小麻烦。小亚细亚西南卡里亚省总督阿桑德，是马其顿贵族出身且颇具影响力，此人不甘居人之下，拥兵自立，同时向卡山德和托勒密求援。安提柯决定好好展示一下强大武力，彻底降伏手下各省总督，他留其子德米特里厄斯（此时刚二十岁出头，相貌英俊、才华横溢）率庞大军队留守腓尼基和巴勒斯坦，自己另率大军挺进小亚细亚西部，速战速决，攻占卡里亚，教科书般地展示了如何高效使用绝对优势兵力。安提柯随后取道卡里亚挥师南下，沿途收降当地城市和要塞，又派出三路大军分头西进，控制沿岸各城，一路沿米安德河谷进军，占领米利都及密卡尔半岛各城；另一路由朴塞斯塔斯率领，前去占领哈利卡尔那索斯半岛各城；最后一路则前往爱阿苏斯海岸。与此同时，安提柯麾下海军元帅米迪乌斯率领庞大舰队，从海上配合各路大军攻占沿海各城，同时防范托勒密海军趁机骚扰。短短几个星期之内，安提柯收复卡里亚，阿桑德逃之夭夭，从此杳无音信。西亚各省总督也已意识到，背叛安提柯绝无好处。

需安提柯费心对付者，仅剩托勒密一人。获悉安提柯已经离开巴勒斯坦，又有跃跃欲试的塞琉古在旁怂恿，托勒密随即集结一支庞大军队，于公元前312年底攻入巴勒斯坦，试图在年轻的德米特里厄斯面前讨得便宜。双方在加沙附近展开大战，结果成熟老辣战胜了年轻气盛。托勒密和塞琉古痛击德米特里厄斯，后者遭受灾难性失败，损失惨重，托勒密得以收复巴勒斯坦和腓尼基。然而德米特里厄斯却没有因此一蹶不振，他率强大骑兵（步兵主力已损失殆尽）撤往叙利亚北部，随后从叙利亚和美索不达米亚调来卫戍部队增援，很快重整旗鼓，在叙利亚稳住阵脚，继续对抗托勒密。托勒密所派庞大突击队遭到伏击，被德米特里厄斯一举俘获，后者显然懂得如何在遭受重创之后恢复元气。安提柯已经等候多时，静观儿子如何独当一面。公元前311年春，安提柯翻越托鲁斯山脉，率领大队人马进入叙利亚，准备前往巴勒斯坦扭转战局。得知安提柯正统兵前来，托勒密再次“走为上策”，决定避敌锋芒，当即统兵撤回埃及。安提柯几乎兵不血刃，顺利夺回了腓尼基和巴勒斯坦。

经过四年大战，安提柯已经确立绝对优势：卡山德在希腊的势力已被严重削弱；利西马科斯在色雷斯自顾不暇，无法抽身；自己大规模建造战船，已经牢牢掌握海上霸权；托勒密则无法守住巴勒斯坦，完全不是对手。公元前314年，几路诸侯结盟共抗安提柯，提出“割地分财”要求，这在现在看来，已无实现之可能。公元前311年年，卡山德和利西马科斯主动求和，托勒密闻此变化，当即作出同样决定。公元前311年夏，几大诸侯达成和约，明确承认安提柯为亚洲之主，拥有波斯帝国留下的全部财富。作为回报，安提柯承认卡山德为马其顿之主，利西马科斯为色雷斯之主，托勒密为埃及之主。安提柯在“推罗宣言”中规定所有希腊本土城市必须自治，现在各大诸侯均要拥护这一原则。国王亚历山大四世尚且年少，在他亲政之前，各大诸侯势力范围保持不变。显而易见，和约达成，安提柯便是最大赢家，成为波斯帝国历代君主的实际继承人。然而这一和约存在一些棘手问题，从一开始就不断受到破坏。

首先，和约强调还有一位国王存在，他才是父亲亚历山大、祖父腓力所征服土地的主人，此时他年约十三岁，过不了几年，就会走上前台亲理政事，统治自己的帝国。这一条款让几大诸侯非常为难，过去这十三年，他们拼搏奋斗、四处征战、流血负伤，绝不是为了将手中权力交给一个少年（只有血统值得一提）。卡山德尤其觉得为难，因为亚历山大四世在他保护之下生活，多半也在接受训练，为亲政做准备。公元前315年，卡山德迎娶腓力二世之女塞萨洛尼卡，后者为他生三子，长子取名为腓力，与其外公同名，旨在提醒所有马其顿人，他是伟大先王的外孙。卡山德长子由腓力之女所生，算是阿吉德王室的直系子孙，也可被视为王位候选人，只需一个条件，那就是让“碍事”的幼主亚历山大四世适时死去，而让其遭遇不测，绝非难事。随着幼主年纪渐长，让亚历山大四世离开安菲波利斯幽居之地，多多接触他即将亲自统治的马其顿臣民的呼声越来越高。公元前310年，卡山德“沉痛”宣布：幼主及其母亲突然病倒，双双不治身亡。然而这种说法无法愚弄百姓，一时间流言四起，认为是卡山德明目张胆，暗杀了可怜的亚历山大母子。几乎可以肯定的是，流言绝非毫无根据。马其顿帝国再次陷入没有国王的境地，然而此时已无权力真空，问题仅仅是各大诸侯将以何种形式或正式头衔长期统治各自地盘。

公元前312年冬，托勒密和塞琉古在加沙大获全胜之后，马上派出一支奇兵长途奔袭，此举相比几个月之后所订和约构成的威胁要严重得多。

塞琉古此时已经寄人篱下四年之久，虽然颇受托勒密重用，又为其出谋划策，然而却没有属于自己的地盘和威望，他对自己的现状并不满意。为削弱安提柯的实力，托勒密给了塞琉古约一千五百士兵，让后者前去夺回先前总督辖地巴比伦省。塞琉古于隆冬时节出发，一马当先，率领这支小部队沿西北方向全速穿过叙利亚沙漠，取道幼发拉底河上游水浅之处涉水过河。幸运的是德米特里厄斯在加沙惨败之后为重整军队，将美索不达米亚大批卫戍部队调往前线，导致这一地区守备空虚。因而塞琉古取道底格里斯河谷长驱直入，沿途未遇强力阻挠，并于公元前311年初、冬日将尽之时，抵达巴比伦省。公元前315年，塞琉古被迫放弃巴比伦总督之位，在此之前，他在当地颇得民心，而普通大众对安提柯却并不了解。除此之外，塞琉古作为统兵将领向来积极主动、行动果断高效，配得上他后来所得绰号“尼卡特”（胜利者）。因此短短几个月之内，塞琉古不但恢复了对巴比伦省的控制权，而且开始彻底清除安提柯在东部各总督辖地（或“上”总督辖地）的势力，进而将整个帝国东部纳入自己的势力范围。

公元前311年夏，几大诸侯订立和约之时，并不知晓塞琉古已经异军突起、今非昔比，然而后者的崛起直接破坏了和约的关键条款，条款规定马其顿帝国整个亚洲部分归安提柯统治。几个月之内，形势已经非常明朗：安提柯并非帝国亚洲部分的唯一霸主；塞琉古已经控制东部各省，实力暴涨，加入各路诸侯王位继承权争夺战，制衡均势又被打破。公元前311年底，塞琉古在底格里斯河东岸取得一场大胜，此战是他在东部崛起的关键。早在公元前315年，安提柯留心腹将领尼卡诺出任米底亚总督，监督东部各省。现在塞琉古入侵巴比伦，尼卡诺责无旁贷，必须作出应对，他集结一支大军（兵力接近一万七千），前去平灭叛乱。尽管塞琉古可用兵力不到四千，却能成功奇袭尼卡诺大军，取得压倒性胜利。此战一过，东部各省门户大开，塞琉古畅通无阻，几年之内，他已将东部各省整合成属于自己的帝国，疆域西到巴比伦（今伊拉克南部），东至巴克特里亚（今阿富汗）。事实上，安提柯并未多费精力阻止塞琉古达成此事，或许是因为他觉得东部各省过于遥远，希腊人的统治不可能长久。他只是在追逐欧迈尼斯之时进入“上”总督辖地，战事结束之后便尽快西归，此后再未返回。尼卡诺败给塞琉古之后，安提柯派其子德米特里厄斯率一支快速突击队，前往巴比伦进行劫掠。公元前308年前后，安提柯亲自率军进入美索不达米亚，准备和塞琉古决战，此时他年约七十五岁，英雄迟暮，已无昔日的敏捷身手和充沛体力。安提柯在遭受挫败之后，似乎与塞琉古达成某种停战协定，承认后者对东部各省的控制权，自己仅保留幼发拉底河以东美索不达米亚北部：巴勒斯坦、叙利亚、小亚细亚、希腊的土地和海洋，这里才是他的兴趣所在。

塞琉古在帝国东部的崛起无疑让托勒密大受鼓舞。公元前310年，托勒密撕毁和约，再次出兵袭扰安提柯在地中海东部的地盘和军队。托勒密派遣一支远征军，渡海前往西里西亚，袭击沿岸各定居点，他不仅仅袭扰海岸而已，还有更重要的举动，企图借此角逐王权。托勒密与亚历山大的亲妹妹克利欧佩特拉取得联络，后者曾试图嫁给帕迪卡斯，结果未能成功。从公元前320年开始，克利欧佩特拉一直受安提柯保护，定居萨迪斯，“享受退休生活”。托勒密似乎认为，自己若能娶克利欧佩特拉为妻，就有可能被马其顿人看作新国王的人选。然而因安提柯安插在克利欧佩特拉身边的眼线通风报信，她还没来得及出逃投奔托勒密，便已香消玉殒。古老的阿吉德王室如今连女性成员也近乎绝迹。托勒密费尽心机，试图在爱琴海和希腊赢得好感和权力，结果以失败告终，不但一无所获，反而激怒了安提柯。安提柯发现卡山德和托勒密并不尊重先前所订和约条款，准备“狠揍”他们，首先拿卡山德开刀。

安提柯派德米特里厄斯率领庞大舰队（包含大量战船和运兵船），搭载大量兵力渡过爱琴海，前去征讨卡山德，以彻底清除后者在希腊南部的势力。公元前307年夏初，德米特里厄斯在雅典巨型外港比雷埃夫斯登陆，宣称此行必彻底清除马其顿驻希腊各城卫戍部队，罢黜一切亲马其顿僭主和寡头，尤其要恢复雅典的民主制度（公元前321年10月，安提帕特解散雅典政府）。雅典全城欢呼雀跃，百姓纷纷投靠德米特里厄斯，卡山德在雅典的驻军和盟友根本无力阻挡。恢复民主制的雅典人将安提柯和德米特里厄斯看作大救星，盛赞他们，甚至称他们为国王，然而安提柯此时尚未接受“国王”头衔。德米特里厄斯在伯罗奔尼撒和希腊中部快速展开军事行动，到处驱赶卡山德的驻军及盟友，“解放”希腊各城市，允许他们自行选择统治体系（通常是民主制），他们自然也立即和安提柯及德米特里厄斯结盟。卡山德无力抵挡德米特里厄斯的绝对优势兵力，眼睁睁看着自己在希腊南部的势力日渐消退，却无能为力。然而局势风云突变，公元前306年，战事尚未结束，安提柯就召回德米特里厄斯（是时候教训一下托勒密了）。

自公元前320年起，之后约十五年的时间，塞浦路斯岛都是托勒密对抗安提柯，出兵爱琴海的主要基地，也是他海军力量的中流砥柱。安提柯不断尝试分化瓦解塞浦路斯各城城主，力图使其不再忠于托勒密，结果成败参半。然而在公元前311年，托勒密彻底终结了这一乱局，他废黜各城城主，任命绝无二心的弟弟墨涅拉俄斯出任塞浦路斯总督。现在安提柯派德米特里厄斯率领庞大舰队，搭载大军前去征服塞浦路斯岛，以将其纳入自己的势力范围。德米特里厄斯成功登陆，击败墨涅拉俄斯，将其困在萨拉米斯。托勒密随即作出反应，集结全部可用战船组成舰队，外加一队运兵船搭载大批援军，浩浩荡荡驶往塞浦路斯，随后在该岛西南岸帕福斯登陆。不久之后，德米特里厄斯和托勒密在萨拉米斯附近海域展开决战，此战史称萨拉米斯海战，堪称古代世界最大规模的海战之一。托勒密的舰队沿塞浦路斯岛南岸逼近萨拉米斯，在发起总攻之前，在西提翁稍作停留。与此同时，德米特里厄斯的应对是：将舰队部署在萨拉米斯港口之外；选出十艘最大最强的战船，封锁萨拉米斯港出口，将墨涅拉俄斯的舰队（六十艘战船）堵在港内；亲率一百七十艘战船，迎击托勒密的一百四十艘战船，准备在墨涅拉俄斯突破港口封锁，加入大战之前，仰仗优势兵力击败托勒密。这场海战之所以引人注目，除参战舰队规模巨大及双方统帅个性十足之外，全在于以下事实：史籍所载海战之中，此战首次使用一种新型战船，也首次运用海军战术。

公元前4世纪末，古希腊舰队制式战船是一种桨帆船，通常有三桨座战船、四桨座战船、五桨座战船，这些战船以每个“桨位”桨手数目命名，分别是三人、四人、五人。常见制式战船以五桨座战船最为庞大，有上下两层桨，下层每桨由两名桨手划动，上层每桨由三名桨手划动。托勒密的舰队便由这几种战船组成。然而安提柯的战船建造计划，却开始量产更大的战船，即超大型桨帆战船，这些巨舰堪称希腊化时代海军的一大特色。因此，德米特里厄斯的舰队拥有六桨座战船（hexereis）及七桨座战船（heptereis）。这些超大战船的宽阔甲板成为“作战平台”，不仅搭载士兵（随时准备登上敌船肉搏），而且配备大型远程武器弩炮（发射弩箭）和投石机。德米特里厄斯将巨型战船集中部署在右翼，旗舰也在其中。海战之时，右翼巨舰向对面发射毁灭性的大型弩箭和巨石，一时间矢石如雨，击毁许多敌船，导致托勒密剩余战船官兵士气低落。在史籍所载海战之中，此战开舰载远程武器发挥决定性作用之先河。托勒密被迫逃离战场，损失的战船和运兵船超过半数，墨涅拉俄斯只好率全部守军投降德米特里厄斯，塞浦路斯岛归安提柯所有。

这场大捷的意义远远不止证明德米特里厄斯能和当世名将（腓力手下受训，亚历山大麾下效命）一较高下，而在于它彻底确立安提柯在地中海东部的海上霸权。安提柯以这一胜利为契机，赋予自己和整个家族王室身份。普鲁塔克的德米特里厄斯传记，详细描写了当时的场景。德米特里厄斯派出“官方”信使向安提柯报捷，此人为安提柯多年至交米利都人阿里斯托得摩斯。大捷之时，安提柯离战场并不太远，他正在奥龙特斯河畔督工建造新都安提戈涅亚，距离与塞浦路斯隔海相望的叙利亚海岸不过几英里。阿里斯托得摩斯离开塞浦路斯，乘船前往叙利亚，从奥龙特斯河口逆流而上，在安提柯新都附近弃船登陆，他从登陆地点步行前往安提戈涅亚，一路上静默无声、面色铁青。安提柯此时正在城市广场等他到来，周围人群惴惴不安。阿里斯托得摩斯无视沿途一切询问，径直走到安提柯面前，神色突然由愁眉苦脸转为兴高采烈，大声呼喊：“安提柯王万岁！我军取得辉煌胜利！”显而易见，这完全是一场早就安排好的“表演”。安提柯众贴身亲随听闻此言（重大捷报外加王室头衔），却毫无惊讶之色，反而立即拿出一顶王冠，戴在安提柯头上，同样山呼万岁，拥立安提柯为王。四周层层拥挤的士兵和安提戈涅亚新市民欢欣鼓舞，一起高喊“安提柯王万岁！”显然这是刻意营造出来的效果，让贴身亲随（将领和幕僚）、士兵、市民将国王头衔强加在安提柯身上，如此一来，后者可以从容接受王室头衔。这让一切看起来更像是臣民因其丰功伟业赋予他王室头衔，而非他自己篡权夺位，盗用王室尊号。

五年的“官方”权力真空之后，马其顿人终于又有了一位国王——独眼安提柯。安提柯获取新身份之后，马上采取行动以凸显传承王位的重要，他派人携带委任信和一顶王冠，前往其子德米特里厄斯所在之处，正式提升后者为“共治国王”兼王储。安提柯也在信中指示儿子马上命令舰队进入战备状态，以便展开新一轮大规模军事行动。托勒密刚刚遭此大败，安提柯决定乘胜追击，毕其功于一役，彻底将他铲除。安提柯亲率一支庞大远征军，从陆路进攻埃及，据说总兵力高达八万八千，同时德米特里厄斯则率领庞大支援舰队沿海岸线齐头并进。公元前306年底，安提柯远征军在巴勒斯坦南部城市加沙集结完毕，随后向埃及进发。德米特里厄斯的舰队晚一天起航，尽管途中遭遇恶劣天气，还是在埃及边界与安提柯大军会合。安提柯大营距离尼罗河口最东部支河佩罗锡克约四分之一英里。托勒密兵力远少于安提柯，遂沿佩罗锡克河西岸构筑坚固防线，企图挑衅安提柯强渡宽阔深河。

大约十五年前（公元前320年），监国摄政王帕迪卡斯同样面对托勒密坚固防线，试图强渡尼罗河口支河佩罗锡克，结果遭遇灾难性失败。安提柯不愿重蹈覆辙，这就是他让舰队参战的原因。安提柯命令德米特里厄斯沿埃及海岸航行，尽快让舰载部队在托勒密防线后方成功登陆，如果能前后夹击，托勒密就很难守住沿河防线。然而由于当地守军顽强抵抗，德米特里厄斯未能完成任务，前后两次强行登陆均铩羽而归，他没有取得任何战果，就此率领舰队返回安提柯大营。

有一点必须指出，德米特里厄斯肩负如此至关重要的任务，却似乎缺少必胜的决心和顽强的毅力。他的战场表现有时相当出色，然而接下来的几年却见证了他的一大特征：表现缺乏稳定性，缺少顽强的毅力。此次出兵埃及，德米特里厄斯的失败导致安提柯只能取消整个远征计划，因为安提柯不愿冒险强渡防守严密的尼罗河，后勤补给能力也不足以支撑在此长期作战。安提柯一无所获，率军返回巴勒斯坦。托勒密麾下军队一片欢呼，称他为胜利者，更借此机会拥立他为王，这和安提柯称王方式别无二致。马其顿人几年没有国王，现在一下子有了三位。在一两年之内，塞琉古在亚洲内陆、利西马科斯在色雷斯、卡山德在马其顿纷纷步人后尘，先后称王。如此一来，国王多达六位（含德米特里厄斯），将亚历山大帝国分成了五个独立王国，各霸一方。

公元前305年，安提柯和德米特里厄斯远征埃及受挫之后，决定用兵他处，好好展示强大武力。罗德岛居民本是安提柯的长期盟友，近年来却越来越倒向托勒密，在公元前306年，德米特里厄斯率舰队两战托勒密，该岛居民均拒绝助前者一臂之力。现在是时候好好“教训”一下他们了。公元前305年初，罗德岛居民收到最后通牒，必须乖乖听安提柯调遣，否则后果自负，他们选择拒绝屈服。德米特里厄斯奉命率庞大舰队，搭载大军前去“惩罚”他们。罗德岛围攻战堪称古代最大规模攻城战之一，参战双方因此名扬天下：德米特里厄斯获誉“围城者”，罗德岛人则以反抗激烈、绝不居人之下著称。德米特里厄斯所造攻城器械，规模之宏大，足以引起轰动，尤以别出心裁的巨型攻城塔最引人注目。然而他水陆并进，围攻罗德岛半年多，却仍未攻陷该岛，最后德米特里厄斯再次铩羽而归。安提柯并不希望此次战事拖到公元前304年，命令德米特里厄斯尽可能争取有利和约条款，结束罗德岛围攻战。罗德岛居民同意与安提柯再次结盟，仅仅交出了一百名人质，就在其他方面获得了自由和自治，而且获准以后无须出力对抗托勒密。此战虽以平局收场，对罗德岛人来说却是一场胜利，而对安提柯和德米特里厄斯来说却是不可否认的失败。

结束罗德岛围攻战至关重要，因为德米特里厄斯必须尽快重返希腊南部。公元前306年至前305年，在他离开希腊期间，卡山德发动反攻，势头甚猛，更以重兵猛攻雅典，试图夺回该城，而雅典人早已不堪重负。公元前304年初春，德米特里厄斯重返希腊，快速扭转危局，在接下来的机动作战中，他似乎又振作起来了，发动的“闪电战”，堪称经典。在公元前304年至前303年，德米特里厄斯进军快速、势不可当，很快将卡山德的军队赶出希腊南部和中部，一直推进到塞萨利边界。与此同时，他还试图将希腊南部各城整合为一个永久性“联邦”，成为某种形式的“希腊合众国”，由安提柯、德米特里厄斯及他们的继承人出面担保，提供保护；希腊各城邦互相合作，通过联邦“议会”（synedrion）施行集体自治，此举主要是为保护各城邦的安全，联邦“议会”在各泛希腊节日举办地定期举行会议，各成员城邦则按一定比例派出代表组成“议会”。这一联邦代表共治计划可谓雄心勃勃，宣告“联邦”创立的公文有多个副本散布希腊各地。阿尔戈利斯半岛古城埃皮达鲁斯有一古代铭文，保存了这份“联邦”公文的大部分内容，对今人了解当年的计划大有帮助。遗憾的是，这一构想以失败告终，外部环境使得长期推行无法实现。

安提柯和德米特里厄斯败少胜多，势力不断坐大，让其他诸王倍感威胁。有鉴于此，诸王外交往来频繁，于公元前302年达成协议，出兵共抗安提柯父子。卡山德在希腊竭尽全力抵挡德米特里厄斯之时，利西马科斯、塞琉古、托勒密分率大军从三个方向攻入安提柯的亚洲王国，意欲一举打垮老迈的安提柯王。公元前302年春，德米特里厄斯率军进入塞萨利，遭遇卡山德及其庞大军队。两位统帅各施计谋，纠缠颇久，然而卡山德指望西亚战事取得进展，并不愿意与对手决战，德米特里厄斯也未能找到一决胜负的机会。如此一来，会战陷入僵局，两军彼此对望。在此期间，利西马科斯率军离开色雷斯，渡海进入小亚细亚，开始抢占地盘，分化地方总督及守将，使其不再忠于安提柯。安提柯获悉利西马科斯大举入侵之时，正身在叙利亚的安提戈涅亚，忙于安排一场“国际”运动音乐盛会，以此作为他宏伟新都的落成典礼。安提柯早就不复当年之勇，他已经年过八十，几乎死于前不久的一场大病，如今刚刚康复，而且严重发福、体重暴涨，与当年精力充沛、进军快速的安提柯（六十几岁时）判若两人。虽然如此，他还是立即搁置庆典计划，下令集结军队，随后率军离开叙利亚，翻过托鲁斯山脉，前往小亚细亚对垒利西马科斯。

正当卡山德和德米特里厄斯在塞萨利相持不下，安提柯又率军前去对垒利西马科斯之时，塞琉古也展开了行动。这几年来，他一直在马其顿帝国东部边界（今巴基斯坦）忙于战事。一个新兴强国正在此地崛起，来自恒河流域的印度君主旃陀罗笈多（希腊人称之为桑德罗科托斯），正忙于打造他的帝国孔雀王朝（最终几乎统一整个印度）。旃陀罗笈多将恒河流域各邦纳入其势力范围之后，率军进入印度河流域，继续他的征服之旅，随后遭遇马其顿占领军。塞琉古率军连续征战多月，却无法结束战事，因而判定继续持有印度北部地盘得不偿失，他与对手达成协议：塞琉古放弃整个印度河流域，这片土地归印度征服者旃陀罗笈多所有；作为回报，旃陀罗笈多则送给前者五百头经过训练的战象。塞琉古的军队主要由轻步兵及高机动性的骑兵组成，现在又有了这些战象，他随即率领大军西进，准备与利西马科斯会合，共抗安提柯。老迈的安提柯拥有绝对优势兵力，进军速度却较为缓慢；利西马科斯则率军快速机动，和后者长期周旋，成功避免了正面交锋。公元前302年初秋，利西马科斯最终从安提柯眼皮底下成功溜走，率军前往黑海沿岸港口城市赫拉克莱拉，全军留在过冬营地进行休整。安提柯放弃追赶利西马科斯，让麾下大军在佛里吉亚北部城市多利留姆附近扎营过冬。塞琉古则率军翻过托鲁斯山脉，留在卡帕多西亚过冬，准备春天一到就与利西马科斯会师。安提柯获悉此事，向德米特里厄斯发出告急文书，命令后者立即结束希腊战事，火速渡海前往小亚细亚和自己会合，准备应对明年必将来临的空前大战。德米特里厄斯一离开希腊，卡山德便派其弟普雷斯塔库斯率领部分人马出发，前去助阵至交兼盟友利西马科斯，准备与安提柯决战。

公元前301年初夏，在辛那达城（靠近今阿菲永卡拉希萨尔）东北方向不远，小城伊普苏斯附近，四国大军齐聚战场。安提柯和德米特里厄斯已经合兵一处，由于安提柯年迈体弱，德米特里厄斯成为会战的实际指挥者。利西马科斯已经与两路盟军会师，分别是卡山德从亚洲派出的友军，以及沿波斯御道从卡帕多西亚赶来战场的塞琉古大军。显而易见，两位国王分享了联军指挥权，然而接下来的作战方案似乎更多由塞琉古制订。托勒密本应率军前来助阵，结果仅仅是再次出兵巴勒斯坦，专心抢占巴勒斯坦和腓尼基各城。

伊普苏斯大战改变了马其顿帝国的权力格局。会战双方列阵方式颇为传统，联军中路步兵方阵主要是利西马科斯和卡山德的部下，对面是安提柯的步兵方阵。安提柯年纪老迈，行动不便，坐镇中路指挥大军。塞琉古和利西马科斯将前者的海量轻步兵部署在本方右翼，左翼则由塞琉古之子安条克指挥两位国王的重骑兵。安条克对面是安提柯的重骑兵，由德米特里厄斯亲自指挥。战斗打响之后，德米特里厄斯率重骑兵发起冲锋，安条克似乎抵挡不住，率军逃走（真假难辨）。德米特里厄斯随后犯了骑兵统帅所能犯的最严重错误，他在安条克身后穷追不舍，将主战场远远抛在身后，而没有侧翼迂回，从后方攻击敌方步兵军团。随后发生的事情显示安条克率骑兵逃离战场，很可能是按照作战计划刻意为之。德米特里厄斯的重骑兵刚一消失在远方的地平线，塞琉古便派出四百头战象，组成一道“长墙”，截断德米特里厄斯回归战场之路。当德米特里厄斯最终决定返回战场时，却发现前面有大量战象挡住去路，战马极其惧怕这些灰色巨兽，骑兵部队无法前进一步。与此同时，利西马科斯指挥步兵方阵与安提柯正面交锋，塞琉古则率轻骑兵侧翼迂回，从后方攻击安提柯的步兵军团。安提柯腹背受敌，步兵方阵随之崩溃，麾下士兵四散奔逃，此战败局已定。

贴身亲随力劝安提柯趁现在还来得及，赶快逃离战场，然而年迈的国王却断然拒绝，他仍然对德米特里厄斯抱有希望，相信后者必会设法率军重返战场，一举扭转战局。安提柯坚守阵地，最后大队敌方骑兵径直向他扑来，随从见此情景，如鸟兽散。此时他身边只剩一名忠心老友，名为托勒克斯，在一阵“标枪雨”过后，安提柯当场殒命。德米特里厄斯最后意识到重返战场已绝无可能，一切都已失去，随即率领麾下骑兵前往海岸，在以弗所与舰队会合，弃岸登船，暂时沦为“海上之王”。与此同时，塞琉古和利西马科斯正打扫战场，瓜分战利品。塞琉古又派人找到故交安提柯的尸体，以王室礼仪火化，将骨灰转交给德米特里厄斯。胜利一方以小亚细亚南部的托鲁斯山脉为边界线，瓜分安提柯的帝国：山脉北面和西面的小亚细亚归利西马科斯（为感谢卡山德派出援军，在卡里亚分出一块“飞地”给其弟普雷斯塔库斯），山脉南面和东面的土地（西里西亚、叙利亚、巴勒斯坦、美索不达米亚北部）归塞琉古（在西里西亚分出一块“飞地”给普雷斯塔库斯）。塞琉古随后前往叙利亚南部，准备占领巴勒斯坦，却发现托勒密已经抢先一步。鉴于托勒密过去帮助过自己，塞琉古暂且容许他占据巴勒斯坦和腓尼基，却拒绝正式承认这块土地属于对方，此事悬而未决，为将来埋下了战争的种子，导致塞琉古王朝和托勒密王朝历代君主冲突不断。

5. 继业者战争的最终结局

伊普苏斯大战之后，胜利一方各有所得，似乎一切都已尘埃落定，然而这只不过是表面假象。公元前297年，卡山德死于一种疾病，只有五十几岁。公元前316年，卡山德接管马其顿本土，执掌军政大权，此后一直竭力保护先王腓力二世及其父安提帕特所留遗产，而且颇有成效。他的长子腓力（腓力二世的外孙）顺利继位，似乎政权相当稳固。然而新国王腓力四世在一年之内也撒手人寰，似乎死于同一种疾病。卡山德还有另外两子：安提帕特和亚历山大。兄弟二人很快便因争夺王位反目成仇，安提帕特以兄长的身份登上王位，而母后塞萨洛尼卡却偏疼幼子亚历山大，鼓动后者争夺王位。内战就此爆发，亚历山大作出轻率决定，邀请依然颇具实力的德米特里厄斯帮他夺取王位。德米特里厄斯当然愿意“帮忙”，他刚刚率军与年轻的亚历山大会合，便下手将其暗杀，进而将整个马其顿占为己有。安提帕特和卡山德家族的统治就此灰飞烟灭，安提柯家族则再次成为一国之主（暂时如此）。

德米特里厄斯身为国王，在马其顿却不得人心。德米特里厄斯离开故乡时尚且年幼，之后在亚洲长大成人，在马其顿人看来，他好像外乡人，毫无兴趣学习真正的马其顿习俗和传统，而且为人冷漠傲慢，只顾自己享乐，并不关心臣民的需要。德米特里厄斯曾长期统治亚洲臣民，现在并不习惯马其顿臣民的直率坦白和对他的期望，而且无法适应。作为马其顿国王，他的主要目标和国策是尽可能扩充军队，然后进攻利西马科斯和塞琉古，夺回父王的亚洲帝国，然而马其顿人却对这种国策毫无兴趣。德米特里厄斯兵力不断膨胀，利西马科斯担心德米特里厄斯日久必成心腹大患，于公元前287年率军攻入马其顿。马其顿军队却临阵遗弃德米特里厄斯，投靠利西马科斯，德米特里厄斯被迫乔装逃回嫡系舰队。利西马科斯的地盘除了色雷斯和小亚细亚之外，又多了马其顿本土，然而他的崛起势必会威胁到塞琉古，二者之间的最终决战似乎已经不可避免。公元前282年，两位国王在萨迪斯附近的西鲁皮德展开最终决战。在此之前，利西马科斯与颇得人心的长子阿加托克利斯闹翻，并将后者处死，导致自己亚洲领地的许多将领和总督倒向了塞琉古。

最终决战之时，两位国王已经是亚历山大继业者中硕果仅存的两个。德米特里厄斯逃出马其顿之后，决定孤注一掷，最后一次尝试夺回父王的帝国（至少夺回部分地盘）。公元前286年，德米特里厄斯率领一切可用之兵攻入小亚细亚，然而利西马科斯长子阿加托克利斯率军将其击退，德米特里厄斯被迫南下，进入西里西亚。塞琉古领兵在此迎击，成功将其生擒，却予以厚待，塞琉古让其子安条克迎娶德米特里厄斯之女斯特拉托妮可，而德米特里厄斯则被软禁在一个奢华的狩猎行宫（位于奥龙特斯河中的一个岛上）。接下来的两年里，德米特里厄斯终日狂饮，最终酗酒过度而死，将国王头衔留给了其子安提柯·贡那塔斯，然而其实力已极其有限，安提柯王时代的庞大舰队所剩无几，此外只有几个岛屿要塞和沿海城市。在此期间，托勒密被家庭内部纠纷搞得心烦意乱，他有两子，均以自己名字取名托勒密，相当让人困惑。长子别名撒拉努斯（“雷电”），由他第一个王妃欧律狄刻所生；次子别名费拉德尔甫斯（“姐姐的情人”），由他备受宠爱的第二个王妃贝蕾妮斯所生。长子撒拉努斯被托勒密赶出埃及，被迫流亡，最终投靠塞琉古，次子费拉德尔甫斯则被立为王储。公元前283年，托勒密年纪老迈、寿终正寝，几乎是亚历山大大帝麾下大将唯一获得善终者，其子费拉德尔甫斯随后继位。

毫无疑问，两位继业者之间的最终决战是一场史诗般的对决，然而现存文献却对此着墨甚少。两位统帅均已年近八十，却老当益壮，依然精力充沛。塞琉古又“习惯性地”取得了胜利［他绰号“尼卡特”（胜利者），绝非浪得虚名］。西鲁皮德之战，利西马科斯殒命沙场，据说死时部下亲随尽皆逃散，身边仅剩一条忠心爱犬。塞琉古用了大约一年时间，确立了自己对小亚细亚的统治。公元前280年初，塞琉古渡过赫勒斯滂海峡，前去接管利西马科斯的欧洲领地，显而易见，塞琉古阔别家乡五十四年，打算叶落归根，留在马其顿本土安享晚年，再做几年国王，死后葬在（或许是）故乡优罗配斯。只可惜天不遂人愿，塞琉古在欧洲的第一站是利西马科斯晚年所建新都利西马其亚，位于色雷斯半岛（加利波利半岛）地峡，他视察这座半完工新城之时，随从当中有托勒密之子托勒密·撒拉努斯。托勒密·撒拉努斯生性暴戾，显然对收留自己的塞琉古毫不感恩，而且野心极大，绝不满足于在他手下做个王宫幕僚。托勒密·撒拉努斯突然发难，刺死塞琉古，又说服后者军队听从自己指挥，随后率军进入马其顿，强迫马其顿人拥立自己为王。

然而马其顿国王托勒密·撒拉努斯在位时间并不长。凯尔特蛮族部落已经在欧洲中部及巴尔干半岛游荡多年，公元前279年，蛮族军队突然挥师南下，攻入马其顿。希腊人称这些凯尔特人为“迦拉太人”，对其非常畏惧。撒拉努斯应当倾力集结兵力，打造一支纪律严明的庞大军队，然后再去抗击入侵之敌，然而他却没有谨慎行事，当即率手头可用之兵，仓促北上，与迦拉太人正面交锋，结果一败涂地。撒拉努斯横尸疆场，他所谓的军队全军覆没，马其顿门户大开，任由凯尔特人劫掠。公元前279年至前277年，迦拉太人占领马其顿长达三年，其间尽情掳掠杀戮，似乎没有一个马其顿君主或将领能阻止他们。公元前277年底，马其顿的人“救星”最终在一个意想不到的地方横空出世。

自从其父德米特里厄斯死后，安提柯·贡那塔斯就处于一种极其危险的境地。他名义上从才华横溢的祖父和聪敏善变的父亲那里继承了王位，却没有值得一提的领地，正如上文所述，他仅仅拥有安提柯王时代庞大舰队的残余舰船，或许只有区区几十艘，外加几个岛屿和沿海城市。安提柯·贡那塔斯环顾四周，到处寻找领地，试图夺得立国之本，然而无甚进展，作为军队统帅，他比不上自己的祖父，甚至也不如表现缺乏稳定性却能偶露峥嵘的父亲。塞琉古遇刺身亡之后，小亚细亚局势不稳，贡那塔斯趁机出兵浑水摸鱼，结果却铩羽而归。忠于安条克王的当地驻军很快将他赶出小亚细亚，而且毫不费力，除非天赐良机，他似乎已经命中注定，只能是个没有王国的国王。公元前277年，机会来了，利西马科斯的色雷斯王国群龙无首，或许这是可乘之机。贡那塔斯渡海前往利西马其亚，发现这座半完工城市基本已被废弃，决定在此安营扎寨。他随后率领军兵北上，进入色雷斯境内搜寻粮草，偶遇一伙迦拉太人。由于马其顿本土屡遭掳掠，已经变成贫困之地，这些蛮族遂心生厌倦，正向东进发，寻找更有“油水”的劫掠对象。贡那塔斯将这些蛮族成功引入伏击圈，一举全歼（一名相当平庸的将领，也有神来之笔）。初战告捷，消息随即传开，马其顿人开始发来讯息，恳请贡那塔斯前往马其顿拯救自己的祖国，如果他能救马其顿人摆脱迦拉太人的奴役，他们就拥立他为国王，而且忠心不贰。

安提柯·贡那塔斯，公元前319年前后由菲拉所生，是安提帕特的外孙，曾在马其顿生活七年（公元前294—前287年），其父那时身为马其顿国王，而他自己则是王储。重返马其顿登上王位，这一构想可谓吸引力巨大，贡那塔斯以最快速度率军登船，全速前往马其顿，登陆之时受到马其顿人英雄般的欢迎。马其顿人急需一名精明强干的领袖，带领他们重整河山，击败迦拉太人，而贡那塔斯正是合适人选。一年之内，曾经令人胆寒的迦拉太人已经不足为患，许多迦拉太人被杀，大多数被迫逃出马其顿，前往东方寻找新的机会（其中有许多最终进入小亚细亚），另有几千人因贡那塔斯能够击败他们心生敬佩，以雇佣兵的身份在马其顿新国王麾下效力，进而增强了后者的实力。

安提柯·贡那塔斯面临极其艰巨的任务，马其顿被凯尔特人占领数年，已经元气大伤，腓力二世在马其顿崛起过程中所奠定的基业也已损失殆尽，然而他并未气馁。事实证明，贡那塔斯虽然军事才能相当平庸，却是一个治国理政的天才，他担负起重建马其顿的重任，并且乐此不疲。贡那塔斯在位时间超过三十五年（至公元前239年），其间赢得民心，深受马其顿人爱戴，威望仅次于腓力二世。他在统治早期，曾短暂离开王座。“军事冒险家”伊庇鲁斯国王皮洛士远征意大利，败给罗马军队，随后于公元前275年攻入马其顿，并击败贡那塔斯，控制马其顿全境，然而很快又率军离开，前往伯罗奔尼撒图谋功业。贡那塔斯得以重整军队，恢复对马其顿的控制，随后率军南下，意欲除掉心腹大患皮洛士。公元前272年，伊庇鲁斯国王皮洛士在阿尔戈斯死于巷战。从那以后，安提柯·贡那塔斯在马其顿的统治稳如泰山。

至此，先前的亚历山大帝国几经波折，最终尘埃落定，天下三分。三个继业者王朝鼎足而立，疆域划分与公元前315年三大诸侯时期近乎相同：安提柯王朝（独眼安提柯的后代）统治马其顿、塞萨利，支配希腊南部和巴尔干地区大部；当年的波斯帝国如今被塞琉古王朝取代，由塞琉古·尼卡特（“胜利者”）的后代统治；最后，埃及和一些周边地区（如巴勒斯坦、塞浦路斯、昔兰尼加）则由托勒密·索特尔（“救星”，死后获此尊号）的后代统治。这一政治地理格局似曾相识：约八十年前，公元前4世纪50年代，同样疆域的三大王国统治着地中海东部以及西亚的这片辽阔土地。然而亚历山大的征伐功业带来一个巨大改变，这三大王国现在皆由马其顿人建立的王朝统治，希腊语为通用语言，希腊城市文明和文化则是共有的主流文明和文化。

第七章
希腊化世界和希腊化文明

有赖于亚历山大的大肆征战及继业者们的呕心沥血，西亚、北非以及地中海东部地区大致成了所谓“希腊化文明”的家园，前后延续约六百年之久（公元前300年至公元300年）。从撒马尔罕到萨迪斯，从克里米亚到阿斯旺，希腊语成为各地知识精英的通用语言。无论走到哪里，都可发现希腊城市，居民说希腊语，还有熟悉的城市环境、便利设施、公共服务和娱乐设施。这一文明由马其顿血统的诸王统治两个世纪之久，其间马其顿式的军队成为国之柱石，之后四个世纪换成罗马总督统治，由罗马军队提供安全保障，然而希腊化城市文明自始至终从未改变。这是何等非凡的成就，从伊朗到地中海，从黑海到苏丹，存在巨大文化差异的多个民族同属一个“文明圈”，拥有相对不错的和平环境、秩序和安全感，以及跨越语言及文化多样性巨大障碍的通用语言和文化。这一成就并未得到今人的充分肯定，我们有必要好好研究一下希腊化文明是什么，以及它是如何被强制推行并长期维持的。

1. 希腊化王朝诸王

第四章已经引用了《苏达辞典》中“王位”一词的释义，在讨论希腊化王朝诸王之前，颇有必要再引用一次。这段释文显然出自希腊化时代某一早期文献，清楚列出了当时诸王应当具备的基本素质，他应该擅长统御军队，精于治国理政。

> 王位（basileia）：君之所以为君，并非仰赖血统或继位合法性，乃是靠文韬武略，即武能统御三军，文能治国安邦。腓力和亚历山大的继业者正是此等人物。

第六章所描述的各王国及王朝伟大君主，在希腊化文明最初两个世纪（罗马人到来之前）堪称巅峰人物。然而做个称职的希腊化王朝国王绝非易事，他不得不尽力达到伟大先王的高度。腓力二世、亚历山大大帝、继业者们（安提柯、塞琉古、托勒密等人）的丰功伟绩在希腊化世界各国臣民的脑海里时常浮现，他们的巨大成就不可避免地成了衡量后继君主的准绳。许多希腊化王朝国王无法“达标”，或许是臣民过高的期望值，在某种程度上成了压垮他们的重担。有些国王确实是无能之辈，例如：塞琉古二世喜欢人称其为“卡里尼科斯”（荣耀的胜利者），以掩盖他的军事失败；托勒密四世和托勒密八世则以沉迷享乐著称，后者荒淫无度、过度肥胖，被抨击他的人称为“菲斯康”（腹如大锅）；安条克九世、托勒密十世等人则完全无足轻重，帝王生涯乏善可陈。然而也有一些国王颇有才能，励精图治，力求比肩马其顿诸位开国雄主，安邦定国，其中有几位具有雄才大略，其成就甚至不输先辈，值得被后世铭记为伟大君主。每个希腊化王朝都产生了至少一位雄主，他们堪称希腊化王朝君主的完美典范。

公元522年前后，拜占庭旅行家兼修道士科斯马斯·印第科普莱特斯（“印度旅行家”科斯马斯）来到东非厄立特里亚港口城市阿杜里斯，发现了一段不同寻常的铭文，将其记录下来，内容如下：

> 国王托勒密大帝，为“姐弟双神”国王托勒密二世和女王阿尔西诺伊之子；后两者为“救星双神”国王托勒密一世和女王贝蕾妮斯所生：托勒密一世祖先为宙斯之子赫拉克勒斯，贝蕾妮斯祖先为宙斯另一子狄俄尼索斯。托勒密大帝子承父业，统治埃及、利比亚、叙利亚、腓尼基、塞浦路斯、利西亚、卡里亚、基克拉泽斯群岛。他率领大军攻入亚洲，远征军包含：步兵、骑兵、舰队、战象。这些战象借埃塞俄比亚穴居人之手获得，他和其父托勒密二世开创先河，在埃塞俄比亚捕捉大象，随后送往埃及训练成为战象。托勒密大帝牢牢掌控幼发拉底河这一侧（即以西）的全部土地，以及西里西亚、潘菲利亚、爱奥尼亚、赫勒斯滂海峡沿岸和色雷斯，这些地方的全部驻军和印度战象尽归他调遣。各省总督尽皆臣服之后，他率军渡过幼发拉底河，相继征服美索不达米亚、巴比伦、苏西亚纳、波西斯、米底亚和其他可征服之地，疆域远至巴克特里亚。托勒密大帝设法找回波斯人从埃及掠夺的圣物，将它们和各地财宝一起运回埃及；他又派出军队跨过运河……（奥斯丁《希腊化世界》221号文献，取自迪腾伯尔格《东方希腊铭文选》54号铭文）。

托勒密三世，又名“幼厄格特斯”（恩主），精力充沛、执政高效，上文是他的自我描述，讲述了这位国王的传奇故事。首先必须指出，这段描写的许多内容并不真实，可以确定，与文中的声明相反，托勒密三世从未征服过任何小亚细亚或幼发拉底河以东的土地，然而在某种程度上，这些偏差无关紧要。

托勒密三世和他祖父托勒密一世一样，也是个征服者，他确曾入侵叙利亚，兵锋远至塞琉古王朝都城安条克，将这些土地暂时纳入托勒密王朝的疆域。这段铭文的引人注意之处，在于文中断言的本质、之所以如此描写的原因、托勒密三世的概况以及他对自己君王身份的理解。他首先强调自己的血统，自己是托勒密家族的第三位国王，父亲为托勒密·费拉德尔甫斯，祖父为托勒密·索特尔。显而易见，这一血统对他至关重要，尊贵血统塑造了他，他天生就是“伟大君王”。有趣的是，托勒密三世同样强调母亲和祖母的血统，他提到了女王阿尔西诺伊（事实上，她并不是他的生母）和他的祖母贝蕾妮斯女王。在真实的血统之外，他又向前追溯，进一步强调自己的显赫血统，他的祖父是赫拉克勒斯的后代，祖母则是狄俄尼索斯的后代。这些虚构的家谱渊源首次变得重要，托勒密三世声称自己是赫拉克勒斯的后代，这意味着他与古老的马其顿王室血脉相连（据说后者是赫拉克勒斯的子孙）。换言之，托勒密宣称他的祖父也是阿吉德家族的一员，他自己因此拥有了古老的马其顿王室血统。事实上，确有传闻声称托勒密一世是马其顿雄主腓力二世的私生子，或许这段铭文对此有所暗示。

再来看托勒密三世和其父托勒密·费拉德尔甫斯共同完成的壮举。他们一起攻入“穴居人”之地，最先捕捉和训练非洲象。在希罗多德笔下，“埃塞俄比亚”的穴居人（Troglodytai）生活在已知世界的最边缘，是个非常怪异的民族，“在所有已知民族当中，这个民族的人奔跑速度最快。他们吃各种爬虫（诸如蛇和蜥蜴），讲一种非常独特的语言，听起来就像蝙蝠的尖叫声”（4.183）。有人认为，这种像“蝙蝠尖叫”的语言指的是非洲古科伊桑语特有的吱吱声（班图人扩散到非洲各地之前）；而东非的居民从那时起就以擅跑著称，直到今日。托勒密说他和父亲走出了已知世界的边界，此类壮举通常由希腊神话中的英雄完成，诸如赫拉克勒斯、伊阿宋和阿尔戈英雄。不过托勒密三世在这件事上所言非虚，正如阿杜里斯港所刻铭文的记载，他确曾深入埃及以南，而且托勒密父子（或他们的猎手）也的确捕捉和训练过非洲象。最重要的是，要注意托勒密三世自称征服过的土地以及他给自己的头衔，铭文中提到征服之地，包含从赫勒斯滂海峡沿岸到巴克特里亚的全部亚洲土地，正是亚历山大当年征服过的区域，托勒密自称大帝（Megas），在他之前的希腊或马其顿君主，只有亚历山大获此头衔。换言之，托勒密三世刻意将自己描绘成第二个亚历山大，他征服了亚历山大当年征服过的土地，因此配得上同样的头衔。他又声称自己曾设法找回波斯人从埃及掠夺的圣物，将它们送回埃及，以此结束自己与亚历山大的类比。众所周知，亚历山大在波斯找回波斯人当年从雅典掳走的雕像和其他圣物，将它们送回希腊本土。

因此，铭文中的这些论断旨在宣扬托勒密·幼厄格特斯不仅是列王的后代，而且配得上王位；他的功业不仅能媲美父亲和祖父，更能比肩亚历山大“大帝”；他不仅是托勒密王朝的继承人，更是古老阿吉德王室的传人。这些话言过其实，但这并不重要，大多读过这段铭文或其他类似铭文（毫无疑问，王国各地都有此类铭文）的人所知不多，不会挑剔细枝末节，或者根本不在乎内容是否夸大。托勒密声称自己是一代雄主，并为此奋斗不息，这才是要紧之处。他没有对国王之位掉以轻心，没有沉迷享乐，他竭力成为历代雄主的合格继承人，也将自己描绘成此等人物。他承认如此奋发图强全因自己是埃及人的王，亚历山大将雅典的圣物运回希腊；托勒密则声称已为自己的百姓埃及人寻回圣物。换言之，托勒密一方面竭力博得埃及臣民的好感，另一方面又强调自己的希腊及马其顿文化传统，他也确实凭借自己的努力赢得了臣民的拥戴。另一著名铭文“卡诺珀斯法令”证实了这一点，内容如下：

> “姐弟双神”托勒密和阿尔西诺伊之子托勒密在位第九年（公元前238年）……（此处略去大段用于指明日期的文字）……颁布以下法令：大祭司、先知、进入至圣所为诸神更衣者、持仪仗扇者、神殿书吏及来自王国各地的其他祭司……为庆祝国王的生日和升天日……在卡诺珀斯“恩主双神”神殿举行会议，随后宣布：“姐弟双神”托勒密和阿尔西诺伊之子国王托勒密，并他的妹妹兼妻子贝蕾妮斯女王，合称“恩主双神”；鉴于他们对各地神殿厚赐不断，诸神荣耀与日俱增；鉴于他们长期以来，对阿匹斯神牛、姆尼维斯神牛和其他一切本地著名神圣动物爱护有加，又为此花费巨资；鉴于国王出国征战，将波斯人掳走的圣像带回埃及，将它们放回各自神殿，物归原位；鉴于他又领兵抗击多个敌国，对垒多个君主，力保国泰民安；鉴于“恩主双神”

> 治国安邦，全国一切臣民安居乐业……（奥斯丁《希腊化世界》222号文献，取自迪腾伯尔格《东方希腊铭文选》56号铭文）。

这段铭文又以大量篇幅详细列举托勒密三世和王后贝蕾妮斯的善举，大加颂扬，授予二人至高荣誉，对他们千恩万谢。显而易见，埃及本土诸神的祭司称颂托勒密三世，承认他是勤政有为的君主，明确赞同他夺回埃及圣物的说法。和其他伟大君主一样，托勒密是个英明国王，励精图治，配得上国王之位，成功赢得国内希腊和埃及臣民的拥戴。不管他的自我宣传是多么夸张，所立铭文还是有一定事实作为根据，并且显出他愿被看作"合格"国王的强烈渴望。

20世纪之初的二三十年，古老的希腊化城市亚历山大城，仍是个繁荣的大都市，不过已在英国管治之下，此时有个了不起的希腊人住在该城。他看起来没有任何引人注目之处，在英国所设政府机构供职，职位不高，上班时间既不玩忽职守，也不激情四溢，然而他的业余生活却丰富多彩，充满了浪漫多情的邂逅和对本民族（希腊人）漫长辉煌历史的奇瑰想象。此人名为康斯坦丁诺斯·卡瓦菲，是一位诗人，而且相当伟大。希腊化文明的伟大时代在他脑海里萦绕不休，从某种程度上来讲，他堪称最后一位希腊化诗人，却生不逢时，距离属于自己的时代长达两千年。他的一首诗再现了希腊化时代马其顿国王腓力五世生活中的一幕：

> 他已不复当年之勇，胆气丧尽。
> 疲惫的身躯，离病倒不远；

从今以后，享乐才是他的第一要务。
已经逝去的年日，他将以无忧无虑的生活加倍补偿。
至少，腓力这样说了。
今夜他将掷骰子豪赌。
他急不可耐，必须寻欢作乐。
桌案之上，已经摆满娇艳玫瑰。
然而安条克若在马格尼西亚遭遇不测，该当如何？
据说他的威武之师已经灰飞烟灭。
或许此乃危言耸听：传言岂能完全属实。
但愿传闻言过其实。他们虽是仇敌，却与我们血脉相连。
“但愿传闻言过其实”，这就足够，或许已经太多。
腓力当然无意推迟庆典。
无论他有多么筋疲力尽，
仍有一大利好存在：一切未曾遗忘，往事历历在目。
他记得他们在叙利亚悲痛欲绝、痛苦不堪，
全因故土马其顿已经支离破碎。
还是让盛宴开始吧！众奴仆，奏乐，掌灯！

（C.P.卡瓦菲《马格尼西亚之战》，
取自D.门德尔松所译《C.P.卡瓦菲诗集》，2009）

因此，诗人想象当年的场景：安提柯王朝马其顿国王腓力五世，听闻塞琉古王朝国王安条克三世（与前者同时代）败于罗马军队时，作出了上述反应。这两位国王在一年多之内先后登上各自王位，此后他们的命运也交织在了一起，他们的伟大程度近乎相同，各自帝国也同时衰落。从许多方面来看，他们都是希腊化王朝诸王当中的翘楚，然而却生不逢时（在位期间正值罗马崛起，开始蚕食希腊化世界）。二人殒命之时均是败军之将，然而最后的失败，并不能抹杀他们鼎盛时期近乎相同的丰功伟业。

腓力五世是安提柯·贡那塔斯之孙。公元前221年，堂哥兼前任国王安提柯三世“多森”突然暴毙，腓力得以登上王位，时年约十七岁，之后在位约四十二年，死于公元前179年。安提柯三世在位之时精明强干，悉心培养腓力，使得后者足以胜任国王之位。腓力的统治可自然划分为两个阶段，以公元前197年为转折点。在第一个阶段，他有点像“军事冒险家”，试图效法亚历山大大帝，然而事实上却更接近“围城者”德米特里厄斯一世，在战场之上能偶露峥嵘，却缺乏必不可少的稳定性。腓力五世想要重振马其顿，连年用兵，征战不休，在同盟者战争中大战埃托利亚联盟（公元前220—前217年），随后在第一次马其顿战争中大战罗马人（公元前216—前206年），之后大战托勒密王朝（公元前205—前201年），试图夺取爱琴海诸岛和地中海东岸沿海诸城，又在第二次马其顿战争中再战罗马人（公元前200—前197年）。在历次战争当中，腓力五世展现了颇为出色的军事才能，取得了一些辉煌胜利，然而有时也指挥失误，导致自己和麾下大军处境极其艰难，遭受严重挫折。然而自始至终，他的雄心从未改变，他渴望被臣民视为“合格”国王，配得上继承腓力二世、亚历山大大帝、安提柯一世的基业，能够凭一己之力安邦强国。本书虽已渐渐收尾，但我们仍需重提腓力二世当年的壮举，他曾对马其顿北部边境部族多次用兵，拒伊利里亚人、达尔达尼亚人、色雷斯人于国门之外，这也是历代马其顿国王的必尽之责。

这些年的戎马生涯里，腓力五世犯了一个不可挽回的错误。汉尼拔战争爆发（公元前218—前201年）之后，罗马人和迦太基人展开大战，腓力西望战场，静观其变，判定明智之举乃是与最后的胜者交好。公元前216年，汉尼拔在坎尼会战痛击罗马人，后者几乎全军覆没，似乎迦太基人将会是最后的赢家。腓力随即与迦太基人结盟（公元前216年），进而与罗马人为敌。当然罗马人最终击败迦太基人，此后从未忘记或原谅腓力的背叛之举（在罗马人近乎崩溃之时投向敌方）。公元前205年，腓力和罗马人的第一次战争陷入僵局，双方缔结和约结束战事，然而二者的第二次战争结果却大不相同。公元前197年，库诺斯克法莱战役在塞萨利打响，腓力一败涂地，此败使得一大危机进一步恶化。因为腓力在位的前二十年战事不断，马其顿的兵源已经接近枯竭，腓力费了九牛二虎之力，征召下到十六岁的少年、上到五十多岁的中老年男子入伍，才凑齐一万八千马其顿方阵长矛兵和两千骑兵，之后凭此兵力对垒罗马军队（除此之外，他还有两千士兵在希腊南部和小亚细亚各地驻防）。此战腓力大败而归，损失惨重，设法从马其顿各城又征召了六千五百士兵，然而马其顿军队已经无力再战。他只得向罗马人求和，接受后者强加的条件：失去塞萨利和古马其顿王国本土之外的一切领土。

腓力五世的统治就此开始了第二个阶段。从许多方面来看，这一阶段都更令人印象深刻，从公元前196年到前179年去世，腓力励精图治，成功恢复马其顿的人力资源和经济实力，更多效法腓力二世和安提柯·贡那塔斯，而非亚历山大大帝或德米特里厄斯一世。在他统治结束之时，得以留给自己的继承人佩尔修斯一支超过四万人的军队，自公元前279年迦拉太人入侵以来，马其顿还从未有过如此大军。他是如何做到的？腓力的一封书信可以提供一点线索（此信写给塞萨利城市拉里萨的居民，早在公元前214年就已写成）：

> 国王腓力写信给拉里萨城的诸位地方官和众百姓，在此向你们问安。听说有此等事情发生：有一些人获准登记为公民，名字已经列入卷宗（此举与本王所发信函和你们所颁法令并无冲突），如今他们却被剥脱公民身份。如果此事属实，那些建议你们如此行事之人，对你们国家的利益和本王的裁决存在误解。如果有尽可能多的人成为市民，城市就会发展壮大，土地也不会像现在这样“可耻地”抛荒。最好之事莫过于城市兴旺，相信你们无人不以为然。已有其他民族扩大公民权授予范围，完全可以观察这些先例：其中就有罗马人，他们甚至赋予奴仆公民身份，不但让其拥有自由，而且还能出任地方官。凭此高招，罗马人不但国力增强，而且能够派出大量移民，建立了约70个殖民地。因此，现在本王督促你们公正处理这件事情，既然现有公民已经选出这些人，而且赋予了公民权，现在理当恢复他们的公民身份。如果其中有一些人有危害王国或这座城市之举，或者由于其他原因不配列入公民名册，请暂缓处置他们，待本王结束当前战事，班师回朝，必将举行“听证会”……（奥斯丁《希腊化世界》60号文献，取自迪腾伯尔格《希腊铭文汇编》543号铭文）。

从这封信可以看出，腓力竭力发展王国各城（信中实例为塞萨利城市拉里萨），设法增加新公民，以确保城市繁荣，土地有人耕种。此后，他一直奉行这一国策，采取以下措施繁荣马其顿各城：迁入新移民（通常从色雷斯或伊利里亚），进而恢复马其顿的人口规模；又扩大耕地面积，重开多处已经废弃的矿场，夯实马其顿的经济基础。总的来说，腓力五世无论统御三军还是治国理政，都堪称兢兢业业，他确实竭力效法了两大明君（他的祖父安提柯·贡那塔斯，以及与他同名的一代雄主腓力二世）。

公元前221年，腓力五世登上王位之时，与他几乎同一时代的安条克三世已经在位超过一年。公元前223年，安条克三世继承兄长塞琉古三世留下的王位，他发现塞琉古王朝已经衰败不堪，其父塞琉古二世在位之时软弱无能，其兄塞琉古三世在位不过两三年，便遭人暗杀。在帝国东部，帕提亚人和巴克特里亚希腊移民基本上已在奉行独立政策，米底亚总督摩隆也企图拥兵自立。在帝国西部的小亚细亚，当地各大权贵家族，像帕加马的阿塔利家族、比提尼亚的齐亚莱德家族、本都的米特拉达梯家族试图各自割据一方，而塞琉古王朝在小亚细亚的代理人阿凯夫斯（安条克三世的表哥），更有觊觎大位之心。整个塞琉古帝国似乎在走向崩溃。安条克三世即位之后，东征西讨，连续用兵超过二十五年，重建整个帝国，夺回帝国东部（远至印度边界）和小亚细亚（远至赫勒斯滂海峡沿岸）。公元前201年，他甚至从托勒密王朝手中夺得巴勒斯坦，将这一地区纳入塞琉古王朝的版图。凭此赫赫战功，安条克三世为自己赢得了大帝称号，被誉为第二个亚历山大，征战和胜利的足迹遍及亚历山大征服过的土地。公元前196年，在他权力鼎盛之时，塞琉古帝国疆域辽阔，堪比开国君主塞琉古一世打下的江山，而且似乎比以往任何时候都要强大，如果安条克大帝死于公元前196年或前195年，他将作为一生辉煌的伟大国王被后人铭记，最成功的塞琉古王朝君主，而且毫无缺憾。

毫无疑问，安条克三世是卓越的军事统帅，擅长统御部下，然而他并非只靠征战和军队赢得一切。若想征伐得来的土地长治久安，他需要打造高效的行政体系，因此出色的组织能力不可或缺。大量相关文献以铭文的形式幸运保留至今，展现了当年他与重要部下、希腊殖民城市、本地族群交流互动的情形。这些文献表明：塞琉古王朝境内民族众多，安条克三世统治之时谨慎小心，体恤民情，承认臣民的福祉是整个王国的力量之源。笔者在此引用的相关文献，并非出自一段铭文，而是取自一份文史资料（犹太史学家弗莱维厄斯·约瑟夫斯所作），这段文献尤其引人注意，内容涉及一个非希腊族群，而且显示出国王颇为在意他们对王国的贡献，进而采取措施，使得后者乐于效忠。

> 国王安条克写信给“亚父”（对年长心腹重臣的尊称）宙克西斯，在此向你问安。你若安泰，那就甚好。本王也一切都好。听闻吕底亚和佛里吉亚有人造反；此事非同小可，须本王亲自过问、谨慎处理。本王已与诸位“朋友”（即达官显贵）商议对策，现作出以下决定：从美索不达米亚和巴比伦迁出两千户犹太人，命其携带各自财产，移居叛乱地区各处要塞和战略要地。本王确信他们由于对神敬虔，必会忠诚捍卫我们的利益。本朝历代国王深知：他们值得信赖，热心完成王国提出的一切要求。因此本王期望给这些迁移之民以下承诺：他们将在新的家园获准使用本族律法（尽管此事不易达成）。你将他们带到上述各地之后，应当分给每户

> 住宅用地，以及用来耕种和种植葡萄的田地；并且之后十年田地出产免交赋税。除此之外，在他们可从田地收割庄稼之前，按量分给他们所需粮食，以供养他们的仆人；还须充足供应军中服役的犹太移民，他们获此善待，就会更加热心捍卫我们的利益。也要尽可能照顾这个民族，确保无人打扰他们。（约瑟夫斯《犹太古事记》12.148—53）。

一位伟大国王跃然纸上。他效法自己的祖先塞琉古一世，以及后者的“导师”腓力二世和独眼安提柯，采用同样举措壮大自己的王国，增设定居点，并设法使其繁荣兴旺，进而使百姓安康、国力日盛。和腓力五世一样，安条克三世最终也犯下了同样的错误，激怒了罗马人，招来祸患。公元前190年，罗马军队攻入小亚细亚。是年年底，安条克在马格尼西亚战役中遭遇灾难性失败，他为向罗马人求和，被迫割让塞琉古王朝在小亚细亚的全部领土。安条克极其痛苦失望，几年之后郁郁而终。他的两个儿子塞琉古四世和安条克四世，多少还能设法维持，乃至重建塞琉古王朝。然而在安条克四世死后，整个帝国便陷入了无休止的内战，日渐衰落。公元前1世纪60年代，罗马人终结塞琉古王朝。如此一来，安条克三世和腓力五世一样，主要是作为败军之将被罗马人铭记，然而在那场灾难性败仗之前，安条克三世都堪称英明神武、奋发有为。

除了本章重点描述的三位伟大国王，三大希腊化王朝还有其他有为君主，诸如托勒密二世、安提柯·多森、安条克一世、安条克四世。从这些君主可以看出他们并不将国王身份看作一种特权（可以凭此为所欲为、尽情享乐），相反，他们将其视为一份沉甸甸的责任（必须发愤图强，为自己的王国和臣民作出某种程度的牺牲）。据说安提柯·贡那塔斯曾如此说道：“国王身份是一种荣耀的苦役（endoxos douleia）。”这一成语描绘出了希腊化王朝国王身份的完美典范：“苦役”是为臣民和王国的利益废寝忘食，而“荣耀”则是国王用不知疲倦的高效“苦役”赢得的奖赏。

2. 希腊化王朝各国军队

各希腊化王朝都是凭借“长矛”打下江山，整个帝国的完整全靠武力威压来维持，有时甚至需动用军队平叛。因此，这些王朝要想长治久安，强悍高效的常备军至关重要，以此确保各省忠于国王，不敢造次，同时阻止入侵之敌，或拒敌于国门之外。希腊化王朝诸王麾下军队本质上是对腓力二世所创军队的传承，后者打造的军队和军事体系一直是整个希腊化世界效法的典范。换言之，每支军队的核心力量都是大量方阵长矛兵，装备马其顿超长矛，而且训练有素。由于亚历山大的继业者们设立许多马其顿军事殖民地，许多方阵长矛兵都有马其顿血统，然而亚洲本地人更多，这些人入伍之后，装备超长矛，多加训练之后，成为马其顿式的方阵长矛兵。起初他们只是“军事性的马其顿人”，不过最终会被完全看作马其顿人，获得同等待遇，就像当年腓力二世将色雷斯人和伊利里亚人变成马其顿人一样。此外，每支军队还包含以下兵种：数以千计的马其顿式重骑兵，以及有特殊用途的快速轻步兵和轻骑兵部队，负责在会战时保护大军侧翼、平时侦察敌情、进行小规模战斗、搜寻粮草等，通常还有原住民部队，采用当地传统装备和战法，作为一支辅助力量参加战斗。

现存相关历史文献的首要关注对象是战争，因而有大量史料记载这些军队当年作战的情形。然而发现于安菲波利斯附近的一段不寻常铭文，内容独特，可以让人对希腊化王朝军队的组织和纪律有更细致的了解。这段铭文记载了腓力五世时期马其顿军队战时执行的军规，笔者在此以举例的方式，引用铭文残余片段中的内容。

> **巡视**：各团夜间训视由小队长（tetrarchoi）轮流负责，摸黑进行，对任何站岗期间擅自坐下或睡觉的哨兵施以罚款：每犯一次罚1枚德拉克马银币（大致相当于一天的军饷）……
>
> **装备**：凡不携带所配发装备者，按照以下条例施以罚款：无胸甲，罚2枚欧宝银币；无头盔，同上；无超长矛，罚3枚欧宝银币；无佩剑，同上；无胫甲，罚2枚欧宝银币；无盾牌，罚1枚德拉克马银币……
>
> **构筑营地**：军兵在为国王修好尖桩栅栏、搭好帐篷、清理出可用空地之后，立即为“持盾步兵”（精锐步兵部队）预备临时营地……
>
> **搜寻粮草**：若有军兵焚烧粮食、砍倒葡萄树，或有其他类似不法行为，由统兵将领奖励举报者……
>
> **口令**：若无口令，尖桩栅栏入口卫兵不得放任何人出入……
>
> （奥斯丁《希腊化世界》74号文献，
>
> 取自莫雷蒂《希腊历史铭文选》II，114）。

铭文中还有很多此类内容，不过以上简短引文已经足以让人注意到这个时代的马其顿军队非常注重组织纪律。这一军事体系的军兵非常清楚“士兵须知”，军中执行非常明确的军规，对违纪士兵施以罚款，而且数额较大。军中士兵有以下责任：保养好自己的武器装备，按照次序构筑临时营地，在搜寻粮草及站岗放哨之时严守军规，诸如此类。将领对这一切的监督之责也已详细列出。总的来说，有这些军规作为保证，一支希腊化王朝军队（至少在注重整肃军纪的国王手下）堪称一台组织严密、运行顺畅的“战争机器”，因此就不难理解此类军队为何有能力创建和维持各希腊化王朝。值得注意的是，这里所列详细军规出自安提柯王朝国王腓力五世统治时期，他在位之时统治帝国兢兢业业，带兵打仗颇有建树。

当然在亚洲和埃及征服之地，马其顿人军队和原住民之间存在不可避免的隔阂，前者是入侵者，兵员来自外族移民群体，以武力统治原住民，确保他们的顺从。马其顿人军队对原住民辅助部队的使用方式，尤其凸显这种民族隔阂。在大多数时候，亚洲和埃及的希腊化王朝君主会尽量少用原住民部队，而且在使用之时非常小心，让其担任备受限制的次要角色，免得此类军队以及相应原住民群体渐生不臣之心，即感觉他们自己也有可匹敌乃至挑战统治阶层（马其顿人和其他希腊人）的军事能力。如果没有对原住民部队严加限制，后果将不堪设想，公元前3世纪晚期托勒密王朝军队便是一例。由于形势紧急，托勒密四世作为一位非埃及人君主，作出了不明智的决定：允许太多埃及原住民部队参战，而且过于仰赖他们的表现。

公元前218年，安条克三世率领一支庞大军队攻入巴勒斯坦［希腊人常常称之为凯勒（空）叙利亚］，托勒密四世被迫迎战。尽管后者大多数时候沉迷享乐，手下大臣阿加托克利斯和索西比乌斯却有先见之明，提前备战，成功集结大量兵力应对来犯之敌。二人想尽一切办法，四处找寻一切可用军队，不但调集埃及本土马其顿人和希腊人士兵，而且派代表前往国外，在希腊本土和其他地方找寻盟军和雇佣兵。他们设法让安条克三世忙于处理外交事务，谈判不休，进而趁此机会集结军队，历史学家波力比阿斯详细记载了整个经过（5.63—64）。最终，他们成功集结了一支庞大军队，由以下部队组成：方阵长矛兵（约两万五千人，外加八千多雇佣兵）、骑兵（略少于六千，其中约有两千为希腊本土雇佣兵）、有特殊用途的轻步兵（包括三千克里特弓箭手、三千"马其顿式"利比亚轻步兵、约六千埃及本土色雷斯及迦拉太移民士兵）。即便如此兵力仍然不够，无法抵挡安提柯三世的庞大军队。因此，埃及原住民步兵部队获准参战，补充可用兵力："埃及原住民军队组成步兵方阵，约有两万士兵，由索西比乌斯指挥。"（波力比阿斯5.65）公元前217年夏，两军在巴勒斯坦南部的拉非亚展开最终决战，安条克三世率部击溃托勒密四世麾下骑兵部队，而后犯下骑兵统帅的经典错误——过度追击，当他远离主战场之时，己方步兵方阵败于托勒密麾下步兵方阵，后者赢得了整个会战的胜利，其间埃及原住民军队发挥了重要作用。

这场胜仗暂时算个好结果：托勒密王朝对巴勒斯坦的控制得到巩固。然而波力比阿斯（5.107）描述了几年之后的"余波"：

> 埃及人的叛乱让托勒密此后陷入内战泥沼。这位国王（托勒密四世）武装埃及人，让其参战，对抗安条克三世麾下大军。从短期来看，此举并无不妥，然而从对未来产生的

> 影响来看，堪称极为失策。本族部队在拉非亚大显身手，埃及人因而得意扬扬，从此不甘听命于外族，意欲寻得本族君主：他们现在相信自己有足够能力“自谋生路”；不久之后，他们也确实做到了（约公元前207 / 206年）。

对埃及托勒密王朝来说，这场内战堪称灾难，严重削弱了王朝统治根基，而且前后持续数十载，直到公元前186年前后，托勒密王朝才最终“平叛”成功。在此之前，上埃及（埃及南部）大部分地区完全成了国中之国（14.12）。“除了参战双方所展现的残暴和无法无天之外，这场战争没有涉及常规作战、海战、攻城战，或任何值得一提的战斗”，换言之，这是一场游击战争，参战双方极其残暴，埃及人试图赶出“可恨的”希腊人和其他外族移民；托勒密王朝军队则尽力压服埃及人。以下结论已经再清楚不过：各希腊化王朝全靠强大常备军维持，而且大多数士兵必须是马其顿人或其他希腊人。

这样一支常备军，若由国王倾力打造，应当呈现什么面貌？另一著名事件给出了答案。在安条克城外的达芙妮郊区，塞琉古王朝国王安条克四世举行盛大阅兵。此前，罗马人击败马其顿国王佩尔修斯，将其废黜，又迫使安条克四世从埃及撤军（后者离征服埃及似乎只差一步，未能将其纳入版图，弥补其父失去小亚细亚的损失）。在此之后，安条克四世决定以一次盛大阅兵展示军威，让整个世界知道他仍然颇具实力，不容忽视。公元前166年，一场盛会在达芙妮举行，整个希腊化世界都派出使节前来观礼，塞琉古王朝军队大阅兵则是整个庆典的重中之重。波力比阿斯记载了当年的盛况（30.25）：

> 公共庆典仪式以检阅三军开始，参阅部队如下：五千壮年士兵率先出场，他们身披锁子甲，装备罗马式武器。后面跟着五千米西亚士兵，三千西里西亚轻步兵头戴金冠，紧随其后。随之又有三千色雷斯士兵和五千迦拉太士兵列队登场。在这之后是两万马其顿士兵（五千装备铜盾，余者装备银盾），二百四十对角斗士紧随其后。接下来一千尼萨骑兵和三千原住民骑兵开始入场：大多头戴金冠，佩戴金色羽饰；余者头戴银冠，佩戴银色羽饰。又有一千“伙伴骑兵”现身，皆佩金饰；国王“朋友”骑兵部队紧随其后，人数、装备尽皆相同；此后又有一千精兵入场，在其身后是最精锐的卫队（agema）骑兵，人数约为一千。最后一队骑兵为铁甲骑兵，人、马皆因所披重甲得名，人数为一千五百。以上所有士兵皆披紫色外衣，很多都绣有金色纹章图案。又有一百辆六马战车和四十辆四马战车列队现身，其后跟随四象战车和双象战车各一；三十六头战象最后登场，全副武装、鱼贯而入。

在此大胆假设（此举绝无不妥）装备罗马式武器的五千士兵是“马其顿人”，并且是以战场表现出众的罗马军队为范本，受训采用最新战法的马其顿老兵。不难看出，即便安条克三世在马格尼西亚遭受重创，后世塞琉古王朝军队仍然可以集结大约两万五千马其顿步兵和四千马其顿骑兵，以此作为全军中坚，此外还有各种各样的辅助部队补充兵力，步骑皆有，兵员来自其他族群移民（色雷斯人、迦拉太人）以及本地原住民。显而易见，叙利亚和美索不达米亚各军事殖民地依然实力雄厚，能够源源不断地为军队输送新兵，位于奥龙特斯河畔阿帕米亚的军队大本营仍然严格按照传统，训练和装备希腊化军队。上述庆典受阅部队绝非“花瓶”，以下事实便是明证：公元前168／167年，安条克四世出兵埃及，连战连捷，仅仅因为罗马人介入未能征服埃及。安条克四世和其兄前任国王塞琉古四世军政能力出众，失去小亚细亚的塞琉古王朝得以恢复元气，军队依然实力雄厚，若非塞琉古四世和安条克四世的子孙内战不断，塞琉古王朝的强国地位恐怕会长久得多。然而希腊化文明的核心和灵魂却非诸王和各国军队，而是希腊化城市。

3. 希腊化城市

尽管许多古希腊政治家、将领、文化名人，至今仍在西方文明圈家喻户晓，然而另外一些不应被忽视的人却几乎已被人遗忘，米利都人希波丹姆斯就是其中之一。西方文明甚至世界文明仍然受其影响，随处可见此人印记，然而除了少数专业人士，知其名者为数甚少。希波丹姆斯是迄今所知最早的城市规划师，成名于公元前5世纪90年代末，他受雅典人委托，以比雷埃夫斯为城址，设计一座港口新城，该港至今仍是希腊第一大港。希波丹姆斯为该城所作设计方案，以及他关于城市规划的伟大专著所推广的理念，影响了后世所有希腊城市的建造模式，而且至今仍在影响现代城市的规划。希波丹姆斯为城市设计了棋盘式方格路网，尽管这一模式并非由他首创，却因他的大力推广而获名“希波丹姆斯规划”，不时被人提起。现代人对这种“希波丹姆斯规划”非常熟悉，各种实例数不胜数，其中最著名者可能是纽约市。棋盘式方格路网，由多条宽阔平行街道和较窄平行道路垂直交叉形成，公共空间（以主要城市广场最为重要）坐落于道路网格内的合适位置，如此布局的城市比较宜居，而且居民出行方便，纽约市以及许多其他现代都市居民对此深有体会。希波丹姆斯及其城市规划方案影响至今，这要归功于在希腊化时代，西亚和北非出现了大量新城，而几乎所有新城（至少在一定程度上）都采用了“希波丹姆斯规划”。

从公元前330年前后到公元前2世纪中叶，许多（事实上，最终很可能有几百个）希腊城市和城镇得以兴建或重建，之后不断发展，这些城市遍布西亚（从地中海沿岸到兴都库什山脉）和北非（埃及和利比亚，这一地区希腊化城市相对较少）。除了极少数例外，大多数城市和城镇都采用了棋盘式方格路网，即“希波丹姆斯城市规划”。历史学家彼得·格林评论这些城市的格局“沉闷乏味、千篇一律”，然而笔者认为他并没有抓住问题的关键。希腊化城市及城镇雷同规划方案的设计初衷，是要给居民一种“舒适的亲切感”，让希腊移民、市民、旅客找到家乡的感觉，宛若身在希腊本土。

每座城市自然都有一圈城墙，并以之为分界线：内为城区，外为城郊（chora）。若有人经主城门进入城内，便会发现自己置身于一条宽阔大街，直通主要城市广场（agora）。城市广场周围是几栋狭长柱廊建筑，人称柱廊（stoa）。市民和到访者在柱廊里会面及休息，虽算是在户外，却可免遭日晒雨淋之苦。这些建筑物的后面则是若干封闭房间，用作商铺或公职官员办公场所。站在城市广场四处望去，便会发现城市天际线由其他大型公共建筑构成，诸如诸神庙宇、剧场、竞技场。旅行作家保萨尼阿斯明确表示，任何希望被人视为城市的地方，必须拥有上述公共建筑以及相关便利设施和公共服务。在希腊化古城的考古发现，也证实了他的说法。

除了为公共建筑及公共用地留出的空间之外，宽阔街道和垂直方向较窄道路将城区分割成不同街区，市民要么拥有私人住宅，要么住在公寓里（有时较大城市有此类建筑）。城中各个区域，都有公共水房，用管道从临近清泉或其他合格水源引来清洁饮用水，以满足所在区域各个家庭的用水需求。这样一来，关于希腊化城市的标准便有了概念（基于人们的普遍理解，非常清晰，已成共识）：希腊城市的本质、外观、必备基础设施和便利设施，以及居民所追求的相应生活方式。

若有人周游希腊化世界，所到之处都会发现希腊城镇（符合上述城市生活观念，提供相应生活方式），而各主要地区，除较小城市和城镇（大多数希腊人居住于此）之外，都有一个或几个较大城市（区域都市），那里的公共服务范围更为广泛，文化更为繁荣发达。彼得·格林所批判的“千篇一律”既是刻意而为，也是人心所向：有助于希腊化诸城及其居民产生一种强烈的归属感和认同感。

有一段现存铭文，来自当年的马其顿城镇贝罗伊，记载了该城居民颁布的一项公共法令，内容非常丰富，充分体现了希腊化时代的这种身份认同感：

> 尼科克拉底之子希波克拉底出任最高地方长官（strategos）之时，阿佩雷亚斯月19日的一次公民大会会议之上，体育官（阿明塔斯之子佐派罗斯）……如此提议：鉴于一切其他政事都已有法可依，而其他城市（拥有竞技

> 场、居民运动前后行涂油之礼）公共档案馆中均存有相关法规，明确规定体育官的执法依据；我们理当效法他们，补此不足，呈送公共审计官（exetastai）之法规应刻于巨石之上，置于竞技场显眼之处，公共档案馆也须存此法规副本。这一切完成之后，年轻人必会增强羞恶之心，进而更加顺从他们的官长；而且竞技场所获收益不再白白流失，出任体育官之人可依法履行职责，并负责提供相关账目。因此，本城作出如下决定：体育官（阿明塔斯之子佐派罗斯）……所提议“体育官法”理当生效，副本应存于公共档案馆。各体育官均应照此法规行事，并将其刻于巨石之上，立于竞技场之内。此法规于佩雷蒂乌斯月1日批准生效（奥斯丁《希腊化世界》118号文献）。

这段铭文随后又记载了法规正文，对竞技场的使用及监督职责作出了详细的规定。从此可以看出，和任何典型希腊化城市一样，贝罗伊拥有一座竞技场，市民在那里锻炼、沐浴。所颁布这项法令让贝罗伊人注意到，该城之前并无相关法律对竞技场的使用作出明确规定，而拥有这种法规却是希腊城市的惯例。市民能真切感受到这种缺憾，为使贝罗伊在众希腊城市当中“抬起头来做人”，这一不足必须弥补。因此有人起草一部详细法规，列出竞技场的使用细则及体育官的明确职责，随后提交审议。所提议案获得采纳，进而正式公布，议案被刻在巨石之上，公开展示。换言之，铭文字里行间透露出一种明确愿望，必须与关乎希腊城市本质的公认标准保持一致。

总的来说，在各希腊化城市，市民所过的生活堪称舒适愉快。

便利设施及公共服务营造出舒适生活方式，市民及到访者均可享用。笔者已在上文提到各城城区遍布公共水房，确保充足供应清洁饮用水。污染公共水源是一种严重罪行，必受严惩。城区还有若干公共粮仓，以合理价格出售谷物，市民可以在此购买粮食，用以烤制面包。庙宇和神殿维护良好，为市民的宗教生活提供场所，又定期举行庆典活动，因而愉快假期贯穿全年。居民围绕城市广场和竞技场展开社交生活，在城市广场，人们在柱廊会面、购物、处理公共事务；在竞技场，市民进行锻炼、同场竞技、洗浴，并且享用其他便利设施。竞技场通常带有音乐厅，居民可在此欣赏音乐表演、文学朗诵，或参加讲座。而且竞技场一般也有餐厅，可供人租用，举行私人聚会。其他公共娱乐（戏剧及音乐会）则在剧场举行，贯穿全年，而且市民可以免费入场。

所有这些便利设施及公共服务均须监管，各希腊城市设立了一系列地方官员（通常从富裕精英阶层选拔），负责城市的维护，确保公共服务的正常提供。关于这些地方官员的记载非常零散，然而将这些资料整合在一起，却能勾勒出当年城市管理的完整画面。希腊化诸城选出最高地方长官strategoi（字面意思为“将军”），负责监管整个行政体系；此外还有nomophylakes（法律捍卫者），确保法律法规得到执行。Astynomoi（城市监察员）则负责照看基础设施和公共服务，手下又有众多专职官吏各负其责：体育官负责监管竞技场；粮食监察员（sitophylakes）负责照看公共粮仓，确保库存充足；市场监察员（agoranomoi）负责维持城市广场市集秩序，确保摊位和店铺合法经营，使用符合规定的钱币和度量衡；夜间守卫（nuktophylakes）负责在夜间维护公共秩序（那时尚无路灯）；街道监察员（amphodarchai）负责街道和下水道的维护保养，确保市容整洁。幸运的是，有一现存文献可为例证，阐明这些地方官员的作用：小亚细亚西北部城市帕加马所立市政管理法典，大部分内容存留至今，成文年代可追溯到公元前3世纪末前2世纪初。

[关于街道]……街道监察员应依照相关法规，强制乱扔垃圾者清扫所扔垃圾。若违规者未能照做，街道监察员应将其姓名呈报城市监察员（astynomoi）。城市监察员和街道监察员应共同签发处罚决定：向违规者即刻收取相关清污费用，并罚款10枚德拉克马银币。若有任何街道监察员未能执行所签发书面指示，城市监察员应对其每次违规行为处以罚款20枚德拉克马银币……

关于挖掘街道：若有人在街道上挖掘，取土或石块、制作黏土或砖块、布设排水明沟，街道监察员应阻止他们。若违规者拒不服从，街道监察员应将其姓名呈报城市监察员。二人共同发出处罚决定：每次违规，罚款5枚德拉克马银币；强制违规者将所破坏路段恢复原状，布设排水暗沟……同样，他们应强制推行以下工程：将现有排水明沟全部改为暗沟……

关于水源：城市监察员必须确保城区及城郊各处水源清洁可用，引水及出水管道保持畅通；若有须维修之处，应及时通知最高地方长官（strategoi）及“神圣收益”主管，以便这些官员拨出专项资金（用于维修工作）。严禁任何人在公共水房饮牲畜、洗衣服器具或其他物品。若有人违反规

> 定，他若是自由民，其涉案牲畜、衣服、器具予以充公，并处以罚款50枚德拉克马银币……
>
> 关于公共厕所：城市监察员负责监管公厕及公厕排污沟，以及任何无盖板排污沟（应加盖板？）……（奥斯丁《希腊化世界》216号文献，取自迪腾伯尔格《东方希腊铭文选》483号铭文）。

这一代表性片段取自一份文献，全文要长得多，而且也更为详尽。显而易见，希腊化城市非常留意基础设施及便利设施的维护和监管，对各级地方官吏下达详细指示，确保他们职责明确，履行方式明晰，并对违规者（包括违规市民、来访者及失职官吏）应受的处罚（罚款及其他处罚方式）作出明文规定。显然这些城市的居民非常关心所在城市的有形结构，这一体系为自己提供的公共服务以及所营造生活方式的长久维持。一切所需款项取自以下来源：市场税收（销售税）、进出口关税、神圣收益（庙宇神殿所获捐赠及自有土地收益）、公有土地租金和富裕精英阶层捐款。富人捐款非常重要，市政当局鼓励（读起来有强迫意味）他们以捐赠代替赋税。积极配合、捐款较多的富人可获誉“公众恩主”，进而取得一系列荣誉和特权，可见为公众利益慷慨捐赠堪称非常“划算”。

除了这些公共服务（希腊化城市居民所期待正常生活的一部分）之外，大多数城市同样关注另外两项公共服务：医疗和教育。在希腊化城市，筹集专项资金（通常由富人捐赠），用来供养市政当局所委派“公立”医生，让其负责照顾任何就医市民健康的做法已经司空见惯。付给这些“公立”医生的聘用订金数额，并不总是足以维持免费医疗服务。似乎这些医生通常会根据病患支付能力调整收费结构，而且有证据显示，他们会在必要时免费提供一些医疗服务。萨摩斯岛居民当年通过的一项“荣誉”法令，可以提供一个相关例证：

> 本城议会在召集公民大会举行选举之前，已通过一项议案，讲明以下事宜：鉴于“公立”医生狄奥多罗斯（狄奥斯库里得斯之子），已为本城服务多年。许多重症病患（本城市民及其他人等）得益于他悉心照料，对症下药，已经痊愈。他对病患的责任心已毋庸置疑（每次续签合约，都有许多市民为其作保）。地震发生之时，由于此乃飞来横祸，本城多位民众遭受各种伤痛，苦不堪言，急需医疗救助，他一视同仁，救治所有伤者，为他们提供帮助……（奥斯丁《希腊化世界》125号文献）。

出自其他城市的相关记载，也能证实此类举动（关注市民公共卫生需求）绝非孤例。出自提奥斯城的一段铭文，记载了约公元前300年该城新市民的免税条例，这段铭文特别指明了此类“公立”医生的薪酬来源：

> 有意享受免税待遇者，须养猪（达到一定数量？）和羊。符合规定者免除其他赋税，但医生“供养”税例外（奥斯丁《希腊化世界》99号文献）。

换言之，至少有一些城市向市民征收一项特别税，用于维持一种公共医疗服务，即聘用“公立”医生，让其负责接诊任何需要就医的市民，并且好好照顾他们。

就教育而言，务必要注意一点，几乎所有希腊化城市均采用正规民主政体，全体市民共同掌握权力，定期举行会议，会期贯穿全年，就公共政策并公众利益进行讨论并投票表决。这一观点依据的证据是希腊化世界各地城市，有大量法令经公众表决才通过生效。市民理智讨论公共事务，才能在民主政体中发挥作用，因此他们必须见多识广，实际上，这意味着他们必须具备阅读能力，因为议案、法令、法规须先整理成文，才能在城市广场及（或）其他公共空间公布。因而学校教育也是一种公共需求，现存文献表明，当时确实存在学校，旨在培养市民阶层男童（有时也包括女童）的基础读写能力。尽管大多数此类学校属于私立学堂，但仍然涉及公众利益，须确保各校教师胜任工作，所收学费“物有所值”。以下做法并不罕见：许多城市为监管少年儿童的学校教育，设有专职官员，头衔通常是儿童监察员（paidonomos）。碰巧有文献表明，一些城市提供免费学校教育，富有市民或许会出资设立“信托基金”，用来支付教师薪酬，让其负责教导市民子女。笔者将以一个这样的例子结束这一节，该文献出自小亚细亚西岸城市提奥斯：

> 奥尼希摩斯之子波利特鲁斯具有远见卓识，意欲以最好方式树立一座“崇尚荣誉”的丰碑。他按照自己对百姓所作承诺，捐赠三万四千枚德拉克马银币作为助学基金。因此所有自由民子女均可接受教育。每年选举之时，“公共秘书”选定之后，应任命三位教师，负责教导男女学童：高级班教

> 师年薪六百枚德拉克马银币；中级班教师年薪五百五十枚德拉克马银币；初级班教师年薪五百枚德拉克马银币。此外还须任命两位体能教练，每人年薪五百枚德拉克马银币（奥斯丁《希腊化世界》120号文献，取自迪腾伯尔格《希腊铭文汇编》578号铭文）。

这段铭文还规定任命音乐教师，又清楚列出儿童监察员工作细则：将学龄儿童按照年龄及（或）适应能力分配到不同班级（三个中的一个），规范化教学内容、教学方法及教学场地。这段铭文要点如下：由于一位富裕市民慷慨解囊，提奥斯城得以拥有一项公共信托基金，为市民阶层全部男童（这里也包括女童，有些不同寻常）提供三年制免费教育，内容涵盖读写能力、音乐教育和一些体能训练。读写能力的培养不仅对政治很重要（使得市民见多识广，进而在民主政体中发挥作用），而且对文化的传承和发展也很重要，因为希腊化文化建基于阅读，是一种“以书为本”的文化。希腊化城市文明的另一著名特征便是有力例证，那就是不断发展的公共图书馆。

4. 图书馆和希腊化文化

公元前3世纪的前几十年，托勒密一世“索特尔”及其子托勒密二世“费拉德尔甫斯”，在亚历山大城建立了西方历史上最伟大的文化机构之一——博学园（Mouseion）。这一名词是英文单词museum（博物馆）的词源，字面意思为缪斯（Mousai）神殿。缪斯为希腊神话中主管文学、音乐、文化诸女神的总称。然而亚历山大城的博学园远非一座神殿可比，它是一个庞大的研究机构，为作家、哲学家及各个领域的科学家提供住宿和津贴，他们可以住在博学园，无须操心日常俗务，只需要专注于写作及（或）研究即可。博学园的中心巨大的亚历山大图书馆是最好的资料中心及研究工具，这是首个关乎西方传统的大型公共图书馆，堪称西方历史上最大的图书馆之一。类似的图书馆已经在雅典存在几十年了，柏拉图的“学园”和亚里士多德的“莱森学园”都有大量藏书，雅典的公共档案馆则存有每年大酒神节及小酒神节所演悲剧和喜剧的官方剧本。因此，托勒密一世的做法不足为奇，他将亚里士多德的学生法勒鲁姆人德米特里厄斯从雅典请到亚历山大城，负责为他建立大型研究院及图书馆。德米特里厄斯曾代表马其顿统治者卡山德，作为“哲学家国王”统治故乡雅典十年（公元前316年至前307年）之久，然而在热衷于民主的雅典人看来，他不过是个僭主，最终被驱逐流放，因此托勒密给他提供的职位堪称“天降之喜”。而且他也是完成托勒密宏大计划的理想人选，作为亚里士多德学派的哲学家，他文化功底深厚、文学造诣精湛，而且具备创办及管理博学园所需的领导才能和组织能力。

除去受邀前往亚历山大城坐镇博学园，领导各个领域的学者之外，德米特里厄斯创建博学园的关键工作之一是设立图书馆。拜占庭文学家约翰尼斯·策策斯博学多才，指出托勒密和德米特里厄斯的目标是在图书馆收藏“全世界各民族的一切书籍”。基督徒萨拉米斯人艾比法纽斯是个异教研究专家，知晓托勒密写过一封信。该信发给“世界上一切掌权者”，要求他们派人将各种著作都发送给托勒密，作者涵盖各个领域，包括“诗人和散文家，雄辩家和诡辩家，医生和先知，历史学家和其他一切文人”。关于书籍收集过程的故事和传说层出不穷，据说托勒密送往雅典一笔巨款，获准借阅雅典“国家档案馆”所藏各悲剧大师手稿原本，用以抄录制作副本。副本抄录工作在博学园完成，据说托勒密最后扣留了所借手稿原本，而将副本送回雅典。此外还有这样一条法律：进入亚历山大港的每一艘船都须过“搜身关”，由托勒密王朝图书专员收集船上一切书籍，书吏随后在博学园抄录制作副本，最后书籍原本留在图书馆，手抄副本则送回船上。托勒密应当会定期视察图书馆，听德米特里厄斯汇报书籍收集工作的最新进展，后者会报告现有藏书数量及最新收集计划。据说书籍收集目标是五十万卷，德米特里厄斯推测目标达成之时，全世界值得拥有的全部书籍均可在图书馆找到。

托勒密并不满足于“守株待兔”，等候书籍自动上门或被送到亚历山大城。他派出图书采购员前往希腊化世界各地，千方百计寻找稀有书籍，购买之时甚至不计代价。托勒密所派采购员却未能获得一类藏书，即亚里士多德的著作。和他的老师柏拉图一样，亚里士多德在世之时，发表了各种对话体作品，然而他的主要著作并未公开，这些著作乃是他在雅典莱森学园哲学教导的根基，亚里士多德将它们留给了自己的学生兼继承人泰奥弗拉斯托斯，后者又将这些著作留给了有望接替自己职位的斯塞珀西斯人涅琉斯。然而涅琉斯并未成为莱森学园的负责人，他因错过这一职位而怒火中烧，随后携带亚里士多德的著作返回位于特洛德的家乡斯塞珀西斯。托勒密所派采购员得到消息，现身购买这些著作。瑙克拉提斯人阿特纳奥斯博学多才，在公元3世纪初著述颇丰。他明确记载亚历山大图书馆“从斯塞珀西斯人涅琉斯之手，购得亚里士多德和泰奥弗拉斯托斯的著作”。然而涅琉斯卖给托勒密所派采购员的，绝不是亚里士多德最有价值的著作，亚里士多德最重要的著作在涅琉斯故乡的一个地窖里埋藏了近两百年，直到公元前1世纪，一位“亚里士多德迷”掘地三尺，才让它们重见天日，世人最终可以读到原汁原味的亚里士多德哲学。

亚历山大图书馆并不仅仅收藏希腊著作。神庙之城安城（“太阳城”赫里奥波里斯）有一博学埃及祭司，名为曼涅托。此人为其赞助人托勒密二世做了以下工作，他将埃及编年史及宗教典籍翻译（或改写）成希腊文。根据传闻，伊朗伟大先知查拉图斯特拉名下宗教典籍［无论真正作者是谁，都是琐罗亚斯德教（拜火教）神圣文本］也被收集整理并翻译成希腊文，译稿全部文字约有两百万行。讲述《希伯来圣经》翻译过程的传奇故事最为著名。相信德米特里厄斯会提醒国王有这些著作存在，而且由于托勒密王朝的前几任君主统治巴勒斯坦，国王不难命令耶路撒冷的大祭司将《希伯来圣经》抄本送往亚历山大城，同时派来犹太宗教学者，以将其翻译成希腊文。根据传说，当年一共派出七十二名犹太“译员”，各自独立完成全部翻译工作，每位译员均埋头苦干七十二天，不多不少，在第七十二天，他们拿出各自译本进行对照，结果发现神奇之事，所有译本完全一样，一字不差。不管《希伯来圣经》的翻译工作到底如何完成，一种优秀希腊文译本最终出现：《七十士译本》（名字源于拉丁文单词“七十”）。这一译本至今仍是《旧约》的标准希腊文译本。

获取书籍的过程有太多令人着迷的故事，然而积累书籍不过是打造伟大图书馆的第一步，后续工作（分析、分类、评估）才是亚历山大图书馆得以成为最伟大文化机构之一的原因，而且彻底改变了希腊化文化。博学园图书馆几个世纪以来进行的工作，催生了图书馆管理学、文本学术研究、文学理论、各种新派文学作品（将广博学识看作文学创作的关键要素）和“以书为本”的文化（更笼统地讲，对一个全面发展的人来说，书籍已成为他生活中的最重要的组成部分）。整个过程可以说是开始于《荷马史诗》（《伊利亚特》和《奥德赛》）多种抄本的分析工作，以及图书馆本身的首个正式负责人，以弗所人泽诺多托斯。

荷马伟大史诗的各种抄本遍布整个希腊化世界，亚历山大图书馆获得了大量此类抄本。分析这些抄本之时，问题却出现了，不同的抄本之间存在各种各样的差异：缺词或加词；有些词语毫无意义，似乎有拼写错误；整行整段的文字在一个抄本中出现，在另一抄本里却不存在，从这些异常现象能得出什么结论？又该如何找出荷马的“真正”文本？泽诺多托斯亲自担负起重任，分析荷马作品的不同抄本，并解决所发现的难题。如此一来，他开始确立文本学术研究的基本标准。荷马特有的风格和词汇得到了分析，不符合标准或貌似有时代错误的词语及段落都被贴上“可能篡改原文”的标签。同样，故事里貌似突兀及不符合荷马叙事方法的段落受到质疑。例如，泽诺多托斯对以下描写的真伪提出了著名疑问：《伊利亚特》第十八卷对阿喀琉斯之盾的描写非常独特，因此不是出自荷马的手笔。尽管泽诺多托斯本人所用的方法可能看似颇为随意，然而他的工作却催生了真正的文本学术研究。最终，泽诺多托斯的继任者们取得了以下成果：荷马作品词典、论荷马作品语言和风格的专著、荷马作品注释（解释晦涩难懂语句），以及《荷马史诗》的官方整理版（也是一切现代版本的源头），而且一旦以荷马的作品开始整个文本分析过程，那各个领域的名家著作自然也成了分析研究的对象。

除了对文本进行分析和解释之外，还需做分类和排序的工作，因为不能将所搜集的书籍随意堆放在书架上或箱子里，任其杂乱无章，就此了事。必须以某种合理方式排列这些书籍，这一工作绝非易事，发挥关键作用之人，乃是希腊化时代最非凡的文学大师之一，诗人卡利马科斯。他本是昔兰尼城（今利比亚境内）的一名教师，后来前往亚历山大图书馆工作，最终被委以重任，负责制作一份藏书目录。毫无疑问，数十年的艰苦工作和研究之后，卡利马科斯最终编成了Pinakes（《卷录》），这是一份馆藏书籍目录，将文学作品按不同类别排序，而且包含每部著作的简介。这份目录占用了一百二十个卷轴，卡利马科斯将文学作品分为十一个不同类别（诗歌体六种，散文体五种）：抒情诗和史诗、悲剧和喜剧、历史、哲学和雄辩术，诸如此类。卡利马科斯无疑借鉴了前人（如亚里士多德）的经验，从而确立了文学体裁分类标准，将希腊文学作品分门别类。分类工作最终还包含了对文学作品的“质量评估”，开始列出每种文学体裁的最佳作者及最佳作品，例如：九大抒情诗人、三大悲剧作家、十大雄辩家，诸如此类。并不是每种文学体裁都能总结出此类公认名家列表，在历史领域，公认希罗多德、修昔底德、色诺芬最为顶尖，几乎所有评论家都承认，仅次于他们的三位史家为希俄斯岛人塞奥彭普斯、叙拉古人菲利斯托斯、埃福罗斯，然而再往下排，就无法确定人选了，是否将提麦奥斯、波力比阿斯、提马盖奈斯等人列入名单，各方意见并不一致。不过这种分类工作催生了一种公认的观念：每种文学体裁都有“经典”或“典范”名家和名作，足以确立和阐明了这一体裁的最高境界。

一旦这一工作得以顺利进行，以下共识便会逐渐形成：有品位、有鉴赏力之人必须熟知“经典著作”，任何受过良好教育并以此为荣的希腊城市居民，必须能接触到并阅读这些经典之作。希腊化时代的文学作品，迎合了这种崇尚博学的风气，也适合当时大批受过教育的读者阅读。最顶尖的文人开始撰写华丽大作，尽情展示自己的渊博学识。上文提到的诗人卡利马科斯，开创了一种新诗体，辞藻极其华美，大量使用典故，已有经典著作的印记无处不在。要想完全领悟卡利马科斯的诗作，读者必须深入了解经典著作，变成一部“活百科全书”，而卡利马科斯本人在图书馆博览群书，正是此等人物。与他所作诗歌风格相近的现代作品是T.S.艾略特的诗歌，例如《J.阿尔弗雷德·普鲁佛洛克的情歌》和《荒原》，这些诗歌同样充满引文和典故，读者需要参考注释书才能完全领悟。罗德岛人阿波罗尼奥斯与卡利马科斯难分伯仲，前者所作《阿尔戈英雄纪》写法有些不同，书中大量关乎地理和族群的细节描写，取自当时最新的历史学著作，例如赫拉克里亚人尼姆菲斯所作史书（大致涵盖其家乡及周边黑海南岸地区的历史）。无论如何，广博学识已成这些希腊化时代名作家的“标配”。

除了这些“阳春白雪”之外，希腊化时代的文人为迎合更广泛的读者群，创作了更多的“下里巴人”，例如：反映田园乡愁的诗歌、幽默模拟剧、浪漫主义小说等。叙拉古诗人忒俄克里托斯创作多首“牧歌”，很多以想象出的田园风光为背景，在诗歌里牧羊少年们在橡树的宽阔树荫下打发闲暇时光，互相比拼音乐才华，以此吸引迷人牧羊姑娘的目光。可想而知，有些城市居民喜爱阅读或听人朗诵此类作品。赫罗德斯写出“模拟剧”，好像短篇故事，描绘取材于日常生活的幽默（有时色情）花絮，明显针对感觉日常生活有些单调乏味，需要不时调剂一下的读者群体。大约公元前200年之后，最早的浪漫主义小说开始出现，纯属虚构的《亚历山大大帝传奇》开创先河，随后不断涌现各种题材的小说：海盗、绑架、魔法、旅行、爱最终战胜一切逆境。公元前5—前4世纪，雅典、科林斯、斯巴达等城的希腊居民，生活中充满了冒险经历，真实的战争（在陆地和海洋进行真正的战斗）、真实的旅行、时常遭遇的真实逆境。希腊化时代城市居民的生活更加安定，却也更加单调乏味，虚构的冒险故事取代了真实的冒险（当然，这是再好不过了）。关键是适合更多读者的通俗读物大量出现，阅读不再是“高学历”精英阶层的专利，许多市民也可以读书，或参加公共书籍朗诵会。早在公元前4世纪初，柏拉图就提到在雅典的城市广场，一卷书的价格为一枚德拉克马银币，约等于普通熟练工人一天的酬劳。由于埃及托勒密王朝纸莎草纸产量不断增加，书籍的价格进一步降低，市民拥有书籍已不是太罕见的事情。然而只要书籍复制全靠手工抄写，书籍仍会相对昂贵，比较少见，当然这也是图书馆大行其道的原因。

自然而然，亚历山大城的大图书馆并没有保住其独一无二的地位。公元前3世纪末，安条克三世在叙利亚的安条克城出资兴建王室大图书馆，聘请诗人兼文法学者哈尔基斯人欧福里翁出任馆长。马其顿安提柯王朝诸王也在佩拉设立了王室图书馆；普鲁塔克为罗马统帅卢修斯·埃米利乌斯·保卢斯写过一本传记，在书中写道：公元前169年，他击败安提柯王朝末代君主佩尔修斯，征服马其顿，将王室图书馆藏书留作个人战利品，以便其子阅览。最为出名的还是下面这个图书馆：公元前2世纪初，阿塔利德王朝在帕加马城设立大图书馆，与亚历山大城托勒密王朝图书馆分庭抗礼。据说在帕加马图书馆鼎盛时期，藏书超过二十万卷。根据罗马博学之士老普林尼的记载，书籍用纸购自埃及（当时已知唯一盛产纸莎草的地方），而阿塔利德诸王不想继续依赖进口，出资生产一种用动物皮制成的替代书写材料，今人称之为羊皮纸（parchment），该词源自帕加马（Pergamon）城名（“羊皮纸”的荷兰语对应词“perkament”更清楚显明这种关系）。最终，其他城市开始模仿这些王室图书馆，设立各自的图书馆，供市民使用，此类图书馆在罗马时期的希腊化世界随处可见（见下文本章第6部分）。在那个时代，普通市民用个人藏书设立私人图书馆也非罕见之事，希腊化文化确实是一种“以书为本”的文化。

5. 罗马征服时期

地中海西部地区两大霸主的争斗甚至可以追溯到公元前264年，直到公元前201年，罗马人终于结束了与迦太基人史诗般的对抗。现在罗马人控制了整个意大利、西西里岛、撒丁岛、科西嘉岛和西班牙的相当一部分（尤其是西班牙全部地中海沿岸地区）。在北非，迦太基人已经彻底臣服，成了“附庸”盟友；努米底亚王国（今阿尔及利亚相当一部分地区）已成了罗马人的附属国。毫不奇怪，罗马人随即将目光转向了东方，在地中海东部拥有巨额财富和高度文明的各大希腊化王朝。正如上文所述，马其顿国王腓力五世铸成大错，在罗马人看似败局已定之时，与迦太基人结盟，共同对抗罗马，因此，罗马人的“第一要务”便是向马其顿复仇。公元前205年，罗马人与腓力五世缔结和约，这一和约多少让罗马人有些束手束脚，然而他们却有办法规避所订和约的细节条款。罗马派出巡回使团前往希腊化世界各地，搜集腓力五世“伤害他人”的一切“罪证”，然后向其发出最后通牒：腓力五世必须马上赔偿“受害者”，否则罗马人只能“被迫”向他开战，以保护自己在希腊化世界的“朋友”。在罗马人看来，无论有没有和约，为“保护”这些新“朋友”而发动的战争绝对师出有名。

之后的一个半世纪，希腊化世界的希腊人从罗马人处学到了一些惨痛教训：无论与罗马是敌是友，任何独立国家与罗马人打交道都绝不安全，罗马人的敌人将面临大兵压境，随后兵败，最终臣服。而罗马人的“朋友”则需向罗马感恩，完全顺从罗马，仿佛已被罗马人征服一样，若有“朋友”不太顺从，罗马人很快就会以武力征服他们。公元前2世纪早期，罗马人通过一系列史诗般的战役，确立了罗马在希腊化世界的霸权，在公元前197年库诺斯克法莱战役击败腓力五世，公元前190年马格尼西亚战役击败安条克三世，公元前168年皮德纳战役击败腓力五世的继承人佩尔修斯。罗马为确立完全统治权，仍需展开后续军事行动，在公元前148—前147年，发动第四次马其顿战争及亚加亚战争；公元前132年，征服帕加马王国；公元前1世纪80年代及70年代末，两次苦战本都国王米特拉达梯六世。最终通过以下军事行动，公元前1世纪60年代，罗马将军“伟大的”庞培进行一系列战役；公元前30年，屋大维（后被称为奥古斯都）吞并埃及，罗马人最终实现对整个希腊化世界的完全掌控。从那以后，希腊化世界构成了罗马帝国（地中海最终成其内湖）的东半部分，先前的希腊化王国变成了罗马帝国行省，换成罗马总督统治，由罗马军队提供安全保障。

各大希腊化王朝看上去如此强大，罗马人吞并这些强国却显得如此轻松，他们究竟是如何做到的？关键在于罗马人和马其顿人截然不同的军事体系。各希腊化王朝由马其顿人统治，全靠职业军人组成的常备军提供安全保障，士兵出自军事精英阶层，在一个结构复杂、要求苛刻的军事体系当中接受严格训练。这些职业军人也有友军补充兵力，国王可从亚洲及（或）埃及本地民族征召士兵，组成“原住民”辅助部队。然而由于上文讨论过的一些原因（见本章第2部分），马其顿人君主不愿过多仰赖此类“原住民”部队。各王朝拥有的希腊及马其顿人力资源，足以在必要时派出一支庞大正规军（兵力介于三万到五万之间），同时还有数以千计的职业军人分散在不同要塞守备战略要地。然而只要正规军主力野战失利、损失惨重，国王就只能被迫求和，因为招募和训练希腊及马其顿新兵，补足战损部队所缺兵员，再次具备将庞大正规军派上战场的实力要花费若干年时间，例如腓力五世在位期间，库诺斯克法莱战役惨败之后，马其顿军队用了大约十五年才恢复元气（见上文）。

罗马人的军事体系则完全不同。罗马士兵的单兵素质并不比马其顿人和其他希腊人更高，甚至毫无优势可言。而且罗马军队的阵法战术及作战方式绝非更加优秀，如果统帅指挥有方，选择正确的作战地形，马其顿人军队的表现绝对不输罗马军队。罗马将军也不比马其顿人国王更具军事才能，事实上，这个时代有不少罗马将军明显能力不足。罗马军队的优势在于这支军队并非由职业军人组成的常备军，而是由公民组成的“民兵部队”。财产不少于一定数额的任何罗马公民，都有义务服兵役，他们必须在罗马军团效力十到十五年，有时甚至更久。这些公民士兵需要自己购置装备，在某种程度上自行完成军事训练，然而罗马军队绝非混乱无序、缺乏训练。罗马人对外扩张，一直战事不断（事实上，罗马从未有过休兵罢战之时），这意味着公民士兵必须长期服役，如此一来，罗马公民皆成训练有素、经验丰富的百战精兵。毫不夸张地说，罗马的这种士兵公民数以十万计。由于罗马人不断更新及扩大公民权的授予范围（将盟友“罗马化”，授予他们罗马公民身份），到公元前3世纪末，罗马公民的数量已经接近三十万，其中大约有三分之二适合服兵役。此外，其他意大利族群已经成为罗马人的附庸盟友，必须在罗马人出征之时派出军队助阵，这些意大利友军，兵力和罗马正规军大致相当，训练和装备也几乎相同，因此，一支四万人的罗马军队通常包括约两万罗马士兵及两万意大利友军士兵。

结果令人意想不到，罗马军队的唯一优势竟是比对手兵多。如果一支罗马军队战败（例如，公元前171年的卡利基努斯战役，马其顿国王佩尔修斯在拉里萨附近击败罗马人），罗马人仅仅是更换一名统帅，将更多士兵派往前线。然而马其顿人国王（诸如腓力五世、安条克三世、最终兵败的佩尔修斯）一旦遭受惨败，就会大势已去、无力回天。迦太基人苦战多年才吸取这一教训，他们多次痛击罗马人，然而这些胜利却显得无足轻重。罗马人仅仅是屡败屡战，而且兵力越来越多（这要感谢他们那似乎取之不尽的兵源），军队遭受重创之后，罗马人会授予更多意大利人罗马公民权，以补足战损部队所缺兵员，如此一来，他们的“公民民兵部队”可以不断开赴前线。最终，没有一支“职业”常备军能抵挡罗马人的攻势，那些训练有素的职业军人根本就不够用。因此，各希腊化王朝及其军队最终被罗马人碾压，并非由于希腊化世界本身存在什么固有弱点，而是仅仅因为罗马人的

“公民民兵军事体系”高效非凡，所能动员的兵力远胜任何一个对手。

因此，罗马最终控制了希腊化世界，将其变成了罗马帝国的一部分。罗马总督取代了马其顿人君主，然而除此之外，变化不大，城市文明依然具有独特的希腊化文化及生活方式，在新统治者手下继续发展；希腊语仍然是地中海东部和西亚的通用语言；希腊城市甚至空前繁荣，这要归功于罗马人提供的安全保障，pax Romana（罗马帝国统治下的和平）使得希腊化世界繁荣稳定，前后延续了几个世纪。有一点至关重要，那就是罗马人并没有发达的文明及高雅的文化，无法动摇希腊化文明及文化的统治地位。相反，罗马的高雅文化始于公元前2世纪，而且全靠模仿希腊化文化才得以发展，罗马的大诗人（诸如卡图卢斯、贺拉斯、弗吉尔）模仿希腊伟大诗人（诸如卡利马科斯、阿尔凯奥斯、莎孚、荷马）的作品；罗马的大雄辩家（诸如西塞罗）则效法希腊雄辩家（诸如伊索克拉底、德摩斯梯尼）；罗马的大史学家（诸如塞勒斯特、李维、塔西佗）则从希罗多德和修昔底德的作品中获益良多。罗马人有能力最终碾压希腊化王朝军队，也确实做到了，成为希腊化世界的主人，然而面对希腊化文明，他们却只能接受和模仿，正如罗马诗人贺拉斯的名言：Graecia capta ferum victorem cepit et artes intulit agresti Latio（希腊虽被征服，却能让野蛮的胜利者着迷，并将她的文学艺术传到土里土气的拉丁姆）。

6. 罗马统治时期的希腊化文明

陛下，尼科米底亚城为修建一座高架引水桥，已花费三百三十二万九千枚塞斯特斯铜币，然而这一工程却半途而废，完工部分甚至已被拆毁。该城又建造另一座引水桥，再次半途而废，又花费二十万塞斯特斯铜币。因此这些金钱全被浪费，而该城现在仍须追加开支，以完成引水工程。微臣已亲自视察一处泉源，水质甚好，理应以引水桥引水入城：首次引水工程若能完工，所引之水供应范围就不仅是平坦及低洼街区。一些引水桥拱门仍然还在，还有一些可用之前所拆石料重新建起；微臣认为，部分工程可以用砖建造：造价更低、施工更易。然而开工之前，急需陛下派出引水桥巡视官或工程师，以确保新开工程不会重蹈覆辙。微臣确信：引水桥建成之后，必是伟大建筑，兼具实用和美观，完全配得上陛下缔造的太平盛世（小普林尼《书信集》10.27）。

上文是小普林尼（时任小亚细亚西北部比提尼亚省总督，以其传世书信闻名天下）写给“上司”罗马皇帝图拉真的一封信，后者也批准了这一工程。小普林尼写给图拉真的多封书信（谈及他以地方总督身份从事的一些活动），连同后者的回信，构成了一个令人着迷的微型档案馆，内有关乎罗马帝国在希腊化世界统治情况的多份内部文件。小普林尼还更多谈到了尼科米底亚城的公共服务。

正当微臣在别处巡视辖地之时，尼科米底亚城发生特大火灾，烧毁许多民房及两栋公共建筑——安老院和伊希斯神庙（尽管它们位于街道两侧）。火势之所以蔓延如此迅速，首要原因是大风“助力”，其次是因为居民的“不作为”，

> 毫无疑问，面对如此可怕的灾难，他们却袖手旁观、一动不动。然而不管怎样，该城却没有任何“消防器材”，甚至连一个水泵、一个防火水桶都没有。微臣已经下令，立即采办此类器材。请陛下圣裁：成立“消防队”（人数不超过一百五十）是否合适。微臣将确保其成员皆为“消防员”，所赋予之特权不被挪作他用。由于人数不多，监管他们并非难事（小普林尼《书信集》10.26）。

这一次，图拉真允准购置消防器材，却驳回成立消防队之建议，指示由民房房主和普通大众使用消防器材，完成救火工作，他担心获准定期集会的任何社团都会政治化，有插手职责范围之外事务的倾向。值得注意的是，在罗马统治之下，希腊化城市生活标志性的基础设施、便利设施、公共服务不但得以保留，而且还能继续发展；不但饮用水供应充足备受关注，尼科米底亚城甚至有公费安老院和公费购置的消防器材。小普林尼书信所载实例并非罕见，遍布希腊化世界的大量铭文提供了不少类似信息，显明希腊化城市生活方式（在罗马人到来之前就已存在几个世纪）不但得以延续，而且某些方面甚至还有所发展。这使人想起喜剧组合蒙提·派森经典大作《布莱恩的一生》中的著名片段：犹太起义领袖“雷吉”夸张地反问罗马人“为我们”都做过什么，却得到一些意想不到的答案。

> 雷吉：好了……好了……然而除了更好的环境卫生、医疗条件、教育体系、灌溉设施、公众健康、道路交通、供水系统、洗浴设施、公共秩序……罗马人还为我们做过什么？

但若罗马统治者如此注意维持，甚至发展希腊化世界的公共服务，那文化生活呢？希腊人的生活方式可不仅仅围绕饮用水、公共浴室、敬拜诸神，以下活动也不可或缺：观看戏剧演出、参加讲座和音乐会、阅读书籍等。事实上，有足够证据表明在罗马人统治期间，公共图书馆才在希腊化王朝旧都之外大量出现。例如，有古代铭文显示罗德岛和科斯岛诸城已有公共图书馆。罗马皇帝哈德良修缮雅典城，将雅典城市广场扩建为新“哈德良广场”，并在此设立一座新图书馆。紧靠帕加马城，有一座规模宏大的医神庙（Asklepieion）：医术之神阿斯克勒庇俄斯神殿（其实也是一座医院），有一位富裕平民出资在此设立一座公共图书馆。不过这个时代最著名的公共图书馆，无疑还是以弗所城的塞尔瑟斯图书馆。20世纪70年代，奥地利考古学家重建了该图书馆的宏伟正门，这座图书馆由一位以弗所富裕市民出资兴建，其宽敞的阅览室可容纳藏书一万两千卷，以弗所市民可用文化设施之外又添绝妙去处。这座建筑还有了解“高学历”希腊市民生活方式的有趣花絮：阅览室有一条地下通道，横穿图书馆所在的“大理石街”，直通街对面的公共厕所和高级妓院，市民读书乏累之时，可以悄悄“解决”其他生理需求。

和西方文化的其他任何时代一样，罗马帝国鼎盛时期的希腊化世界，也有自己的文化偶像和“明星”。“高薪”演说家，在各大城市巡回演讲，赚取丰厚酬劳。公元1世纪晚期，狄奥·克里索斯托（狄奥“金嗓子”）的演说，让大量希腊市民听众如痴如醉，主题涵盖君王的典范、美德、贫穷生活的引人注意之处（他自己却刻意远离贫困）等。在下个世纪，埃里乌斯·阿里斯提德取得了同样的成功，不过他体弱多病、日渐衰弱，常去各阿斯克勒庇俄斯神殿（其实也是公立医院兼温泉疗养院）疗养身体（已成“必修功课”），只能在“课间”进行演讲。这些雄辩家及他们的同行，演讲风格均遵从伊索克拉底（公元前4世纪雅典古典时代修辞学大师）所定准则，同时效法雄辩家德摩斯梯尼（与伊索克拉底同时代，却年轻得多）。各个领域的学者研究希腊古典时代大师们的著作、风格、思想，并大加赞赏，例如：哈利卡尔那索斯人狄俄尼索斯撰文评论史学家希罗多德和修昔底德，朗吉努斯论述如何以古典大师的“绝妙”风格创作文学作品，哈玻克拉奇翁则编纂了一部希腊古典时代“十大雄辩家”用语词典，诸如此类。公元2世纪的史学家阿里安，以影响深远的亚历山大大帝为题材，写成《亚历山大远征记》，这部史书广为流传、备受赞誉，至今仍是研究亚历山大大帝的最佳文献。阿里安语言及行文风格酷似公元前4世纪雅典史学家色诺芬，他甚至自称“小色诺芬”。

换言之，罗马统治时期希腊化世界的文化“巨星”们不遗余力，使得古希腊的文化巨著和深邃思想依旧生机勃勃，公元前5—前3世纪希腊祖先们所留传统仍然焕发着活力。公元1世纪晚期的希腊学者普鲁塔克，来自彼奥提亚的塔纳格拉，家境富裕、博学多才，作品几乎涵盖“日光之下”的一切领域，他竭尽全力劝服与自己同时代的希腊人和罗马人，无论从任何方面来看，希腊人即便不比罗马人更伟大，也不会输于后者。为达成这一目标，他撰写了巨著《对比列传》，其中包含大量名人传记（两人一组，每组包含两名伟大领军人物，罗马人和希腊人各一）：罗马人有恺撒，希腊人有亚历山大；罗马人有西塞罗，希腊人有德摩斯梯尼；罗马名将大西庇阿也不会比希腊名将伊巴密浓达更强；论到正直刚毅的道德典范，罗马人有小加图，希腊人则有公元前4世纪的雅典领袖福基翁，诸如此类。现存《对比列传》

包含多达二十二组名人传记，然而有几组内容已经遗失，其中就有刚刚提到的西塞罗和伊巴密浓达。

琉善是罗马统治时期最“迷人”的作家之一，来自美索不达米亚北部城市撒摩撒他，距离罗马帝国和帕提亚帝国边界不远。琉善所写幽默散文题材广泛，堪称包罗万象，例如，他所著《真实的故事》，夸张演绎探险家和某些史学家的不实记载，包含有他前往月亮及“奇异幻境”的故事。读者若想真正领悟后一故事，必须熟知公元前5世纪雅典喜剧大师阿里斯托芬经典之作《鸟》，“奇异幻境”的概念正是源于该剧。琉善喜欢揭露当时社会的妄自尊大者、华而不实者、招摇撞骗者。他撰文揭穿“假先知”阿博尼泰克斯人亚历山大及其所创狂热异教（敬拜神明格劳孔）、伪哲学家兼基督教假先知佩雷格里诺斯。琉善仰慕雅典哲学家伊壁鸠鲁，总体上对宗教持非常怀疑的态度，在他看来，声称拥有“神圣启示”者，通常不过是以此为工具，从易上当者那里骗取钱财（例如，基督教群体出资供佩雷格里诺斯肆意挥霍，前后长达几年）。琉善对真正的学问推崇至极，对于这位受过良好“希腊化”教育的文人来说，真正的学问意味着真正熟知并读懂希腊“经典”著作。

琉善所著散文《无知的藏书家》，带有他的强烈印记，阐明了何为“真正的学问”。该文描写了一种人，他们收集书籍，设立个人图书馆，以炫耀自己的学识，却完全不知哪些书值得买，也不知值得购买之书价值何在。买书“充门面”，绝非有学问者的标志，饱学之士必须知道哪些人的书值得阅读和收藏，并且懂得如何阅读最好的作品，而要想读懂经典著作，还需注释书和词典辅助。无知的藏书家对这些一无所知，完全按照价格和外观决定购买对象，有学问的读者却读书有方，懂得取舍，以更早时期希腊伟大经典作家为榜样，学习如何做到正确思考、举止得体、行文高明。然而这些文化领军人物（诸如琉善、普鲁塔克、阿里安和此处提到的其他名家）的思想和观点，能在多大程度上反映那个时代的真实生活，以及罗马帝国希腊市民的受教育程度和阅读习惯？要想探明这一点，必须将目光转向罗马帝国埃及行省腹地的一座希腊城市——俄克喜林库斯。

俄克喜林库斯位于埃及法雍地区南部边缘，在希腊化和罗马时代为区域中心城市，规模相当可观。不过该城仍然远离地中海及真正的大都市，它并不是亚历山大城或安条克城，不过是个偏远区域中心城市。然而由于近代考古学家的发现（始于1896年，牛津大学学者格伦费尔和亨特最早探索该城），如今俄克喜林库斯在许多方面都是最知名的古代城市。经过十年的考古发掘（1896—1906），格伦费尔和亨特挖到了当年的垃圾堆，从中发现了大量古代纸莎草纸，多数是丢弃在该城边缘沙漠地带的废纸，多亏气候干旱，这些废纸从未腐烂。这些纸莎草纸的绝大部分（超过90%），包含各种各样的文件：信件、遗嘱、诉状、土地登记簿、契约等。这些文件对于了解希腊化及罗马时代埃及的社会生活、经济生活和行政管理帮助极大，可以让今人从独特角度窥见当时普通人的生活。然而其余纸莎草纸文献（10%左右）才是本部分兴趣所在，所载文学作品片段反映了俄克喜林库斯市民的阅读习惯。

从这些纸莎草纸碎片可以看出，俄克喜林库斯市民“博览群书”，包括宗教典籍、“魔法书”、小说、修辞学“练习题”、各种各样的散文、大量总体上同时代的作品（与俄克喜林库斯“读者”同时代）。然而大多数纸莎草纸“文学”碎片分为两大类：希腊古典大师们的著作（诸如荷马、希罗多德、欧里庇得斯、柏拉图、德摩斯梯尼，以及许多公元前6世纪至前4世纪的其他名家）、为希腊化及罗马读者解释这些作品的学术著作（注释书、论述名家语言及风格的专著、词典等）。相关学者对这些古文献做了全面研究，使得今人能清楚了解罗马时代希腊市民的阅读习惯。除了出自俄克喜林库斯的纸莎草纸文献，法雍地区其他村镇也发现了类似文献，学者们的研究结果表明，俄克喜林库斯人的阅读习惯很具代表性。琉善笔下的“高学历”读者在当年并不罕见，显然法雍地区就有不同读者群体一起读书，分享著作和注释书，委托他人制作书籍以便共同阅读，这在许多方面都很像现代书友俱乐部。罗马时代的法雍地区，希腊化文化依然生机勃勃、繁荣兴盛，这不大可能是那个偏远地区的独有现象。

格伦费尔和亨特最具吸引力的发现之一，于1906年初进行最后一次发掘工作时获得。他们发掘其中一个垃圾场时，找到一个筐形物，内有大量书卷碎片。二人拼接修补这些碎片，发现这筐残片至少包含十二种不同作品，涵盖一些希腊古典文学巨著，例如柏拉图、德摩斯梯尼、修昔底德、品达、欧里庇得斯等人的大作。显而易见，这些残片曾是某位市民个人藏书的一部分，抛弃原因虽已无从知晓，却足以显明他的文学品位。由于其中最重要的发现（欧里庇得斯失传剧作《许珀茜伯勒》的很大一部分）直接轰动一时，这筐残片获名许珀茜伯勒图书馆或档案馆。总之，这位俄克喜林库斯市民与琉善笔下的“无知藏书家”完全相反，他应当被称为“有鉴赏力的藏书家”。他的藏书不仅仅包括经典原著，还带有那个时代的特色，包含一部修昔底德著作注释和一本关于文学风格的专著，有几本著作的页边空白处甚至写满了读者的评注。毫无疑问，罗马时代的埃及腹地存在这样的个人图书馆及不同读者群，还有什么会比这些更能体现希腊化文化乃是“以书为本”的文化?

然而希腊化文化的经典形态最终却无法延续。毫无疑问，格伦费尔和亨特发现“许珀茜伯勒图书馆”之时，也在近旁发现了未来走向的征兆。俄克喜林库斯840号纸莎草纸文献，是一卷基督教福音书的残片。这卷福音书并不是正典福音书之一，讲述了耶稣及其门徒与一位犹太祭司在耶路撒冷圣殿相遇的情形。耶稣和这位祭司辩论纯洁的意义，辩论方式与《马可福音》和其他正典福音书的记载类似，然而细节却非常不同。换言之，基督教已在公元3世纪的罗马帝国埃及行省悄然兴起。基督教的盛行，宣告希腊化文化的“羽翼丰满形态”（公元前300年至公元300年）即将终结。

第八章
余波：希腊化文化的持续影响

公元4世纪，基督教先是在罗马帝国占据统治地位，后又成为唯一合法宗教。3个世纪之后，伊斯兰教兴起，成为西亚和北非大多数民族的宗教，先前希腊化世界的文化从根本上发生了改变。例如，基督教和伊斯兰教影响生活的方方面面，支配一切，因此持守教义原则的需要，使得可公开辩论的各种话题及辩论方式受到了严格限制。以教堂和清真寺为中心的生活，与古代“异教”信徒更为随意的宗教生活很不一样。这两大宗教都是外来宗教，分别源于犹太人及阿拉伯人的社会和文化。外来新宗教的传统与观点，当然与先前希腊—罗马的文化截然不同，尽管人们的关注焦点和观点变化甚多，两大主流新宗教对公开辩论和生活方式限制不少，然而希腊—罗马地中海世界的希腊化文化并没有就此消失。无论希腊化文化被改变及受限制的程度如何，古代晚期及中世纪时期的基督教和伊斯兰教文化依然受其影响。希腊化世界的高雅文化如何（及在哪些方面）继续影响后世基督教及伊斯兰教文化的方方面面？在此必须仔细思考这一问题。

1. 古代晚期亚历山大城的一次对话

公元640年（伊斯兰教历20年）[1]，伟大的穆斯林征服者阿姆鲁·伊本·阿斯作为胜利者进入亚历山大城，该城此时已经辉煌不再，但仍算一座繁华大都市，依然是贸易和文化的中心。据说阿姆鲁本人颇有文化修养，为麦加古老贵族阶层古莱氏成员，于公元629年（伊斯兰教历8年）皈依伊斯兰教，之前是个成功商人。阿姆鲁出任埃及总督期间（经历两任穆斯林君主：先是哈里发欧麦尔，后是倭马亚王朝哈里发穆阿维叶），荣获美名，他处事公正，尊重基督教信仰及教会，仰慕他在埃及发现的文化。亚历山大城是希腊化及罗马时代的埃及都城（或首府），据说阿姆鲁建议哈里发欧麦尔继续保持该城的首府地位。不过欧麦尔驳回了这一提议，阿姆鲁随后在尼罗河三角洲南端建造新城福斯塔特（今开罗附近），该城后来成为中世纪世界最大的城市之一。但他仍然很欣赏亚历山大城，那里的许多宫殿、公共浴室、剧院都让他着迷，他因而花费大量时间徜徉其间。据说他在这座美丽古城漫游之时，注意到一些长者每天必去一座庄严柱廊建筑，花好几个小时钻研纸莎草纸书卷。对此他很感兴趣，询问这些长者的身份以及手不释卷的原因。阿姆鲁得知这些人的首领名叫约翰·菲洛波努斯，是一位学者、基督教神学家和哲学家，他的工作地点乃是宏伟亚历山大图书馆的遗留建筑。在九百年前，托勒密一世及其子王储费拉德尔甫斯，下令建造了这座大图书馆。阿姆鲁决定会见约翰·菲洛波努斯，更多了解他的读书活动和这座神秘的图书馆。据说二人就此开

1　原文时间有误，当为公元642年（伊斯兰教历21年）。——译者注

始了一段最不可能产生的友情。

这一友情故事以及亚历山大图书馆的命运，由一份中世纪文献转述，名为《阿姆鲁对话集》。根据这一传说，阿姆鲁经常拜访约翰·菲洛波努斯，非常喜欢与这位长者交谈。在正统教会看来，约翰却是个异端，他论及神三个位格之间隐含的合一以及耶稣神人二性之间的合一，观点明显接近臭名昭著的“基督一性论”异端。这些观点对阿姆鲁很有吸引力，作为穆斯林，阿姆鲁当然拒绝三位一体的教义。然而在正统基督徒看来，约翰的观点荒谬至极，甚至在几个世纪之后仍然能激起他们的怒火。公元9世纪拜占庭主教佛希亚斯通常出言谨慎，然而在他的专著《论三位一体》里却一反常态，痛斥约翰：

> 他的观点不仅亵渎真神，而且毫无根据、极为牵强；他甚至没有能力略微粉饰一下他那荒谬不堪的“反真理”论点。他粗鲁无礼、蠢话连篇，凭空捏造关乎神性的教训，对基督教信仰肆意亵渎……（佛希亚斯《书目》75）。

佛希亚斯继续以这种语气痛斥约翰，使用了“幼稚”“蛮横”“懦弱”“愚蠢”等词，并将怒火扩展到后者的全部著作，称这些作品“抄袭而来”“篡改伪造”“似是而非”“有伤风化”。阿姆鲁却与佛希亚斯形成了鲜明对照，在阿姆鲁看来，约翰既有智慧又有品位，谈吐魅力四射、发人深省。想必他们没有多谈基督教神学，因为约翰·菲洛波努斯远不只是一位神学家，他以哲学家的身份成名，尤其擅长评注亚里士多德的作品。他是古代晚期亚历山大学派亚里士多德著作评注家里的领军人物之一，其他重要人物还包括他的老师阿摩尼乌斯，以及他的继承人们，如：谜一般的大卫、伊莱亚斯、斯特凡努斯。

然而约翰不仅仅是个亚里士多德评注家兼仰慕者，他自己也是一位思想家，极富创造力。作为基督徒，他无法认同亚里士多德的宇宙永恒论，于是写出大量文章对其进行反驳，进而为神创论辩护。更重要的是，他批判亚里士多德的动力学理论及空间观，得出了不同的结论，接近发现惯性定律。约翰的质量及运动学说，对后世科学家的影响不次于伽利略，他的空间观则将空间看作一种非物质介质，物体在其中以三维形式存在，这一思想影响了后世的思想家，如皮科·德拉·米兰多拉和莱昂·巴蒂斯塔·阿尔伯蒂。难怪有传闻声称阿姆鲁觉得约翰极具吸引力。当二人友谊足够牢固之时，约翰斗胆提出一个自己一直忧心的话题，关于图书馆的未来。他向阿姆鲁介绍图书馆的历史、宗旨和浩如烟海的藏书，尽管承认这一切现在属于征服者阿姆鲁，不过还是希望自己和同事能获准保留图书馆并继续在此工作。不过阿姆鲁判定自己无权最终决定这些非伊斯兰教藏书的命运，他将此事上报麦加，交由哈里发欧麦尔裁决。焦急等待几周之后，欧麦尔的旨意到来：如果这些藏书的内容，《古兰经》里也有，那它们没有必要存在；如果这些藏书的内容违背《古兰经》，那它们“不受欢迎”。不管怎样，都应烧掉它们。因此，尽管阿姆鲁很不情愿，还是下令将馆藏书籍用作亚历山大城各公共浴室的燃料，他和约翰·菲洛波努斯的友谊就此终结。穆斯林史学家伊本·阿尔-季福提博学多才，按照他的记载，这些藏书足足烧了六个月。

所有这些组成了一个动听的故事，最后以悲剧收场，然而这却不是历史。事实上，约翰·菲洛波努斯生活及活跃的时代是在公元6世纪（死于570年前后），而不是在7世纪，他和阿姆鲁的会面及友谊纯属虚构，欧麦尔下令焚毁亚历山大图书馆藏书也属子虚乌有。然而这些传闻背后却藏着一个有趣的事实，穆斯林总督阿姆鲁，被约翰·菲洛波努斯这样的希腊哲学家深深吸引，如此传闻暗示穆斯林精英阶层确实对希腊化哲学、科学、医学、数学非常着迷。事实上，伊斯兰世界非但没有焚烧希腊化文化的书籍，反而在很多时候保护这些书籍，将其译成阿拉伯文，并以此为基础，打造伊斯兰高雅文化。约翰·菲洛波努斯本人的亚里士多德作品注释书就译成了阿拉伯文。阿拉伯人称他为Yahya al-Nahwi（文法学家约翰），他及其他希腊化哲学家的著作，为一个伊斯兰哲学学派奠定了根基，这一学派从亚里士多德和新柏拉图派哲学家汲取灵感，兴盛期从公元9世纪一直延续到14世纪。伊斯兰教武力接管了希腊化世界，穆斯林思想家用了几个世纪来翻译和吸收所发现的著作，他们对希腊化文化的一些领域却几乎没有兴趣，诸如戏剧、诗歌、雄辩术等。不过在公元9世纪，穆斯林大学问家肯迪开创先河，将研究希腊哲学作为一种伊斯兰事业，他主张理性哲学和神学可以共存（尽管神学优先），推动对亚里士多德和柏拉图的研究，开始了一段悠久的传统，此后伊斯兰大哲学家、大科学家层出不穷。

伊斯兰哲学及科学的成就并未取得应有的知名度。希腊数学在一些领域已经达到了很高的水平，例如：阿基米德对圆锥曲线的研究，为牛顿发展微分学奠定了根基；欧几里得的《几何原本》，到20世纪仍是几何学基础教材。然而希腊数学却一直沿用一种非常笨拙的计数法。伊斯兰数学家一方面学习希腊数学，研究其思想和概念，另一方面作出了一些改进，推动了数学的发展，例如：阿尔·花剌子模将印度计数法（0及其他十进制数字）介绍到地中海世界，更重要的是，他是数学分支代数学的公认奠基人之一。阿尔·花剌子模在公元9世纪早期较为活跃，供职于伟大的“智慧宫”（Bayt al-Hikma，阿巴斯王朝哈里发马蒙创建于巴格达）。他在此写成了*Kitab al-mukhtasar fi hisab al-jabr w'al-muqabala*（《利用还原与对消运算的简明算书》）。该书给出了多项式方程的基础代数解法；连代数（algebra）一词都是源于al-jabr。亚历山大城希腊数学家丢番图已经提出了关于多种方程的理论，阿尔·花剌子模则更进一步，给出了一次方程和二次方程的构造方法及解法。换言之，伊斯兰思想家不只是借鉴希腊文化，而且对其思想进行发展和改进。医学和哲学领域同样如此，例如：中世纪最伟大的医学专家兼作家，或许是11世纪早期的穆斯林医生兼哲学家伊本·西那；西方人通常使用他的拉丁语名字阿维森纳。伊本·西那所著《医典》，从希腊医学思想发展而来，糅合了印度和波斯的医学，以及他自己的观察和经验。这本书成了伊斯兰世界的权威医学百科全书，其拉丁译本在西欧也有同样的地位。然而希腊化文化对伊斯兰世界的最大影响还是在哲学领域。

肯迪树立的榜样，被后世一连串卓越伊斯兰哲学家效法；在此只能提及其中最重要的人物。肯迪的继承人阿尔法拉比有奠基人一般的地位，后来被称为“第二位大师”（亚里士多德是第一位）。公元873年前后，阿尔法拉比生于伊斯兰世界东部（或许在今哈萨克斯坦），在巴格达的“智慧宫”（中世纪世界的“文化灯塔”之一）度过了职业生涯的大部分“黄金岁月”。阿尔法拉比是一位新柏拉图派哲学家，又是颇具影响力的亚里士多德著作评注家，致力于为伊斯兰读者整理和发展“两大哲学家”（柏拉图和亚里士多德）的思想。他最具影响力的著作包含以下两部：《亚里士多德〈形而上学〉注释》，伊本·西那认为此书对自己的思想有深远影响；以及*Al-Madina al-fadila*（《美德之邦》），此书模仿了柏拉图《理想国》的风格，是一部论完美国度的专著。阿尔法拉比的研究工作和影响力，对于成功保存亚里士多德和柏拉图的著作起了重大作用。不仅在伊斯兰世界，在西方基督教世界也是如此。公元951年，阿尔法拉比去世三十年后，上文提及的伊本·西那（阿维森纳）出生，此人堪称最伟大的穆斯林哲学家之一。和阿尔法拉比一样，伊本·西那生于伊斯兰世界东部（伊朗地区），不过和阿尔法拉比不同的是，他的一生都在这一地区的不同城市度过，诸如布哈拉、大夏（巴尔克）、伊斯法罕、哈马丹等。伊本·西那主要以行医为生，却是著作最多、最具广泛影响力的穆斯林哲学家之一。他的逻辑学、伦理学、形而上学著作，引发了一股哲学思潮（以其名命名为“阿维森纳主义”），受其影响者不仅有许多伊斯兰哲学家，而且还包括像大阿尔伯图斯和托马斯·阿奎那这样的西方大思想家。伊本·西那死于一场重病，享年五十八岁，并不算老；直到去世之前，他都拒绝减少工作量，并且告诉朋友：他“宁愿生命有广度无长度，也不愿生命有长度而无广度”。

或许最著名的伊斯兰哲学家是安达卢西亚“大哲鸿儒”伊本·鲁世德，其别名阿威罗伊在西方更广为人知，对西方基督教哲学家（例如阿奎那和其他经院哲学家）影响很大。公元1126年，伊本·鲁世德生于西班牙南部伊斯兰安达卢斯省的科尔多瓦，堪称这个时代伊斯兰世界最西端及“世界文化之都”科尔多瓦的代表人物。他很可能是中世纪最伟大的亚里士多德著作评注家，影响力极大，所著注释书的拉丁文译本，将亚里士多德的著作和思想再次引入基督教世界，在中世纪欧洲催生了所谓的“12世纪文艺复兴”。伊本·鲁世德是个坚定的理性主义者，*Fasl al-Makal*（《决断集》）是他最重要的著作之一；他在书中指出：理性和启示并不矛盾，不过是获得真理的不同途径而已。阿奎那将伊本·鲁世德的这一思想加以改造，用来捍卫理性主义和神学。此外，伊本·鲁世德还写了一部重要著作，为哲学本身辩护：*Tahafut al-Tahafut*（《不连贯的不连贯性》）。波斯哲学家兼神秘主义者安萨里，在一次灵性危机之后放弃了自己的哲学生涯，成为一名苏非派神秘主义者，之后写成一本攻击哲学的书：*Tahafut al-Falasifa*（《哲学的不连贯性》）。伊本·鲁世德的《不连贯的不连贯性》，或许是他最具原创性的作品；该书为哲学辩护，宣称安萨里的论证缺乏连贯性，然而最终却未能有效抵消安萨里的影响力。

尽管有安萨里对哲学的抨击，穆斯林哲学却继续发展，产生了许多更有名的思想家。现以其中最伟大人物之一，结束这一伊斯兰思想（深受希腊文化影响）简短概览：14世纪的思想家伊本·赫勒敦。他是北非阿拉伯人，来自突尼斯，研究过伊本·西那、伊本·鲁世德等人的著作，却决心以史学家的身份青史留名。伊本·赫勒敦所著普世史*Kitab al-'Ibar*（《世界通史》）赢得了广泛赞誉。这部史书的第1卷（全书共有7卷）*Muqaddimah*（《历史绪论》），常被作为单卷本书籍阅读。伊本·赫勒敦在书中提出了社会冲突及社会凝聚力的概念，对后世社会学的发展影响很大。他也是最早强调“政治经济”对文明重要性的思想家之一；在他看来，“政治经济”由人类各种价值创造过程组成。伊本·赫勒敦不亚于大史学家阿诺德·汤因比（后者鸿篇巨制《历史研究》颇具影响力）。汤因比非常推崇伊本·赫勒敦的工作，称后者提出一种“历史哲学”，在同类思想体系中堪称最伟大之一。

总而言之，在希腊化时代遍布地中海地区和近东的高雅文化，并没有在穆斯林所征服的地区消失。伊本·赫勒敦认为，沙漠游牧民族或其他“文明程度”较低的外来民族征服一个伟大文明之后，必然会被后者的高雅文学和艺术吸引，进而吸收及（或）适应高雅文化的某些方面，使其成为本民族文化的一部分。现实与伊本·赫勒敦的观点完全吻合：在希腊化哲学和科学的影响之下，伊斯兰世界迎来了高雅文化的“黄金时代”（公元9世纪至14世纪）。其间三大文化之都光彩夺目：东部有大夏（巴尔克），中部有巴格达，最西端则是科尔多瓦。伊斯兰文化的这一时代，迄今仍在影响伊斯兰世界；而受希腊化文化影响的伊斯兰“黄金时代”高雅文化，又反过来影响了同时代的西方基督教世界。

2. 一个拜占庭图书馆

穆斯林并没有征服整个希腊化世界。从公元8世纪开始，拜占庭帝国多次遭受攻击，都城君士坦丁堡也几次被围，却仍然保住了核心地带小亚细亚（今土耳其）和巴尔干半岛，作为一个东正教王国多个世纪屹立不倒：境内通用希腊语，自认是古罗马帝国的延续；今人称之为“拜占庭人”的帝国百姓，仍然自称罗马人（Rhomaioi）。公元7世纪和8世纪，拜占庭帝国内外交困：南有穆斯林进攻，北有各斯拉夫民族（尤其是保加利亚人）犯境；而且东正教内部的“圣像破坏运动”争议极大，引发国内冲突。不过在此危机时代之后，拜占庭帝国得以复兴，进入公元9世纪和10世纪的繁荣兴盛时期。

在某个时间，最可能是在公元9世纪50年代初，君士坦丁堡的一位帝国重臣佛希亚斯，奉命出任使节，前往巴格达拜见阿巴斯王朝哈里发。佛希亚斯为使自己胜任这项任务，决心完成一部非常重要的文学大作。以下是他谈及该书的原话：

> 佛希亚斯，写信给他所爱的兄弟塔拉西奥斯，奉主的名在此问安。在我们出使亚述（即巴格达）之行已成定局……获圣上批准之后，你要求获得以下书籍的摘要：你不在期间，我读过及讨论过的那些著作。你想以此作为我们痛苦分离之时的安慰，同时也能获取一些知识：关乎未能与我们共读的那些著作，虽然既不明确，也不完美……因此……我们雇用了一位“秘书”，记下我们还能想起的所有摘要……你在阅读原著之时，发现任何摘要有缺陷或不准确，不必感到惊讶。因为完成以下工作绝非易事：阅读每部著作，准确把握主旨，记住主旨内容，口授“秘书”记录……当然，这些摘要能帮你重新想起以前所读著作的主旨，更快找到想读的内容，更易获取相关知识，了解你尚未精读的那些著作。

这些言语介绍了佛希亚斯的著作*Bibliotheca*（《书目》）。他为大约二百八十部自己读过的著作撰写了或长或短的简明摘要，汇成此书，显而易见，这些著作构成了他的个人图书馆。换言之，佛希亚斯所拥有的，是中世纪早期最好的图书馆之一，他也是那个时代最博学的人之一。事实上，佛希亚斯最终成了伟大人物，声名远播。公元858年，拜占庭皇帝米哈伊尔三世及其舅父兼第一权臣“恺撒”巴达斯，与君士坦丁堡主教伊格纳修斯交恶，决定将其废黜，找人取而代之。最终人选落在了皇宫“秘书长”佛希亚斯身上。从12月20日开始，短短4天之内，佛希亚斯剃光头，成为神职人员，连续晋升圣职，从读经员、副助祭、助祭到神父，于公元858年圣诞节接替伊格纳修斯，登上君士坦丁堡主教之位，担任东正教会的最高领袖。毫无疑问，这是教会历史上晋升速度最快的神职生涯，能和他一较高下的只有虚构人物“教皇哈德良”（小说《哈德良七世》里的人物，该书备受忽视，作者为弗雷德里克·罗尔夫）。佛希亚斯在米哈伊尔三世手下出任主教，直到公元867年后者遇刺身亡。新君“马其顿人”巴西尔一世将其废黜，伊格纳修斯“官复原职”。不过佛希亚斯很快就讨得巴西尔一世欢心；公元877年伊格纳修斯去世，佛希亚斯毫无悬念地继任主教，直到公元886年巴西尔一世去世。可以说佛希亚斯在他出任主教期间，以及在戈登修道院退休的最后几年里，成长为东正教传统最重要、最具影响力的神学家，在东正教会和西方天主教会决裂的过程中发挥了关键作用，赢得了巨大声誉，使他今天仍被尊为东正教伟大圣人之一。

因此，此人全部藏书超过一半是基督教文学也就不足为奇了，神学著作、论及争议性话题的专著、讲道集、教会历史、书信及其他各种基督教作品占有很大比重。但就目前而言，佛希亚斯的非基督教藏书才是笔者兴趣所在。他拥有的非基督教著作超过六十部。其中一些得以保留的根本原因或许是它们可为基督教所用，其中有弗莱维厄斯·约瑟夫斯所著《犹太战争》和《犹太古事记》，以及亚历山大人斐洛·尤迪厄斯的一些著作，基督教学者历来对这些书籍颇感兴趣，用来研究基督教兴起的背景。然而佛希亚斯最重要的非基督教藏书却是一系列希腊经典著作，与公元前2世纪或前1世纪希腊化世界任何富裕饱学之士个人藏书别无二致，古典时代史学大师们（诸如希罗多德、克特西亚斯、希俄斯岛人塞奥彭普斯）的著作、阿提卡大雄辩家们（诸如安提丰、安多基德斯、吕西亚斯、伊塞优斯、伊索克拉底、德摩斯梯尼、埃斯基涅斯、希佩里德斯、戴纳库斯、莱克格斯）的演讲词和希腊化时代的著作（诸如阿伽撒尔基德斯的《红海环游记》、西西里人狄奥多罗斯及哈利卡尔那索斯人狄俄尼索斯所著史书）。佛希亚斯其他非基督教藏书堪称一部真正的文化名人录，涵盖罗马帝国鼎盛时期东部希腊化世界著名文人：普鲁塔克、琉善、伽林、埃里乌斯·阿里斯提德、伊安布利霍斯、斐罗斯屈拉特，以及史学家阿里安、阿庇安、赫罗迪安、赫拉克勒亚人门农、佐西姆斯、迪奥·卡西乌斯，甚至还有一些不那么“阳春白雪”的文学作品（诸如赫利奥多罗斯、阿喀琉斯·塔提乌斯、帕特雷人卢修斯等人的小说）。最后，这些藏书里还有不少论及作品语言和文学风格的专著，包括各种词典，用来解释阿提卡雄辩家及哲学家的晦涩难懂的词汇。在公元2世纪或3世纪，以上希腊著作没有一部是在地中海东部城市有学问者阅读范围之外；埃及偏远区域中心城市俄克喜林库斯出土的纸莎草纸文献，足以证实这一点。换言之，撇开那些基督教特有著作不谈，佛希亚斯的其余藏书基本上可以组成一套全集，足以呈现罗马帝国中期希腊化文明晚期的文学大作和阅读习惯。

这实在令人惊讶，佛希亚斯并未生活在那个时代，而是在五百年之后。他的个人图书馆足以显明，拜占庭帝国鼎盛时期的“文学”文化，尽管带有浓厚的基督教色彩，却仍然非常希腊化。这绝非理所当然之事，五百年的时间，足够一个古老文化被人遗忘，一个全新文化悄然兴起。相反，拜占庭帝国作为一个希腊人基督教国家，统治地中海地区东北部长达一千年（公元450—1453年），却不仅仅是基督教和希腊语的简单组合而已：它的“文学”文化依旧有十足的希腊化韵味。

公元959年，距佛希亚斯首次登上君士坦丁堡主教之位刚好一百年，拜占庭历史上一位更为杰出的人物去世，享年五十四岁。此人是“生于帝王之家者”君士坦丁七世，他虽然寿命不算长，却名义上统治拜占庭帝国长达五十年，在公元908年，他年仅三岁，就被其叔拜占庭皇帝亚历山大二世立为共治皇帝。公元913年，亚历山大二世去世，将皇位留给君士坦丁七世，不过在死前设立“摄政委员会”辅佐幼主，其中实权人物为君士坦丁堡主教尼古拉斯·迈斯提库斯。此人统治数年之后，君士坦丁七世的母亲太后佐伊取而代之，替其子监国摄政，掌权至公元919年。由于她无法有效应对保加利亚人的威胁，一代名将海军统帅罗曼努斯·利卡潘努斯将其废黜，取而代之。然而他并不满足于以摄政王的身份监国，公元920年，他宣布自己与君士坦丁七世同为共治皇帝，为巩固帝位，将女儿海伦娜·利卡潘妮嫁与后者。因此，一直到公元944年，君士坦丁七世都只是名义上的君主，帝国实际上是由他的岳父兼共治皇帝罗曼努斯统治，后者左膀右臂是其子克里斯多夫鲁斯和斯特凡努斯。公元944年，由于二子逼宫，罗曼努斯被迫退位。公元945年，君士坦丁七世携手王后海伦娜，成功废黜两位野心勃勃的内兄；直到这一年，他才最终掌握实权，统治整个帝国。尽管之后王后海伦娜的实际地位似乎举足轻重。

君士坦丁七世之所以卓越非凡，是因为他这些年来（确切地说，从他长大成人到他掌握实权，其间作为成年名义君主的那二十年）所做的一切。王室亲随通常会奉承君主，称赞其学识渊博、修养极高，然而很少有帝王能配得上如此称赞，不过君士坦丁七世却绝对配得上。君士坦丁七世从小就对阅读和书籍兴趣极大，他又勉励和资助作家、学者及各种类型的艺术家，而且他本人就是一位才华横溢的作家和学者。在君士坦丁七世统治期间，始于佛希亚斯的“文学复兴”空前繁荣，而他本人对此贡献巨大。他的宫廷礼仪及“统治艺术”专著，是了解拜占庭帝国统治体系不可多得的宝贵资料，他又为自己的祖父一代雄主巴西尔一世写了一本传记，而且他酷爱收藏各种书籍和手稿。在君士坦丁堡和拜占庭帝国，就推进保存古典时代和希腊化时代的文学和知识而言，没有人比君士坦丁七世功劳更大。他尤其觉得自己那个时代忽视了对历史的研究，而希腊人和罗马人的伟大历史可以给他同时代的人许多启迪。他判定问题在于古典时代和希腊化时代成书的史学著作浩如烟海、篇幅过长，于是命人摘录历代大史学家的著作精华，按一系列不同主题编排（共有五十三个主题，不过仅有六个依然存世），最终汇集成书。顺便说一下，这些著作摘录透露出不少史学著作现已失传，而公元10世纪的君士坦丁堡读者还可以读到。很遗憾，君士坦丁七世的这一成就加速了一些史学著作的流失，著作精华摘录合集的出现，导致原著被人忽视。然而君士坦丁七世及其同时代人的文学和学术活动，再次透露出拜占庭帝国“文学”文化的希腊化程度依然很高，而君士坦丁堡及其他主要城市图书馆所藏古希腊文献有太多已不复存在。而大多数存世古典时代及希腊化时代文献之所以至今没有消失，是因为当年拜占庭人对它们很感兴趣，致力于保存它们。

3. 流亡意大利的拜占庭学者

公元1471年夏，意大利北部城市佛罗伦萨瘟疫肆虐。在佛罗伦萨大学（许多意大利人文主义大师曾在此受教），一名男子正在自己的书房里收拾书籍和财物，准备前往罗马避难。他已有五十几岁，收拾行囊被迫逃难也非首次。此人名为扬尼斯·阿伊罗普洛斯，于公元1415年生于君士坦丁堡；曾经强大的拜占庭帝国此时已经日薄西山。他在该城度过青少年时期，其间学习神学和哲学，最终成为一名教师，著名学者康斯坦丁诺斯·拉斯凯瑞斯就是他的学生。公元1439年，他作为使团成员随团前往意大利，参加佛罗伦萨大公会议，以此作为举措之一，尝试弥合天主教和东正教之间的巨大分歧。公元1444年，他甚至在帕多瓦大学取得了神学博士学位。阿伊罗普洛斯似乎注定要在学术研究及公共服务领域事业有成。然而在公元1453年，一切都改变了，奥斯曼帝国苏丹“征服者”穆罕默德攻占君士坦丁堡，拜占庭帝国不复存在。君士坦丁堡落入敌手，阿伊罗普洛斯逃离该城，先在摩里亚半岛（希腊南部伯罗奔尼撒半岛）避难，随后于公元1456年前往意大利。在意大利，他的事业又有了起色，在帕多瓦任教一段时间之后，他成了佛罗伦萨大学希腊文系系主任，从此声名鹊起。阿伊罗普洛斯是西欧希腊文学复兴的“领头羊”，但他不仅仅教授希腊文，而且推动了学界以原文著作研究希腊哲学，而非以拉丁文译本（常常译自阿拉伯文译本）作为依据。他是著名的亚里士多德学派哲学家，是当时逃往西欧（尤其是意大利）众多拜占庭学者当中的一员；他们带来的希腊语文献，在西方拉丁文世界早已绝迹多年。在佛罗伦萨大学，阿伊罗普洛斯的讲座听众，包括像洛伦佐·德·美第奇

（后来人称“伟大的洛伦佐”）、波利齐亚诺这样的未来杰出人物；事实上，甚至有人认为一代宗师列奥纳多·达·芬奇也曾聆听过阿伊罗普洛斯的教诲。

安全抵达罗马之后，阿伊罗普洛斯继续他的教师生涯，又教了好几年希腊语言及哲学。他后来回到佛罗伦萨，最终死于公元1487年，据说死因是过量食用西瓜。笔者可以肯定，爱吃西瓜者必会同意，还有很多更糟的死法。当然，阿伊罗普洛斯离开之后，佛罗伦萨大学希腊文系系主任职位并未空置太久。几年之内，另一位拜占庭希腊人德美特里·卡尔孔狄利斯获得了这个职位，他于公元1423年生于雅典，父母是雅典本地贵族，很快就举家迁往伯罗奔尼撒半岛，又在亡国之前再次搬家，于公元1447年移居意大利，此时拜占庭帝国首都君士坦丁堡的陷落已经不可避免。公元1449年，罗马红衣主教贝萨里翁成为卡尔孔狄利斯的导师，对后者多加提携，贝萨里翁本人也是拜占庭帝国难民，于14世纪90年代生于黑海南岸的特拉布宗（特拉比松）。卡尔孔狄利斯得以在拜占庭人文主义大师西奥多·加沙门下受教，又与马尔西利奥·费奇诺建立了友谊，最终在佩鲁贾大学谋到一份教职，据说有一位学生将他与柏拉图相提并论。卡尔孔狄利斯从佩鲁贾起步，追随了阿伊罗普洛斯的脚踪。公元1463年，卡尔孔狄利斯搬到帕多瓦，之后又迁往佛罗伦萨，于公元1479年成为佛罗伦萨大学希腊文系系主任，享受到了“伟大的洛伦佐”的资助。除了教导像未来教皇利奥十世（洛伦佐次子）、卡斯蒂廖内、吉拉尔迪这样的人之外，卡尔孔狄利斯还在佛罗伦萨期间率先倡导一项事业，改变了西方教育的未来，而且确保希腊文学在其中扮演关键角色。

印刷机是公元15世纪的一大发明，就其本身而言，对西方文明的影响不亚于现代发明个人电脑和因特网。在印刷术出现之前，复制书籍必须手工抄写，费时费力，以后不断重抄，代代相传。文献失传的一大原因就是没有人有足够的兴趣再次抄录，或雇人抄录。如果没有新抄本出现，年代久远的古籍日趋破旧，最终支离破碎，就此消失。幸运的是，希腊古典时代和希腊化时代更重要的著作，有许多直到公元15世纪还是有人传抄，然而只要复制书籍仍然依赖手工抄录，它们就有失传的危险，除此之外，手抄书必定会既少又贵。印刷机的出现改变了这一切。大量拜占庭难民学者携带希腊文献涌入西欧，使得公元15世纪和16世纪的人文主义学者对希腊文明产生了浓厚兴趣，后者意识到可用印刷术保存和传播他们所推崇的希腊文献，而且效率极大提高。卡尔孔狄利斯就是其中一位人文主义学者，帮助筹备以下书籍的初版印刷：荷马的史诗（1488）、伊索克拉底的著作（1493）、拜占庭百科全书《苏达辞典》（1499），为之后的“印书潮”奠定了基调。这些书籍堪称最早印刷发行的古希腊文献，确保希腊文学作品从此保存无忧，进而确立起西方“文学”文化关键组成部分之地位。公元1492年，卡尔孔狄利斯受卢多维科·斯福尔扎之邀前往米兰，在该城继续自己的教学及编辑生涯，直到公元1511年去世。

阿伊罗普洛斯和卡尔孔狄利斯只是“拜占庭学者移民潮”中的两位而已。公元14世纪和15世纪，许多拜占庭希腊学者访问意大利，甚至移居西欧，公元15世纪拜占庭帝国覆灭之后尤其如此。由于名单太长，无法在此一一列举，其中包含一些著名人物，诸如马克西姆斯·普拉努得斯（将《希腊诗选》带到西欧，古希腊短诗为人知晓）、特拉布宗人乔治（以研究希腊修辞学原则闻名）、乔治·荷蒙尼莫斯（任教于巴黎，学生当中有伊拉斯谟、约翰·罗伊希林这样的著名鸿儒）。上文所提红衣主教贝萨里翁，是最伟大的拜占庭难民学者之一，他不仅是颇具影响力的希腊哲学评论家、柏拉图哲学捍卫者，而且保护和资助了众多逃难意大利的希腊学者。他又收集和保存了大量手抄本文献，其个人藏书为威尼斯圣马可大图书馆奠定了根基，此外，他尽管身为希腊人，却一度成为教皇候选人。用来指代公元15世纪和16世纪欧洲的“文艺复兴”一词，在近代已被滥用，而且该词的准确性也受到质疑，然而不可否认的是，公元15世纪，大量希腊学者、作家、教师涌入西欧，带去大量希腊文学抄本，对西欧的文化产生了深远影响。

4. 结论

显而易见，希腊化文明并没有在古代晚期就此消亡。其文学、哲学、科学等“高雅”文化及思想在后续伊斯兰文明和基督教文明中继续存在，直到今日还在影响它们。本书追溯了一段漫长的历史，始于公元前4世纪那位充满自信的马其顿年轻国王腓力二世。在公元前360年，他似乎要大难临头，却决心避免国破家亡的命运，将马其顿打造成全新的强大王国，称霸他所知道的世界。腓力二世收拾先王战败身死留下的烂摊子，倾尽全力富国强兵，他当然不会想到自己治国安邦之举措，影响竟然会如此深远，在两千年后仍然余波未消。如果腓力二世未能振兴马其顿，如果他没有统一希腊，如果他不曾雄心勃勃（准备入侵和征服波斯帝国，将希腊人迁往各地，进而使希腊语和希腊文化传遍地中海东部地区），那希腊文学及思想能否在西方文化乃至伊斯兰文化中取得如此地位就很值得商榷了。两千多年来，人们总是习惯性地把功劳归给极富传奇色彩的年轻征服者亚历山大大帝（如果还有人承认这种现象存在）。笔者认为以上几章的剖析足以显明：亚历山大是世界历史上最被高估的名人之一。真正的伟大人物是亚历山大的父亲腓力二世，二者手下的三大名将（安提柯、托勒密、塞琉古）也功不可没。亚历山大征服四方，却只曾在这些地方率军行进，征战厮杀，几大将领才是征服之地的实际统治者，又将这些土地打造成各自的希腊化帝国，使境内遍布希腊城市，希腊文化成为主流。如果没有他们的努力，西亚、欧洲及北非的国家和民族将会有迥然不同的历史和文明。

鸣 谢

如今若有人想写成关乎古马其顿的作品，那么就不可避免地要站在“巨人”的肩膀上。有两位大史学家深刻影响了笔者对古马其顿的认识，他们写下了许多独创性文章及突破传统的书籍，使读者懂得应当如何看待和评价古马其顿人，在此对他们表示感谢。这两位学者是尤金·博扎和米太亚德·哈特佐波罗斯。笔者有幸与他们两位均有过多次私下交谈，其著作（尽管分歧不少）对笔者的观点影响颇深；此外还要一如既往地感谢埃里希·格伦，笔者在加州大学伯克利分校受其教诲，开始对希腊化历史产生兴趣，并有了初步认识。

在此非常感谢眺望出版社负责本书的两位编辑亚当·奥布莱恩和特蕾西·卡恩斯，他们的耐心及努力使得本书得以提前出版面世；还要深深感谢彼得·梅尔，他对这一出版计划深信不疑。最后，笔者感谢贤妻克莱尔及两位爱女玛德琳和科莱特，本书历时多年方才完成，笔者时常分心此书、忽略家人，她们却能容忍迁就。

尾 注

参考资料及延伸阅读（英文）

第一章

以下书籍文章全面概述了关乎早期马其顿（公元前400年之前）的考古学证据：20世纪60年代之前考古发现，参阅哈蒙德著《马其顿历史》第1卷（1972）；随后20世纪80年代之前考古发现，参阅博扎著《在奥林匹斯山的阴影下》（1990）；更新的考古发现，参阅吉亚纳基斯编《古代马其顿的语言、历史和文化》（2012）亚瑟·穆勒所写章节《马其顿考古学》。巴迪安反对马其顿语为希腊语方言之论点，参阅巴尔-沙拉尔和博扎合编《古典时代晚期及希腊化时代早期的马其顿和希腊》（1982，33—51页）巴迪安所写《希腊人和马其顿人》；不过现可参阅吉亚纳基斯编《古代马其顿的语言、历史和文化》（2012）埃米利奥·克雷斯波和朱利安·多苏纳所作研究，二人清晰论证马其顿语是一种希腊语方言。塔塔提对专有名词的研究（1988、1994／1998），以及哈特佐波罗斯对铭文的研究（见下文参考书目），对于证明这一观点非常重要。

就马其顿早期历史而言，依据几乎全部来自本书从希罗多德和修昔底德著作所引片段。现代作品除上文所提哈蒙德和博扎所写图书，还可参阅以下书籍文章：埃林顿著《马其顿历史》（1986）、哈特佐波罗斯著《列王治下马其顿公共机构》（两卷本，1996，尤其第1卷），吉亚纳基斯编《古代马其顿的语言、历史和文化》（2012）、迈克尔·察恩特所写《希腊化时代之前的马其顿历史》，为最新相关作品。

F.格拉涅尔（1931）对马其顿“宪法”这一概念论述最为清楚；不过请参阅埃林顿所作“毁灭性”评论（1978，1983），完全颠覆前者观点。尽管哈特佐波罗斯（1996）仍然试图支持一种较为保守的“马其顿宪法论”；不过由于本书正文所列原因，大多数马其顿史专家已不再接受这一观点。饮宴在马其顿贵族文化中的重要性，参阅博扎（1983）；南方希腊人如何看待马其顿饮宴，参阅卡尼和奥格登合编文集（2010）波纳尔所作第6章。另请参阅罗伊斯曼和沃辛顿合编文集（2010）泽田所作第19章《社会习俗和制度：马其顿精英阶层面面观》。古希腊（含马其顿）文化中的狩猎活动，参阅安德森著《古代世界的狩猎活动》（1985）。

古典时代马其顿自然资源开采，参阅博扎（1982）；马其顿木材资源的重要性，参阅博扎（1987）。

第二章

阿明塔斯三世及其子亚历山大二世和帕迪卡斯三世的统治，参阅博扎（1990）第8章的翔实记载。历史依据主要来自西西里人狄奥多罗斯著作（前14—15卷）和色诺芬所著《希腊志》，本书多有引用。

马其顿君主所奉行一夫多妻制，参阅格林沃尔特（1989）及卡尼（1992）。

阿明塔斯三世和奥林索斯联盟所订和约，参阅罗兹和奥斯本合编《希腊历史铭文选，公元前404—前323年》（2003）12号铭文。斯巴达与奥林索斯联盟的战争，可参阅卡特里奇《斯巴达人》（2002）第7章。

早期马其顿"上流社会"的教育模式，可参阅比洛斯（1990）第1章：尤其论到王子syntrophoi（伴读）模式，以及腓力与同龄人安提柯的关系。

希腊古典时代重装步兵作战，参阅汉森（1989）和卡根和维吉奥合编《青铜战士》（2013）。斯巴达留克特拉之败及其后果，参阅卡特里奇（2002）第8章；底比斯在希腊的霸权，参阅巴克勒（1980）。

第三章

本书论及腓力二世统治时期的主要依据为以下资料：西西里人狄奥多罗斯著作第16卷（唯一完整史料）、雅典雄辩家埃斯基涅斯和德摩斯梯尼的演讲辞（尤其是后者的《奥林索斯辞》、《反腓力辞》，以及《论王权》、《论假大使》和《论和平》）。

研究腓力二世的长篇现代著作有很多：埃利斯（1976）和格里菲斯（1979）堪称基础性著作，整理出了腓力二世戎马生涯的大事年表及发展历程；与之后所有研究腓力二世的作品一样，本书也从二者著作获益良多。对腓力二世的较新研究为沃辛顿（2008，2014）和加布里埃尔（2010）。另请参阅丹尼恩所编文集（1990）格雷厄姆所作评价《马其顿国王腓力二世的历史重要性》，以及综合性著作：哈特佐波罗斯和卢科波洛斯合编文集（1980）、卡尼和奥格登合编文集（2010）。

马其顿与伊利里亚人的关系，参阅罗伊斯曼和沃辛顿合编文集（2010）第14章格林沃尔特所作《马其顿、伊利里亚和伊庇鲁斯》。色雷斯概况，参阅瓦莱瓦、南科夫、格拉宁格合编《古代色雷斯手册》（2015）：尤其第4和第5章论及公元前4世纪的色雷斯。塞萨利概况，参阅罗伊斯曼和沃辛顿合编文集（2010）第15章格拉宁格所作《马其顿和塞萨利》。德尔斐神谕在希腊的重要性和作用，方滕罗斯所著《德尔斐神谕》（1978）为关键之作，另请参阅巴克勒著《腓力二世和第三次神圣战争》（1989）。考克韦耳的大作（1978）着重论述腓力二世与南部希腊世界的关系：尤其第139—148页对喀罗尼亚战役的再现至关重要。

第四章

腓力二世的军事行动和军队概况，除去上文尾注第三章所提权威著作之外，另请参阅哈特佐波罗斯和卢科波洛斯合编文集（1980，58—77页）格里菲斯所作《腓力“将军”和马其顿军队》，以及罗伊斯曼和沃辛顿合编文集（2010）第22章塞昆达所作《马其顿军队》。

卡尼和奥格登合编文集（2010）第9章博斯沃思所作《阿吉德王朝和马其顿方阵》，仍然在力挺以下观点：本书第四章所引用阿那克西米尼作品片段，提及亚历山大为马其顿方阵的创建者，必是指亚历山大二世。然而其论证却无法驳倒格里菲斯的不同观点（1979，

706—709页）；另请参阅博扎（1990，125—126页，204—206页）。格里菲斯在《马其顿历史》第2卷（1979，405—49页）讨论腓力二世的军事改革；博扎引用其观点，称之为这一问题最佳现代论述（如此评价毫无不妥）。

就sarissa（马其顿超长矛）和相关马其顿军队装备及战术而言，马克尔所作两项研究仍然堪称基础性大作：《马其顿超长矛、长矛及相关盔甲》（1977）、《腓力和亚历山大对超长矛的使用》（1979）；另请参阅哈蒙德（1980）。马其顿盾牌，参阅马克尔（1999）和利安皮（1988）。马其顿骑兵，除上文所提塞昆达著作之外，另请参阅哈蒙德（1978）和米尔恩斯（1981）。腓力精锐部队伙伴步兵（pezetairoi）更名持盾步兵（hypaspistai）、最终获名银盾步兵（argyraspides）的详细过程，参阅安森（1981）及米尔恩斯（1971）。美国军史专家战地经历揭示大多数士兵战场表现消极，参阅S.L.A.马歇尔经典之作《面对敌火》（1947）及基冈著《战争的面目》（1976，71—73页）。就古代攻城战及重型远程武器的发展而言，马斯登的研究（1969）依然重要；另请参阅坎贝尔（2003）及阿什利（2004）第2章“攻城战”。

就腓力二世的军官团而言，赫克尔所著《亚历山大帝国将星录》（1992）是一本优秀概论：亚历山大麾下将帅都曾在腓力手下为将，接受训练。

第五章

许多亚历山大“大帝”同时代作者，都曾撰文记述他的生平和作为，这些作品现已全部失传。皮尔森所著《失落的历史：亚历山大大帝》（1960）对于回顾这些作者及其作品片段（通常存世不多）必不可少。就亚历山大生平经历而言，有四大存世古文献，或多或少提供了完整记载，按成书时间排序如下：西西里人狄奥多罗斯著作第17卷（约公元前30年）、昆图斯·库尔提乌斯《马其顿亚历山大大帝史》（约公元55年）、普鲁塔克《亚历山大生平》（约公元100年）、阿里安《亚历山大远征记》（约公元160年）。通常认为：最后一位史学家，虽然写作时间最晚，作品却最优秀、最可靠。读其著作时，应对照博斯沃思所著优秀历史评论第1卷（1980）及第2卷（1995）。詹姆斯·罗姆著《里程碑般的阿里安》也颇值得一读。伪卡利斯提尼斯著《亚历山大大帝传奇》，参阅斯通曼《"希腊人"亚历山大传奇》（1991）。

威廉·塔恩所著两卷本《亚历山大大帝》（1948）有很多年都是最具影响力的英文研究专著；然而该书观点对亚历山大过度吹捧，恩斯特·巴迪安在20世纪七八十年代写出一系列重要研究文章驳斥这种立场；这些文章现已汇集成一卷本，便于阅读：《亚历山大大帝研究文集》（2012）；就本书对亚历山大所持观点而言，这部著作不可或缺。研究亚历山大的现代作品数量太多，无法在此一一列举；最重要的著作包括（在笔者看来）：莱恩·福克斯《亚历山大大帝》（1973）、博斯沃思《征服与帝国》（1988）、赫克尔《亚历山大大帝征伐史》（2008）。

腓力二世之死，参阅巴迪安《亚历山大大帝研究文集》第7和第27章。腓力和亚历山大有时关系非常紧张，可参阅卡尼和奥格登合编文集（2010）维克托·特龙科索所作第2章、萨宾·米勒所作第3章；皮克索达鲁斯退婚事件，参阅该书斯蒂芬·鲁茨卡所作第1章。

格拉尼卡斯战役战场地形，笔者借鉴了尼科利西斯所作研究（1974）。独眼安提柯在小亚细亚击败波斯军队反攻，参阅比洛斯（1990，43—45页）。安提帕特对垒阿吉斯三世麾下斯巴达军队，参阅巴迪安《亚历山大大帝研究文集》第11和第20章；菲洛塔斯和帕米尼奥之死，以及其他所谓“反亚历山大阴谋”，参阅该书第3和第24章；哈帕拉斯携款潜逃事件，参阅该书第5章。印度海达斯佩斯河畔，亚历山大与波罗斯之战，参阅丹尼恩所编文集（1990）波塞尔所作《在印度的亚历山大：最后一场大战》。亚历山大和所谓的“人类大团结”观点，参阅巴迪安《亚历山大大帝研究文集》第1章对这一观点所作“毁灭性”评论；亚历山大在位末期的“恐怖统治”，参阅该书第6章。

第六章

西西里人狄奥多罗斯著作第18—20卷，是研究亚历山大继业者时代的最重要文献史料，他似乎大量借鉴继业者同时代史学家卡迪亚人希罗尼穆斯著作（较为优秀），参阅霍恩布洛尔（1981）。其他宝贵古代文献有普鲁塔克为卡迪亚人欧迈尼斯和“围城者”德米特里厄斯所作传记；亚历山大死后最初几年的继业者历史，参阅阿里安所著*Ta meta Alexandron*（《亚历山大身后大事记》）（大部分已遗失，不过依然有用）。

就继业者时代而言，现有一些优秀研究专著：沃特菲尔德（2011）、罗姆（2011）、罗伊斯曼（2012）。除此之外还有许多著作以单一继业者为研究对象：独眼安提柯，参阅比洛斯（1990）和钱皮恩（2014）；卡迪亚人欧迈尼斯，参阅安森（2004）；托勒密一世，参阅埃利斯（1993）；利西马科斯，参阅伦德（1992）；塞琉古·尼卡特（胜利者），参阅格兰杰（1990）；卡山德，参阅亚当斯（1975）；“围城者”德米特里厄斯，参阅马丁（2013）；安提柯·贡那塔斯，参阅加伯特（1997）。

希腊化时代殖民和城市建造至关重要，最新最完整的研究专著是盖泽尔·科恩的三卷大作：《欧洲、海岛及小亚细亚的希腊化定居点》（1995）、《叙利亚、红海盆地及北非的希腊化定居点》（2006）、《东方希腊化定居点：从亚美尼亚和美索不达米亚到巴克特里亚和印度》（2013）。此外，独眼安提柯的殖民活动，参阅比洛斯（1990，292—304页）；塞琉古·尼卡特（胜利者）的城市建造活动，参阅格兰杰（1990）。

第七章

现存希腊化时代文献史料支离破碎，只有波力比阿斯所著历史保存较为完整；希腊化时代社会及文明的“全景画卷”，全靠铭文、纸莎草纸文献和其他残存文献充实内容：奥斯丁所著古文献英译选集《希腊化世界：从亚历山大到罗马征服》（1981）是一份翔实的研究资料。此外还有几本优秀希腊化历史概论，诸如沃尔班克（1993）、格林（1990）、埃林顿（2008）等。

就埃及托勒密三世统治时期而言，克莱曼（2014）是一份翔实的研究资料；腓力五世，参阅沃尔班克（1940）；安条克三世，参阅马（1999）、泰勒（2013）及格兰杰（2015）。希腊化时代王权较全面的论述，参阅比尔德编《希腊化王朝王权面面观》（1996）。

希腊化王朝军队综述，参阅厄斯金所编文集（2003）贝克所作《战争》，更须参阅查尼奥蒂斯（2005）。托勒密王朝军队，参阅费舍尔·波维特（2014）；塞琉古王朝军队，参阅巴尔·科奇瓦（1976）和泰勒（2013）；安提柯王朝军队，参阅哈特佐波罗斯（1996）和塞昆达（2013）。

希腊化城市，参阅厄斯金所编文集（2003）第12章比洛斯所作《城市》。

亚历山大城大图书馆，参阅坎福拉（1989）。就希腊化时代学术研究而言，迪基（2007）收集了一切已知资料。卡利马科斯，参阅阿科斯塔–休斯和史蒂芬斯（2012）。

论到罗马人对希腊化世界的征服历程，哈里斯（1979）和格伦（1986）长期以来都是最具影响力的著作；不过现在还可参阅哈里斯（2016）。

了解罗马统治下的希腊化世界（尤其城市），迪米特里耶夫（2005）是本优秀入门读物，此外还可参阅阿尔科克所编文集（1997）。

罗马帝国的“文学”文化，参阅约翰逊（2010）；就俄克喜林库斯关键考古发现而言，鲍曼所编《俄克喜林库斯：一座城市及其文献》（2007）是一本有用概览。罗马帝国东部教育概况，参阅克里比奥雷（1996，2005）。

第八章

阿姆鲁·伊本·阿斯与约翰·菲洛波努斯的所谓对话，参阅坎福拉（1989）第16章；依据来自伊本·阿尔–季福提所著*Ta'rikh al-Hukama*（《圣贤录》）。约翰·菲洛波努斯，可参阅索拉布吉

（1993）；在他死后，伊斯兰思想体系称其为Yahya al-Nahwi（文法学家约翰），参阅R.威斯诺夫斯基所编《伊斯兰大百科全书》（2012）这一词条。

穆斯林哲学“奠基人”肯迪，参阅阿布德（2006）；阿尔·花剌子模，参阅布瑞兹纳（2006）；阿尔法拉比，参阅马吉德·法赫里（2002）。麦金尼斯（2010）是一本了解伊本·西那（阿维森纳）的优秀入门读物；伊本·鲁世德（阿威罗伊），参阅马吉德·法赫里（2001）；伊本·赫勒敦，参阅弗罗姆黑尔兹（2010），还可参阅达乌德所编文集（1981），内含赫勒敦所著*Muqaddimah*（《历史绪论》）易读版。

就佛希亚斯及其著作而言，德斯皮娜·怀特（1981）是一本优秀入门读物；君士坦丁七世“生于帝王之家者”，参阅汤恩比（1973，仍然值得一读），还可参阅特雷德格尔德（2013）第5章君士坦丁七世史学著作。

红衣主教贝萨里翁和其他公元15世纪流亡意大利的拜占庭学者，参阅蒙法萨尼（1995）；阿伊罗普洛斯，参阅马图拉（2006）；其他拜占庭流亡学者，参阅乔纳森·哈里斯《西方希腊流亡者，1400—1520》（1995）。

希腊词汇表

agema：马其顿国王特别卫队，作战时守护国王左右，步骑皆有。步兵agema为伙伴步兵（pezetairoi）/持盾步兵（hypaspistai）第1营；骑兵agema为重骑兵“皇家中队”。

agoge：训练，尤指斯巴达军事训练体系，斯巴达男童从七岁开始受训，一直到十八岁成为斯巴达公民武士。

agora：最初指公众集会，不过从公元前5世纪开始，指希腊城市中心广场，市民出于各种目的在此会面，如政治、宗教、经济、社交等。

andreia：字面意思为“男子气概”（源于aner / andros，希腊语指“男人”，与“女人”一词相对应），该词一般指美德，尤指勇气；在希腊（尤其是马其顿）社会，男子应当表现出这种优点。

Archon：字面意思为“统治者”，该词在许多希腊城邦用作重要官员的头衔；尤以雅典最为出名：Archon（执政官）以自己的名字命名任职的那一年。公元前4世纪50年代中期，腓力二世以这一头衔接管塞萨利的统治权。

argyraspides：“银盾步兵”，马其顿重装步兵精锐部队，因其包银盾牌得名；最初用名伙伴步兵（pezetairoi）为腓力二世所赐；亚历山大大帝时期改新名持盾步兵（hypaspistai），在其统治后期再次更名为argyraspides。

asthetairoi：尽管该词用来指代部分马其顿重装步兵，不过词意依然模糊不清，参阅安森（2010）。

barbaroi：这一希腊名词基本上是指“外国人”（说非希腊语的外族人）；该词是拟声词：希腊文“bar bar”相当于英文“blah blah”，用来指代无法理解的言语。

basileus：该词意为“主”或“王”，后者最为常见，经常用来特指波斯帝国君主。

chiliarchos：“千夫长”，在波斯帝国及之后亚历山大统治时期，该词用来指代实际充当帝国“副统帅”的资深高级将领；后来独眼安提柯将统治区内各省分成若干“千夫长辖地”，其长官chiliarchos负责指挥地方守备部队及征收赋税。

dekas：字面意思为“10人小组”，从腓力时期开始，该词用来指代马其顿长矛兵方阵最小建制单位“纵列组”，即纵向排列的一组士兵。事实上，每个dekas（纵列组）似乎只有8名士兵。

doru：一种长矛，一般长约8英尺，是南方希腊重装步兵主要进攻性武器。

ethnos：字面意思为“民族”，该词可用来指代任何独特族群：因某种共同特征（包括来自同一地区）联结在一起。

gymnasion：字面意思为“裸身之地”（源于gymnos一词，意为“裸体的”），指代古希腊城市公共建筑“竞技训练场”：市民在此锻炼、沐浴，因希腊人裸体锻炼得名。

hetairai：字面意思为“女性伙伴”，实际指代一种高级妓女（受过良好教育、多才多艺），有时拿来和日本艺伎类比。

hetairoi：字面意思为“伙伴”，在马其顿，该词用来指代马其顿国王的贵族支持者；不过在亚历山大大帝在位期间，该词用来指代马其顿“重”（“全副武装的”）骑兵。

hoplites：字面意思为“装备武器之人”（源于hopla一词，意为“武器和/或盔甲”），该词通常用来指代南方希腊重装步兵：自备武器装备，战斗时组成独特方阵。

hypaspistai：“持盾步兵”，亚历山大大帝麾下马其顿重装步兵精锐部队，最初用名伙伴步兵（pezetairoi）为腓力二世所赐；亚历山大大帝统治后期更名为银盾步兵（argyraspides）。

ile（复数为ilai）：马其顿军队的骑兵中队，兵力通常约为200人；尤以ile basilike（“皇家中队”）最为引人注目，其兵力为300人，在国王选择骑马作战时出任贴身卫队。

kausia：一种马其顿特有圆帽，有点像现代贝雷帽。

koinon：字面意思为“共同之处”，该词用来指代自治（或半自治）希腊城市（或族群）组成的联盟：出于各种目的（宗教、政治、军事）联合在一起；该词英语译文通常为“league”。

lochos：马其顿方阵长矛兵营（taxis）次级建制单位“连”，由几百士兵组成，指挥官名为lochagos。

ouragos：马其顿方阵“纵列组”最后一人，身份类似于士官，负责站住位置，督促身前士兵保持队形，确保他们不会转身逃跑。

paides：字面意思为“青少年”，该词指代腓力和亚历山大统治时期（也许更早）的马其顿贵族青少年——约十七八岁，组成国王亲随的一部分，服侍国王，并在国王指导之下不断学习，最终成为真正的马其顿贵族兼将领。

paidion（复数为paidia）：指代年幼男孩，通常不超过七岁。

pantodapoi：“来自各地之人”，指代亚历山大继业者以及后世希腊化王朝军队中的“嫡系”外族士兵（来自不同民族）：训练装备成马其顿式方阵长矛兵或重骑兵。这些军事性的“马其顿人”退役之后，通常被视作马其顿人，享受马其顿人全部待遇。

peltast：“轻盾兵”，一种希腊步兵（通常是雇佣兵），装备介于南方希腊重装步兵和常规轻步兵（弓箭手、标枪兵）之间；兵种名字源于一种独特轻盾牌pelta。

penestai：希腊北部塞萨利地区受压迫贫困阶层，处于半奴隶状态，受贵族地主阶层支配；马其顿大多数农村人口很有可能处于类似半奴隶状态，依附于贵族阶层。

pezetairoi：“伙伴步兵”，马其顿重装步兵精锐部队，由腓力二世创建，为后者战场贴身卫队。亚历山大后改新名持盾步兵（hypaspistai），最后又更名为银盾步兵（argyraspides）；pezetairoi一词则用来指代马其顿方阵各营长矛兵。

phalanx：“方阵”，由重装步兵排成的密集队形，横排和纵列士兵纪律严明、按令行事。

phone：字面意思为“说话”，指代语言或方言。

prodromoi：“一路领先之人”，高机动性的轻骑兵，可充当侦察兵，参加小规模战斗。

proskynesis：觐见波斯国王所行跪拜之礼，前额触地以示服从和敬意。

sarissa：超长矛，长约16—18英尺，腓力二世所创建马其顿重装步兵方阵主要进攻性武器。

satrap：源于波斯语“总督”一词，通常用来指代波斯帝国及亚历山大帝国各大总督辖地最高长官，偶尔仍用来指代亚历山大驾崩之后的地方总督。

Spartiatai：斯巴达城邦正式公民，在严酷的斯巴达军事训练体系中受训过关，已经开始精锐重装步兵生涯，心无旁骛。

strategos：军队统帅或将军，该词在许多希腊城邦（如雅典）用作行政长官头衔，主要职责不一定是带兵打仗；之后在各希腊化王朝通常用作地方总督头衔。

symposion：通常英语化为“symposium”，指代希腊（尤其是马其顿）贵族阶层的标志性社交活动：餐后酒会。

synedrion：马其顿国王“王国议会”，由主要国王伙伴（hetairoi）组成，大多来自马其顿贵族阶层。

syntrophoi：马其顿王子同龄男童伙伴，与王子一起长大、接受教育，成为后者最亲密的朋友和伙伴；这些男童通常选自马其顿显赫贵族家庭。

talent：“他连得”，古代重量单位，确切重量在众希腊城邦各不相同，一般用来指代一定重量的金银，相当于一笔巨款：1他连得包含6000德拉克马银币（drachma），而1德拉克马银币是熟练工匠1天的酬劳；1他连得金银足够六口或八口之家享受二十年舒适生活。

taxis：“营”，马其顿方阵长矛兵建制单位，兵力约有1500人。各taxis官兵均为同乡，从马其顿同一地区招募，由各自taxiarchos（营长）指挥。

telesias：武士舞，通常用来向神明致敬，舞者手持武器，模仿斯杀动作，再现肉搏战场景。

theatron：露天剧场，用来观看戏剧和音乐表演的公共空间，建筑大致呈马蹄形。

大事年表

希腊及西亚重大事件

公元前560—前530年：居鲁士大帝建立波斯帝国

公元前520—前512年：大流士一世将色雷斯和马其顿纳入波斯帝国版图

公元前499—前494年：爱奥尼亚人反抗波斯霸权失败；阿吉德王朝亚历山大一世成为马其顿国王，向波斯称臣

公元前490—前479年：波斯帝国入侵希腊，败于雅典和斯巴达

公元前478—前460年：波斯军队撤退后产生“权力真空”；亚历山大一世趁机扩展疆域（西到“上马其顿”，东到斯特律蒙河谷），建立了历史上的马其顿王国

约公元前454年：亚历山大一世去世，众王子争夺马其顿王位

约公元前450—前400年：希罗多德和修昔底德在希腊开创分析性史学写作，讲述马其顿王国的起源

约公元前430—前413年：帕迪卡斯二世统治马其顿，尽其所能抵挡雅典霸权

公元前413—前399年：阿奇劳斯一世在位，其间振兴马其顿，修建新都佩拉

公元前399—前393年：马其顿政局动荡，多人争夺王位，江山几易其主

公元前393—前370年：阿明塔斯三世在位，统治岌岌可危、时常中断

约公元前383年：腓力二世及独眼安提柯出生

公元前371年：斯巴达在留克特拉战役败于底比斯，斯巴达霸权开始衰落

公元前370—前368年：马其顿国王亚历山大二世在位

约公元前369—前359年：底比斯成为希腊霸主

公元前368年：亚历山大二世遇刺身亡，“阿洛罗斯”的托勒密替帕迪卡斯三世监国摄政

约公元前366年：“阿洛罗斯”的托勒密遇刺身亡，帕迪卡斯三世开始亲政

公元前360年：帕迪卡斯三世对垒巴尔德里斯麾下伊利里亚大军，兵败身死；腓力二世登上马其顿王位

公元前359年：腓力二世初试牛刀、两战皆捷，缔造了全新马其顿长矛兵方阵

公元前358年：腓力二世击败巴尔德里斯麾下伊利里亚大军，开始扩张马其顿的版图

公元前356—前347年：第三次神圣战争严重削弱了底比斯和塞

萨利的实力；最终腓力二世出兵介入，结束这场战争

公元前338年：腓力二世在喀罗尼亚大战击败雅典—底比斯联军，成为整个希腊的Hegemon（领袖）

公元前336年：腓力二世遇刺身亡；亚历山大三世登上马其顿王位

公元前334年：亚历山大三世率马其顿军队攻入亚洲，开始征服波斯帝国

公元前331年：亚历山大三世在高加米拉大战击败大流士三世，终结波斯帝国，随即统治整个西亚

公元前328—前326年：亚历山大三世远征印度河流域，击败印度君主波罗斯

公元前323年：亚历山大三世驾崩于巴比伦城，由帕迪卡斯监国摄政

公元前320年：特里帕拉迪苏斯协议达成；腓力三世和亚历山大四世为“共治国王”，安提帕特出任监国摄政王，独眼安提柯出任“亚洲将军”

公元前310年：亚历山大四世死去，马其顿阿吉德王朝终结

公元前306年：独眼安提柯称王，任命其子德米特里厄斯为“共治国王”

公元前305—前304年：托勒密一世在埃及称王，开始在亚历山大城创建Mouseion（博学园）及大图书馆；卡山德在马其顿称王；塞琉古一世在美索不达米亚称王；利西马科斯在色雷斯称王

公元前301年：独眼安提柯在伊普苏斯大战对垒塞琉古一世和利西马科斯，结果兵败身死；德米特里厄斯逃离战场，沦为“海上之王”

公元前283年：托勒密一世去世，其子托勒密二世即位，在埃及建立托勒密王朝

公元前281年：塞琉古一世在西鲁皮德大战对垒利西马科斯，后者兵败身死

公元前280年：塞琉古一世遇刺身亡；安条克一世即位，在西亚建立塞琉古王朝

公元前279年：迦拉太部落入侵马其顿，肆意蹂躏

公元前277年：安提柯·贡那塔斯击败迦拉太人，成为马其顿国王，在位至公元前239年，在马其顿建立安提柯王朝

公元前247年：托勒密二世及安条克二世去世；托勒密三世和塞琉古二世分别即位

公元前239年：安提柯二世贡那塔斯去世；德米特里厄斯二世即位

公元前222年：安条克三世即位，开始在整个西亚恢复塞琉古王朝的昔日荣光

公元前221年：腓力五世登上马其顿王位，开始推行扩张主义政策

公元前218—前201年：罗马人大战迦太基人（汉尼拔战争），最终罗马人大获全胜，夺得地中海西部的霸权

公元前216年：汉尼拔在坎尼会战痛击罗马人，导致腓力五世和迦太基结盟，随后与罗马开战；公元前205年，腓力五世与罗马互相妥协，议和结束战事

公元前200年：罗马人对马其顿宣战（第二次马其顿战争），意在向腓力五世复仇

公元前197年：罗马人在库诺斯克法莱战役击败腓力五世，后者

失去马其顿本土之外一切土地

公元前194年：安条克三世入侵希腊，与罗马人开战

公元前190—前189年：罗马人在马格尼西亚战役击败安条克三世，后者被迫签订阿帕米亚和约；塞琉古王朝失去了整个小亚细亚

公元前169年：罗马人击败马其顿国王佩尔修斯，终结马其顿安提柯王朝

公元前146年：罗马人战胜马其顿和亚加亚之后，控制了整个希腊

公元前66—前64年：罗马将军“伟大的”庞培终结本都王国和塞琉古王朝，设立罗马本都行省和叙利亚行省

公元前30年：罗马皇帝屋大维（奥古斯都）终结托勒密王朝，将整个希腊化世界纳入罗马版图，疆界直抵幼发拉底河

约公元前6年：加利利人耶稣降生

约公元30年：罗马总督本丢·彼拉多下令处死加利利人耶稣，后者死在十字架上

约公元36—60年：塔尔苏斯（大数）人保罗（扫罗）几次旅行宣教，基督教开始向各地传播

公元98—180年：罗马帝国处于鼎盛时期，其间由“四贤帝”图拉真、哈德良、安东尼·庇护、马可·奥勒留相继统治

公元238—270年：“三世纪危机”几乎导致罗马帝国解体

公元250年：罗马皇帝德西乌斯迫害基督徒

公元270—305年：奥勒良和戴克里先重振罗马帝国

公元305年：戴克里先和伽列里乌斯迫害基督徒

公元307—337年：君士坦丁大帝在位，其间重新统一罗马帝国，将基督教合法化

公元402—450年：狄奥多西二世结束异教崇拜，关停哲学学院，基督教盛行一时

约公元476年：末代皇帝罗慕路·奥古斯都死去，西罗马帝国灭亡；东罗马帝国作为拜占庭帝国继续存在

公元632—661年：阿拉伯穆斯林先后征服叙利亚、巴勒斯坦、美索不达米亚和北非，将地中海世界永久性地一分为二："基督教北方"和"伊斯兰教南方"

参考书目

Abboud, T., Al-Kindi: *The Father of Arab Philosophy*, Rosen Central, 2006.

Acosta-Hughes, B. & Stephens, S. A., *Callimachus in Context, from Plato to the Augustan Poets*, Cambridge University Press, 2012.

Adams, W. L., *Cassander, Macedonia, and the Policy of Coalition*, 323–301 BC, PhD Dissertation, University of Virginia, 1975.

Adams, W. L & Borza, E. N. (eds.), *Philip Ⅱ, Alexander the Great, and the Macedonian Heritage*, Rowman & Littlefield, 1982.

Alcock, S. (ed.), *The Early Roman Empire in the East*, Oxbow, 1997.

Anderson, J. K., *Hunting in the Ancient World*, University of California Press,1985.

Andronikos, M., Vergina: *The Royal Tombs and the Ancient City*, Ekdotike Athenon, 1984.

Anson, E. M., "Alexander's Hypaspists and the Argyraspids," Historia 30(1981), 117–20.

Anson, E. M., "Macedonia's Alleged Constitutionalism," Classical Journal 80(1985), 303–16.

Anson, E. M., Eumenes of Cardia: *A Greek among Macedonians*, Brill, 2004.

Anson, E. M., "Philip Ⅱ, Amyntas Perdikka, and Macedonian Royal Succession,"Historia 58 (2009), 276–86.

Anson, E. M., *Alexander the Great: Themes and Issues*, Bloomsbury, 2013.

Anson, E. M., *Alexander's Heirs: The Age of the Successors*, Wiley-Blackwell,2014.

Archibald, Z. H., *The Odrysian Kingdom of Thrace: Orpheus Unmasked*, Clarendon, 1998.

Archibald, Z. H., "Macedonia and Thrace," in Roisman & Worthington (2010),326–41.

Ashley, J. R., *The Macedonian Empire: The Era of Warfare under Philip II and Alexander the Great*, 359–323 BC, McFarland 2004.

Austin, M. M., *The Hellenistic World from Alexander to the Roman Conquest*, Cambridge University Press, 1981.

Badian, E., "Greeks and Macedonians," in Barr-Sharrar & Borza (1982), 33–51.

Badian, E., "Alexander the Great between Two Thrones and Heaven: Variations on an Old Theme," in I. Worthington (ed.), *Alexander the Great: A Reader*, Routledge, 2003, 245–62.

Badian, E., *Collected Papers on Alexander the Great*, Routledge, 2012.

Baker, P., "Warfare," in Erskine (2003), 373–88.

Bar-Kochva, B., *The Seleucid Army: Organisation and Tactics in the Great Campaigns*, Cambridge University Press, 1976.

Barr-Sharrar, B. & Borza, E. N. (eds.), *Macedonia and Greece in Late Classical and Early Hellenistic Times*, National Gallery of Art, 1982.

Baynham, E., "The Ancient Evidence for Alexander the Great," in J. Roisman(ed.), Brill's Companion to Alexander the Great, Brill, 2003, 3–29.

Bilde, P. et al. (eds.), *Aspects of Hellenistic Kingship*, Aarhus University Press, 1996.

Billows, R. A., *Antigonos the One-Eyed and the Creation of the Hellenistic State*,University of California Press, 1990.

Billows, R. A., *Kings and Colonists: Aspects of Macedonian Imperialism*, Brill,1995.

Billows, R. A., "Cities," in A. Erskine (ed.), *A Companion to the Hellenistic World*, Wiley-Blackwell 2003, 196–215.

Borza, E. N., "The Natural Resources of Early Macedonia," in Adams & Borza(1982), 1–20.

Borza, E. N., "The Symposium at Alexander's Court," Archaia Makedonia 3(1983), 45–55.

Borza, E. N., "Timber and Politics in the Ancient World: Macedon and the Greeks," *Proceedings of the American Philosophical Society* 131 (1987), 32–52.

Borza, E. N., *In the Shadow of Olympus: The Emergence of Macedon*, Princeton University Press, 1990.

Borza, E. N, *Before Alexander. Constructing Early Macedonia*, Regina, 1999.

Bosworth, A. B., "Philip Ⅱ and Upper Macedonia," *Classical Quarterly* 21(1971), 93–105.

Bosworth, A. B., *A Historical Commentary on Arrian's History of Alexander*, 2vols., Oxford University Press, 1980/1995.

Bosworth, A. B., *Conquest and Empire: The Reign of Alexander the Great*, Cambridge University Press, 1988.

Bosworth, A. B., *The Legacy of Alexander*, Oxford University Press, 2002.

Bosworth, A. B., "The Argeads and the Phalanx," in Carney & Ogden (2010),91–102.

Bowman, A. K., *Oxyrhynchus: a City and its Texts*, Egypt Exploration Society,2007.

Brezina, C., *Al-Khwarizmi: The Inventor of Algebra*, Rosen Central, 2006.

Briant, P., *Alexander the Great and his Empire*, Princeton University Press, 2010.

Buckler, J., *The Theban Hegemony*, Harvard University Press, 1980.

Buckler, J., *Philip II and the Sacred War*, Brill, 1989.

Campbell, D. B., *Greek and Roman Siege Machinery*, 399 BC–AD 363, Osprey,2003.

Canfora, L., *The Vanished Library: A Wonder of the Ancient World*, Hutchinson Radius, 1989.

Carney, E. D., "Regicide in Macedonia," *La Parola del Passato* 38 (1983), 260–72.

Carney, E. D., "The Politics of Polygamy: Olympias, Alexander and the Murder of Philip," *Historia* 41 (1992), 169–89.

Carney, E. D., "Macedonians and Mutiny: Discipline and Indiscipline in the Army of Philip and Alexander," *Classical Philology* 91 (1996), 19–44.

Carney, E. D., *Women and Monarchy in Macedonia*, University of Oklahoma Press, 2000.

Carney, E. D., "Elite Education and High Culture in Macedonia," in W. Heckel & L. A. Tritle (eds.), *Crossroads of History: The Age of Alexander*, Regina, 2003, 47–63.

Carney, E. D., "Symposia and the Macedonian Elite: The Unmixed Life," *Syllecta Classica* 18 (2007), 129–80.

Carney, E. D. & Ogden, D., *Philip II and Alexander the Great: Father and Son,Lives and Afterlives*, Oxford University Press, 2010.

Cartledge, P., *The Spartans, an Epic History*, Macmillan, 2002.

Cawkwell, G. L., *Philip of Macedon*, Faber & Faber, 1978.

Champion, J., *Antigonus the One-Eyed, Greatest of the Successors*, Pen & Sword, 2014.

Chaniotis, A., *War in the Hellenistic World*, Wiley-Blackwell, 2005.

Clayman, D. L., *Berenice II and the Golden Age of Ptolemaic Egypt*, Oxford University Press, 2014.

Cohen, G., *The Hellenistic Settlements in Europe, the Islands, and Asia Minor*, University of California Press, 1995.

Cohen, G., *The Hellenistic Settlements in Syria, the Red Sea Basin, and North Africa*, University of California Press, 2006.

Cohen, G., *The Hellenistic Settlements in the East from Armenia and Mesopotamia to Bactria*, University of California Press, 2013.

Crespo, E., "Languages and Dialects in Ancient Macedonia," in Giannakis (2012), ch. 3.

Cribiore, R., *Writing, Teachers, and Students in Graeco-Roman Egypt*, American Society of Papyrologists, 1996.

Cribiore, R., *Gymnastics of the Mind: Greek Education in Hellenistic and Roman Egypt*, Princeton University Press, 2005.

Danien, E. (ed.), *The World of Philip and Alexander: A Symposium on Greek Life and Times*, University of Pennsylvania Museum of Archaeology and Anthropology, 1990.

Dawood, N. J. (ed.), *The Muqaddimah by ibn Khaldun: an Introduction to History*, Princeton University Press, 1989.

Dickey, E., *Ancient Greek Scholarship*, Oxford University Press, 2007.

Dimitriev, S., *City Government in Hellenistic and Roman Asia Minor*, Oxford University Press, 2005.

Dosuna, J., "Ancient Macedonian as a Greek Dialect: A Critical Survey on Recent Work.", in Giannakis (2012), ch. 4.

Edson, C. F., "Early Macedonia," *Archaia Makedonia* 1 (1970), 17–44.

Ellis, J. R., *Philip II and Macedonian Imperialism*, Thames and Hudson, 1976.

Ellis, J. R., "The Unification of Macedonia," in Hatzopoulos & Loukopoulos(1981), 36–47.

Ellis, J. R., "The First Months of Alexander's Reign," in Barr-Sharrar &

Borza(1982), 69–73.

Ellis, W. M., *Ptolemy of Egypt*, Routledge, 1993 (2nd edn. 2002).

Errington, R. M., "The Nature of the Macedonian State under the Monarchy,"*Chiron* 8 (1978), 77–133.

Errington, R. M., "The Historiographical Origins of Macedonian 'Staatsrecht',"*Archaia Makedonia* 3 (1983), 89–101.

Errington, R. M., *A History of Macedonia*, University of California Press, 1990.

Errington, R. M., *A History of the Hellenistic World*, 323–30 BC, Wiley-Blackwell, 2008.

Erskine, A. (ed.), *A Companion to the Hellenistic World*, Wiley-Blackwell, 2003.

Fakhry, M., *Averroes/Ibn Rushd: His Life, Works and Influence*, Oneworld Publications, 2001.

Fakhry, M., *Al-Farabi, His Life, Works and Influence*, Oneworld Publications, 2002.

Fischer-Bovet, C., *Army and Society in Ptolemaic Egypt*, Cambridge University Press, 2014.

Flower, M. A., *Theopompus of Chios*, Oxford University Press, 1997.

Fontenrose, J., *The Delphic Oracle*, University of California Press, 1978.

Fraser, P. M. & Matthews, E., *A Lexicon of Greek Personal Names. IV: Macedonia, Thrace, Regions of the Black Sea*, Clarendon, 2005.

Fromherz, A. J., *Ibn Khaldun, Life and Times*, Edinburgh University Press, 2010.

Gabbert, J., *Antigonus II Gonatas: A Political Biography*, Routledge, 1997.

Gabriel, R. A., *Philip II of Macedonia: Greater than Alexander*, Potomac, 2010.

Giannakis, G. K. (ed.), *Ancient Macedonia: Language, History, Culture*, Centre for the Greek Language, Thessaloniki, 2012.

Graham, A. J., "The Historical Significance of Philip of Macedon," in Danien(1990), 1–14.

Grainger, J. D., *Seleukos Nikator: Constructing a Hellenistic Kingdom*, Routledge, 1990.

Grainger, J. D., *The Cities of Seleukid Syria*, Clarendon, 1990.

Grainger, J. D., *The Seleukid Empire of Antiochus III*, 223–187 BC, Pen and Sword, 2015.

Granier, F., *Die makedonische Heeresversammlung*, Beck, 1931.

Graninger, D., "Macedonia and Thessaly," in Roisman & Worthington (2010),

306–25.

Green, P., *Alexander to Actium: The Hellenistic Age*, University of California Press, 1990.

Greenwalt, W. S., "The Marriageability Age at the Argead Court: 360–317 BC,"*Classical World* 82 (1988), 93–97.

Greenwalt, W. S., "Polygamy and Succession in Argead Macedonia," *Arethusa* 22 (1989), 19–43.

Greenwalt, W. S., "Macedonia, Illyria, Epirus," in Roisman & Worthington (2010), 279–305.

Griffith, G. T., "Philip as a General and the Macedonian Army," in Hatzopoulos & Loukopoulos (1981), 58–77.

Gruen, E., *The Hellenistic World and the Coming of Rome*, 2 vols., University of California Press, 1986.

Hammond, N. G. L., *A History of Macedonia* I, Clarendon, 1972.

Hammond, N. G. L., "A Cavalry Unit in the Army of Antigonus Monophthalmus: Asthippoi," *Classical Quarterly* 28 (1978), 128–35.

Hammond, N. G. L., "Some Passages in Arian Concerning Alexander," *Classical Quarterly* 30 (1980), 455–76.

Hammond, N. G. L., "Royal Pages, Personal Pages and Boys Trained in the Macedonian Manner during the Period of the Temenid Monarchy," *Historia* 39 (1990), 261–90.

Hammond, N. G. L. & Griffith, G. T., *A History of Macedonia* Ⅱ, Clarendon, 1979.

Hammond, N. G. L. & Walbank, F. W., *A History of Macedonia* Ⅲ, Clarendon, 1988.

Hanson, V., *The Western Way of War: Infantry Battle in Classical Greece*, University of California Press, 1989.

Harris, J., *Greek Emigres in the West*, 1400–1520, Porphyrogenitus, 1995.

Harris, W. V., *War and Imperialism in Republican Rome*, 327–70 BC, Oxford University Press, 1979.

Harris, W. V., *Roman Power: A Thousand Years of Empire*, Cambridge University Press, 2016.

Hatzopoulos, M. B. & Loukopoulos, L. D. (eds.), *Philip of Macedon*, Ekdotike Athenon, 1981.

Hatzopoulos, M. B., "Succession and Regency in Classical Macedonia," *Archaia Makedonia* 4 (1986), 272–92.

Hatzopoulos, M. B., *Une donation du roi Lysimaque*, De Boccard, 1988.

Hatzopoulos, M. B. & Gauthier, Ph., *La loi gymnasiarque de Beroia*, De Boccard, 1993.

Hatzopoulos, M. B., *Macedonian Institutions under the Kings*, 2 vols., De Boccard, 1996.

Hatzopoulos, M. B. & Juhel, P., "Four Hellenistic Funerary Stelae from Gephyra,Macedonia," *American Journal of Archaeology* 113 (2009), 423–37.

Heckel, W., "Marsyas of Pella, Historian of Macedon," *Hermes* 108 (1980),444–62.

Heckel, W., *The Conquests of Alexander the Great*, Cambridge University Press,2008.

Heckel, W., T*he Marshals of Alexander's Empire*, 2nd ed. Routledge, 2016.

Heckel, W., "Geography and Politics in Argead Macedonia," in Müller (2017), 67–78.

Heisserer, A. J., *Alexander and the Greeks: The Epigraphic Evidence*, University of Oklahoma Press, 1980.

Holt, F. L., *Alexander the Great and Bactria*, Brill, 1988.

Hornblower, J., *Hieronymus of Cardia*, Oxford University Press, 1981.

Johnson, W. A., *Readers and Reading Culture in the High Roman Empire: A Study of Elite Communities*, Oxford University Press, 2010.

Kagan, D. & Viggiano, G. F. (eds.), *Men of Bronze: Hoplite Warfare in Ancient Greece*, Princeton University Press, 2013.

Keegan, J., *The Face of Battle*, Viking, 1976.

Lane Fox, R., *Alexander the Great*, Allen Lane, 1973.

Liampi, K., *Der makedonische Schild*, Habelt, 1998.

Lund, H. S., *Lysimachus: A Study in Hellenistic Kingship*, Routledge, 1992.

Ma, J., *Antiochus Ⅲ and the Cities of Western Asia Minor*, Oxford University Press, 1999.

March, D. A., "The Kings of Macedon: 399–369," *Historia* 54 (1995), 257–82.

Markle, M. M., "The Macedonian Sarissa, Spear, and Related Armor," *American Journal of Archaeology* 81 (1977), 323–39.

Markle, M. M., "The Use of the Sarissa by Philip and Alexander of Macedon,"*American Journal of Archaeology* 82 (1978), 483–97.

Markle, M. M., "A Shield Monument from Veria and the Chronology of Macedonian Shield Types," *Hesperia* 68 (1999), 219–54.

Martin, T. R., "Demetrius 'the Besieger' and Hellenistic Warfare," in B. Campbell & L. A. Tritle (eds.) *The Oxford Handbook of Warfare in the Classical World*, Oxford University Press, 2013, 671–87.

Marsden, E., *Greek and Roman Artillery: Historical Development*, Oxford University Press, 1969.

Marshall, S. L. A., *Men Against Fire*, William Morrow, 1947.

Matula, J., "*John Argyropoulos and his Importance for the Latin West,*" *Acta Universitatis Palackianae Olomoucensis*, 2006.

McGinnis, J., *Avicenna*, Oxford University Press, 2010.

McQueen, E. I., *Diodorus Siculus: The Reign of Philip Ⅱ*, Bristol Classical Press, 1991.

Meiggs, R., *Trees and Timber in the Mediterranean World*, Oxford University Press, 1982.

Milns, R. D., "The Hypaspists of Alexander Ⅲ – Some Problems," Historia 20(1971), 187–88.

Milns, R. D., "*Asthippoi* Again," *Classical Quarterly* 31 (1981), 347–54.

Monfasani, J., *Byzantine Scholars in Renaissance Italy: Cardinal Bessarion and Other Emigres*, Variorum, 1995.

Muller, A., "The Other Greece: The Archaeology of Macedonia," in Giannakis(2012), ch. 2.

Müller, S., "Philip Ⅱ," in Roisman & Worthington (2010), 166–85.

Müller, S., "In the Shadow of his Father: Alexander, Hermolaus, and the Legend of Philip," in Carney & Ogden (2010), 25–32.

Müller, S. et al. (eds.), *The History of the Argeads – New Perspectives*, Harrassowitz Verlag, 2017.

Nikolitsis, N. Th., *The Battle of the Granicus*, Astroms Forlag, 1974.

Ogden, D., *Polygamy, Prostitutes and Death: The Hellenistic Dynasties*, Classical Press of Wales, 1999.

Ogden, D., *Alexander the Great: Myth, Genesis and Sexuality*, Liverpool University Press, 2011.

Olbrycht, M. J., "Curtius Rufus, the Macedonian Mutiny at Opis and Alexander's Iranian Policy," in J. Pigon (ed.), *The Children of Herodotus*, Cambridge Scholars Publishing, 2008, 231–52.

Palagia, O., "Archaeological Evidence," in Müller (2017), 151–61.

Pearson, L., "The Diary and Letters of Alexander the Great, *Historia* 3(1954/55), 429–54.

Pearson, L., *The Lost Histories of Alexander the Great*, American Philological Association, 1960.

Possehl, G., "Alexander in India: The Last Great Battle," in Danien (1990), 99–108.

Pownall, F., "The Symposia of Philip Ⅱ and Alexander Ⅲ of Macedon," in Carney & Ogden (2010), 55–65.

Pownall, F., "The Role of Greek Literature in Intellectual Macedonian Circles,"in Müller (2017), 215–29.

Price, M. J., *Coins of the Macedonians* Ⅰ–Ⅱ, British Museum, 1974.

Price, M. J., *The Coinage in the Name of Alexander the Great and Philip Arrhidaeus*, British Museum/Swiss Numismatic Society, 1991.

Psoma, S. E., "The Kingdom of Macedonia and the Chalcidean League," in R.Lane Fox (ed.), *Brill's Companion to Ancient Macedon*, Brill, 2011, 113–26.

Psoma, S. E., "Innovation or Tradition? Succession to the Kingship in Temenid Macedonia," *Tekmeria* 11 (2012), 73–87.

Psoma, S. E., "Athens and the Macedonian Kingdom from Perdikkas Ⅱ to Philip.

II," *Revue des etudes anciennes* 116 (2014), 133–44.

Roisman, J., "Classical Macedonia to Perdiccas Ⅲ," in Roisman & Worthington(2010), 145–65.

Roisman, J., *Alexander's Veterans and the Early Wars of the Successors*, University of Texas Press, 2013.

Roisman, J., "Opposition to Macedonian Kings," in T. Howe et al. (eds.), *Greece, Macedon and Persia*, Oxbow, 2015, 77–86.

Roisman, J. & Worthington, I. (eds.), *Blackwell's Companion to Ancient Macedonia*, Wiley-Blackwell, 2010.

Romm, J. S. (ed.), *The Landmark Arrian*, Anchor, 2010.

Romm, J. S., *Ghost on the Throne: the Death of Alexander the Great and the War for Crown and Empire*, Knopf, 2011.

Ruzicka, S., "The 'Pixodarus Affair' Reconsidered Again," in Carney & Ogden(2010), 3–12.

Rzepka, J., "How Many Companions Did Philip Have?," *Electrum* 19 (2012),131–35.

Sawada, N., "Social Customs and Institutions: Aspects of Macedonian Elite Society," in Roisman & Worthington (2010), 392–408.

Sekunda, N. V., "The Macedonian Army," in Roisman & Worthington (2010),446–71.

Sekunda, N. V., *The Antigonid Army*, Akanthina, 2013.

Sorabji, R., *Philoponus and the Rejection of Aristotelian Science*, Cornell University Press, 1993.

Stewart, A., *Faces of Power: Alexander's Image and Hellenistic Politics*, University of California Press, 1993.

Stewart, A., "Alexander the Great in Greek and Roman Art," in J. Roisman (ed.),*Brill's Companion to Alexander the Great*, Brill, 2003, 31–66.

Stoneman, R., *The Greek Alexander Romance*, Penguin Classics, 1991.

Stoneman, R., *Alexander the Great: A Life in Legend*, Yale University Press,2008.

Strootman, R., *Courts and Elites in the Hellenistic Empires*, Edinburgh University Press, 2014.

Stylianou, P. J., *A Historical Commentary on Diodorus Siculus, Book 15*, Clarendon, 1998.

Tarn, W. W., *Alexander the Great*, 2 vols., Beacon Press, 1948.

Tataki, A., *Ancient Beroea: Prosopography and Society*, De Boccard, 1988.

Tataki, A., *Macedonian Edessa: Prosopography and Onomasticon*, De Boccard,1994.

Tataki, A., *Macedonians Abroad: A Contribution to the Prosopography of Ancient Macedonia*, Centre de Recherches de l'Antiquité Grecque et Romaine, 1998.

Taylor, M., *Antiochus the Great*, Pen & Sword, 2013.

Toynbee, A., *Constantine Porphyrogenitus and His World*, Oxford University Press, 1973.

Treadgold, W., "The Official Histories of Constantine Porphyrogenitus," in *The Middle Byzantine Historians*, Palgrave Macmillan, 2013, 153–96.

Troncoso, V. A., "The Bearded King and the Beardless Hero: From Philip Ⅱ to Alexander the Great," in Carney & Ogden (2010), 13–24.

Tronson, A., "Satyrus the Peripatetic and the Marriages of Philip Ⅱ," *Journal of Hellenic Studies* 104 (1984), 116–26.

Valeva, J., Nankov, E., Graninger, D. (eds.), *A Companion to Ancient Thrace*,Wiley-Blackwell, 2015.

Walbank, F. W., *Philip V of Macedon*, Cambridge University Press, 1940.

Walbank, F. W., *The Hellenistic World*, Harvard University Press, 1993.

Waterfield, R., *Dividing the Spoils: The War for Alexander the Great's Empire*,Oxford University Press, 2011.

Weber, G., "The Court of Alexander the Great as Social System," in W. Heckel & L. A. Tritle (eds.), *Alexander the Great: A New History*, Wiley-Blackwell, 2009, 83–98.

Wheatley, P., "The Diadochi, or Successors to Alexander," in W. Heckel & L. A.Tritle (eds.), *Alexander the Great: A New History*, Wiley-Blackwell, 2009, 53–68.

White, D. S., *The Life of Patriarch Photios*, Holy Cross Press, 1981.

Wisnovsky, R., "Yahya al-Nahwi," in *Encyclopedia of Islam*, Brill, 2012.

Worthington, I., *Philip Ⅱ of Macedon*, Yale University Press, 2008.

Worthington, I., *By the Spear: Philip Ⅱ, Alexander the Great and the Rise and Fall of the Macedonian Empire*, Oxford University Press, 2014.

Zahrnt, M., "A History of Macedonia in the Pre-Hellenistic Era," in Giannakis(2012), ch. 1.

Zambrini, A., "The Historians of Alexander the Great," in J. Marincola (ed.), *A Companion to Greek and Roman Historiography Ⅰ*, Wiley-Blackwell, 2007, 210–20.